W. P. A. SCHNEIDER

Tatort Heidelberg

DER SPEKTAKULÄRSTE KRIMINALFALL IN DER GE-SCHICHTE HEIDELBERGS 1921: Die Bürgermeistermorde vom Pfalzgrafenstein haben zur damaligen Zeit die Gemüter der Menschen zutiefst bewegt. Und selbst 100 Jahre später kann man sich der Faszination dieses Kriminalfalls nicht entziehen. Das Gerichtsverfahren, das von W. P. A. Schneider anhand von historischen Originalquellen detailgetreu rekonstruiert worden ist, hat als einer der ersten Indizienprozesse in Deutschland Justizgeschichte geschrieben. Es markiert eine Zeitenwende in der Verbrechensaufklärung, bei der ausgeklügelte wissenschaftliche Methoden eingesetzt werden, aber auch noch immer Wahrsagerinnen zu Wort kommen. Gleichzeitig zeichnet dieser Kriminalfall ein eindrückliches Bild der Gesellschaft kurz nach dem Ersten Weltkrieg: Eliten, die sich vor einer revoltierenden Arbeiterschaft fürchten. Eine bürgerliche Mitte, die den Verfall der Sitten beklagt. Ehemalige Kriegsteilnehmer, die eine unbändige Lebenslust verspüren. Und nicht zuletzt junge Frauen, die auf der Suche nach heiratsfähigen Männern gegen vorherrschende Moralvorstellungen verstoßen.

© privat

W. P. A. Schneider wurde in Offenburg geboren. Nach seinem Abitur studierte er Betriebswirtschaftslehre an der Universität Mannheim, wo er auch zum Dr. rer. pol. promoviert wurde. Nach diversen Stationen in der Unternehmenspraxis wurde er als Professor an die Duale Hochschule Baden-Württemberg Mannheim berufen. Hier leitet er den Studiengang BWL-Handel. Daneben ist er Lehrbeauftragter an mehreren staatlichen und privaten Hochschulen, Verfasser zahlreicher (populär-)wissenschaftlicher Publikationen, Coach diverser Unternehmen sowie Autor von Romanen. W. P. A. Schneider ist verheiratet und hat zwei erwachsene Kinder. Inzwischen pendelt er zwischen Heidelberg und dem Lago Maggiore/ Italien, wohin er sich zum Schreiben zurückzieht.

W. P. A. SCHNEIDER

Tatort Heidelberg

DIE BÜRGERMEISTERMORDE VOM PFALZGRAFENSTEIN

GMEINER

Immer informiert

Spannung pur – mit unserem Newsletter informieren wir Sie
regelmäßig über Wissenswertes aus unserer Bücherwelt.

Gefällt mir!

Facebook: @Gmeiner.Verlag
Instagram: @gmeinerverlag
Twitter: @GmeinerVerlag

MIX
Papier aus verantwor-
tungsvollen Quellen
FSC® C083411

Besuchen Sie uns im Internet:
www.gmeiner-verlag.de

© 2022 – Gmeiner-Verlag GmbH
Im Ehnried 5, 88605 Meßkirch
Telefon 0 75 75 / 20 95 - 0
info@gmeiner-verlag.de
Alle Rechte vorbehalten
1. Auflage 2022

Lektorat: Claudia Senghaas, Kirchardt
Umschlaggestaltung: U.O.R.G. Lutz Eberle, Stuttgart
unter Verwendung eines Bildes von: © Ulf Waldeck
https://creativecommons.org/licenses/by/3.0/deed.en
https://commons.wikimedia.org/wiki/File:500px_photo_(68366359).jpeg
Druck: CPI books GmbH, Leck
Printed in Germany
ISBN 978-3-8392-0307-1

Da es sich bei dem vorliegenden Roman um eine True-Crime-Story und damit um einen realen Mordfall handelt, sind die Schilderungen nicht fiktiv. Dementsprechend sind die im Werk enthaltenen Darstellungen von Personen oder Ereignissen real und entsprechen den Tatsachen.

VORWORT

Der hier geschilderte Kriminalfall hat zur damaligen Zeit die Gemüter der Menschen über die Grenzen Deutschlands hinaus zutiefst bewegt. Und selbst 100 Jahre später kann man sich der Faszination dieses Verbrechens nicht entziehen. Der Prozess gilt als einer der ersten Indizienprozesse in Deutschland. Er markiert eine Zeitenwende in der Verbrechensbekämpfung, indem auf der einen Seite Wahrsagerinnen zu Wort kommen und zum anderen mit ausgeklügelten wissenschaftlichen Methoden versucht wird, dem Angeklagten die Tat nachzuweisen. Und nicht zuletzt zeichnet dieser Kriminalfall ein eindrückliches Bild der damaligen Gesellschaft: eine bürgerliche Mitte, die beklagt, dass der Erste Weltkrieg und die anschließende Revolution zu Sittenverwilderung und einem Verfall moralischer Werte geführt haben. Kriegsteilnehmer, die nach all den Entbehrungen und überstandenen Gefahren eine unbändige Lebenslust verspüren und sich das holen wollen, von dem sie glauben, dass es ihnen zusteht – falls notwendig auch mit Gewalt. Eliten, die sich vor einer revoltierenden, noch überwiegend kommunistischen Arbeiterschaft fürchten, auch wenn der Nationalsozialismus bereits erste Blüten treibt. Und schließlich junge Frauen, die sich auf der Suche nach ledigen Männern, von denen es nach dem Krieg zu wenige gibt, zu gewagten sexuellen Handlungen hinreißen lassen und aufgrund der vorherrschenden Moralvorstellungen letztlich als Verliererinnen zurückbleiben.

Ganz bewusst basiert diese Publikation auf Texten von damals. Die Journalisten der ortsansässigen Zeitungen, die

Verfasser von Briefen, die an die Untersuchungsbehörden und Medien gerichtet wurden, sowie die Staatsorgane kommen weitgehend originalgetreu zu Wort. Dies erleichtert es dem Leser zum einen, in die damalige Zeit »einzutauchen«, zum anderen verdeutlichen die Originaldokumente die Widersprüchlichkeit dieses Kriminalfalls, da unterschiedliche Perspektiven geschildert werden.

Bereits die Berichterstattung der verschiedenen Zeitungen macht deutlich, dass einige Journalisten den Verhafteten bereits vorverurteilen (»Verhaftung des Mörders«, bevor überhaupt die Leichen gefunden wurden). Andere Medienvertreter hingegen versuchen, zumindest den Schein von Objektivität in ihrer Berichterstattung zu wahren.

Noch eine letzte Vorbemerkung: Trotz der Abscheulichkeit und Brutalität dieses Verbrechens kann der Verfasser nicht verleugnen, dass bei ihm in der einen oder anderen Szene des Kriminalfalls Mitleid und eine gewisse Sympathie für den (vermeintlichen?) Täter aufkeimen.

Heidelberg, im Frühjahr 2021
W. P. A. Schneider

NAMENSREGISTER

Breitenstein, *Johann* und *Wilhelm*	Brüder, beide in den Meineid um den Fahrraddiebstahl Sieferts verwickelt
Busse	Bürgermeister von Herford
Englert, Johanna	Freundin des Angeklagten Siefert
Farrenkopf	Kriminalkommissar
Gruhle, Doktor	Professor, Sachverständiger
Haas, Doktor	Staatsanwaltschaftsrat
Heindl, Professor Doktor	Geheimer Rat, Sachverständiger
Holl, Professor Doktor	Medizinalrat, Sachverständiger
Hönl	Landgerichtsrat, Untersuchungsrichter
John	Waffenmeister, Sachverständiger
Jolln, Doktor	Oberamtsrichter, beisitzender Richter
Karg	Rechtsanwalt, Verteidiger Sieferts
Kniffel	Kriminalwachtmeister
Kratzmüller	Witwe, Vermieterin des Siefert
Kratzmüller, Berta	Tochter der Vermieterin des Siefert
Kratzmüller, Konrad	Sohn der Vermieterin des Siefert
Link	Ingenieur, Opfer eines Mordanschlags
Mappes	Kraftwagenhändler, Sachverständiger
Mickel, Doktor	Staatsanwalt
Popp, Doktor	Gerichtschemiker, Sachverständiger

Rupp, Doktor	Landgerichtsrat, beisitzender Richter
Sebold, Doktor	Oberstaatsanwalt
Siefert, Jakob	Bildhauer, Bruder des Angeklagten
Siefert, Leonhard	Eisenbahnschlosser, Angeklagter
Steinle	Polizeiwachtmeister
Weindel, Doktor	Landgerichtsrat, Vorsitzender Richter
Werner	Bürgermeister a. D. von Herford

FREITAG, 29. APRIL 1921, KURZ VOR 20 UHR ABENDS

Motorradfahrt durchs Neckartal

Die Nacht hat sich bereits wie ein dunkles Tuch über das Tal gelegt. Nebelschleier breiten sich über dem Neckar aus. Nur schemenhaft lassen sich die dicht bewaldeten Hänge erkennen, die das Tal an dieser Stelle eng begrenzen. Ab und zu durchbricht der Mond die niedrig hängende Wolkendecke und flutet das ganze Tal mit silbernem Licht. Doch nach nur kurzem Zwischenspiel zieht er sich hinter die Wolken zurück, und die romantische Szenerie umhüllt sich wieder mit einem dunklen Mantel.

Auf der Ziegelhäuser Landstraße von Kleingemünd her fährt ein Motorradfahrer mit hoher Geschwindigkeit und eingeschaltetem Scheinwerfer. Die Baumreihen entlang der Straße werfen unruhige Schatten, die sich im Scheinwerferkegel des Motorrades hin und her wiegen.

Der Fahrer, der Ingenieur Franz Link aus Weinheim, hat es offensichtlich eilig. Er war vormittags zu einer Geschäftsreise in den Odenwald nach Buchen, Miltenberg und Hardheim aufgebrochen. Um noch rechtzeitig vor Anbruch der Dunkelheit nach Hause zu kommen, hatte er sich von Hardheim aus schon am späten Nachmittag gegen 17.30 Uhr wieder auf den Rückweg gemacht.

Eine unheimliche Begegnung

Jetzt legt sich Link auf seinem Motorrad in eine lang gezogene Rechtskurve, die dem Flusslauf des Neckars folgt. Er muss sein Tempo drosseln. In einiger Entfernung erkennt er eine Gestalt, die aus dem Schutz der Baumreihe auf der linken Straßenseite tritt. Der Mann blickt in seine Richtung. Er hat den Hut tief ins Gesicht gezogen und hält seine rechte Hand schützend vor die Augen, sodass Link dessen Gesicht nicht erkennen kann. Sein heller Mantel sticht jedoch deutlich von dem dunklen Hintergrund ab. Die große, schlanke Gestalt wirft im Scheinwerferlicht des Motorrades einen unruhigen Schatten, der sich in der Ferne irgendwo in den Wäldern verliert.

Der Unbekannte wendet sein Gesicht ab und überquert in langen, aber langsamen Schritten die Landstraße, und zwar von der Neckar- zur Bergseite. Dann verschwindet er hinter einem an der Straße liegenden Geräteschuppen und damit aus dem Scheinwerferkegel des Motorrades.

Link wird es schlagartig mulmig zumute. Ihm ist klar, dass hier etwas nicht stimmen kann. Um diese späte Tageszeit und in dieser einsamen Gegend verhält sich dieser Unbekannte recht eigenartig. Link beschleunigt und macht sich auf seinem Motorrad ganz flach, um keine Angriffsfläche zu bieten. Im Licht des Scheinwerfers blitzt rechts von der Straße für Sekunden ein metallischer länglicher Gegenstand auf. Im Vorbeirasen wirft Link einen Blick auf den Geräteschuppen. Er erkennt schemenhaft eine Gestalt, die nahe an der Wand kauert.

Link drückt noch mehr aufs Tempo. Die nächsten Sekunden kommen ihm wie eine halbe Ewigkeit vor. Er rechnet damit, dass jeden Moment in seinem Rücken etwas Schreckliches passieren wird. Nachdem er aber den Geräteschuppen rund 80 Meter hinter sich gelassen hat, ist er überzeugt, dass ihm seine Nerven nur einen Streich gespielt haben. Seine Befürchtungen waren ganz offensichtlich unbegründet. Erleichtert richtet er sich auf seiner Maschine auf und versucht, wieder entspannt zu sitzen.

Anschlag aus dem Hinterhalt

Noch bevor er den Schuss hört, trifft ihn ein furchtbarer Schlag an der rechten Schulter und wirft ihn fast vom Motorrad. Er stöhnt auf, unterdrückt einen Schrei und versucht mit aller Kraft, nicht zu stürzen. Später wird man feststellen, dass eine Kugel unter seinem rechten Schulterblatt eingedrungen und über dem Schlüsselbein wieder ausgetreten ist.

Einem ersten Impuls folgend, will Link anhalten und absteigen. Der durch den Schock ausgelöste Adrenalinstoß lindert das Schmerzgefühl. Er ist wutentbrannt und will den Schützen stellen. Doch schlagartig verschlechtert sich sein Zustand. Eine Welle des Schmerzes schießt durch seinen Körper. Ihm wird übel, er muss sich übergeben. Er zwingt sich weiterzufahren und spürt, wie Blut den Rücken herunterrinnt und sein Hemd durchtränkt.

Link kann sich kaum noch auf seinem Motorrad halten und hat Schwierigkeiten, der Straße zu folgen. Endlich tauchen in einiger Entfernung die ersten Lichter von Häusern auf. Sie tanzen vor seinen Augen hin und her, auf und ab. Mit letzter Kraft erreicht er die Arbeitersiedlung, die zur Gelatinefabrik von Ziegelhausen gehört und außerhalb des Dorfes liegt.

Villa des Heidelberger Gelatinefabrikbesitzers Stoess, in die der verletzte Ingenieur Link gebracht wurde[1]

Rettung in letzter Minute

Mit letzter Kraft steigt Link ab und lässt sein Motorrad gegen eine Hauswand fallen. Dann sinkt er völlig entkräftet zu Boden. Eine Frau schaut aus dem Fenster. Link stöhnt: »Helfen Sie mir, ich bin angeschossen worden.«

Die Wunde in seinem Rücken pocht immer stärker, der Blutstrom in seinem Rücken schwillt an. Ihm wird schwindelig. Er schließt seine Augen und zwingt sich, ruhig zu atmen. Dann hört er die Stimme eines Mannes, der sich über ihn beugt. Später wird er erfahren, dass es sich um den Gärtner der Fabrik handelt. Link kann gerade noch hervorbringen, dass ihn ein großer, schlanker Mann mit Mantel und Hut in den Rücken geschossen hat. Dann verliert er das Bewusstsein.

Arbeiter tragen den Ohnmächtigen in die Villa des Fabrikbesitzers Stoess, die unmittelbar an den Neckar grenzt. Dieser reagiert umgehend und veranlasst, dass Link sofort ins Universitätsklinikum Heidelberg gebracht wird.

Vier Mann tragen den Verletzten auf einer Bahre zu einem bereitgestellten Fahrzeug, zwei gehen mit Laternen voran. Dahinter eine Gruppe von Neugierigen. Die Lichter flackern über das Neckarufer und verleihen der Szenerie etwas Gespenstisches.

Rasend geht die Fahrt entlang des Neckars. Die Klinik ist bereits telefonisch verständigt. Am Krankenhauseingang warten zwei Pfleger, die die Bahre mit dem Verletzten in Empfang nehmen.

Link wird den Anschlag überleben, aber noch einige Zeit unter den Folgen leiden. Später wird er noch eine wichtige Rolle bei der Aufklärung eines anderen schweren Verbrechens spielen.

SAMSTAG, 30. APRIL 1921, GEGEN 9 UHR VORMITTAGS:

Tatortbesichtigung und Spurensicherung

Die Sonne strahlt über dem Neckartal. Auf den Wiesen glitzert noch der Morgentau, und der Neckar gleitet friedlich dahin. Die ganze Szenerie strahlt eine solche Harmonie aus, dass die schrecklichen Ereignisse des Vorabends wie weggewischt sind.

Wachtmeister Steinle vom Polizeiaußenposten Neckargemünd ist mit seinem Dienstfahrrad unterwegs zum Tatort. Sein Vorgesetzter aus Heidelberg hat ihn telefonisch beauftragt, nach Spuren des gestrigen Anschlags auf den Ingenieur Link zu suchen.

Steinle kommt am Tatort an und legt sein Fahrrad an den Straßenrand. Er stopft bedächtig seine Pfeife, zündet sie an und macht sich auf Spurensuche. Der Geräteschuppen, hinter dem sich der Täter versteckt haben soll, liegt direkt an der Landstraße. Die Tür ist abgeschlossen, das Schloss ist unbeschädigt. Der Täter hat den Schuppen offenkundig nicht betreten.

An der rechten Seitenwand des Schuppens ist das Gras an einigen Stellen niedergetrampelt. Schuhabdrücke, die auf den Täter hinweisen könnten, lassen sich nicht ausmachen. Wachtmeister Steinle zieht bei seiner Suche nach Tatspuren immer größere Halbkreise um den Schuppen, so hat er es auf der Polizeischule gelernt.

Fund einer Patronenhülse

Endlich findet er eine Infanteriepatronenhülse. Er klappt sein Notizbuch auf und fertigt eine grobe Skizze der Fundstelle an. Daneben notiert er: »3 Meter westlich (Richtung Ziegelhausen) vom Geräteschuppen, 4 Meter abseits der Straße (Richtung Wald).« Er schnuppert an der Patrone und nimmt noch Gase des verdampften Pulvers wahr. Außerdem ist das Äußere der Hülse eingefettet. Beides spricht dafür, dass die Patrone erst vor Kurzem abgefeuert wurde. Die Lage der Hülse lässt jedoch keine Rückschlüsse zu, wo der Schütze beim Abschuss gestanden hat.

Steinle macht sich weitere Notizen und wickelt die Patrone in einen Stofflappen ein. Nachdem er das Beweisstück in der Brusttasche seiner Uniform verstaut hat, inspiziert er noch die andere Straßenseite. Dort sucht er noch rund eine Stunde vergeblich nach weiteren Hinweisen der Tat.

Zurück in der Dienststelle

Dann besteigt er sein Fahrrad und macht sich auf den Weg zurück zur Dienststelle nach Neckargemünd. Jetzt scheint ihm die Morgensonne voll ins Gesicht, und er muss seine Augen zusammenkneifen.

Zurück in der Dienststelle in Neckargemünd verfasst Steinle ein ausführliches Protokoll. Er legt die eingewickelte Patronenhülse zu den Unterlagen und schickt das Ganze per Motorradkurier ins Polizeipräsidium nach Heidelberg.

Die Fahndung nach dem Täter verläuft zunächst ergebnislos. Doch drei Monate später rückt der Fall erneut ins Rampenlicht der Öffentlichkeit.

MONTAG, 27. JUNI 1921:

Ankunft eines »Alten Herrn« in Heidelberg

Der 50 Jahre alte verheiratete Wilhelm Busse, Oberbürgermeister in Herford, trifft am Nachmittag, vom *Deutschen Städtetag* in Stuttgart kommend, in Heidelberg ein. Busse hatte knapp 30 Jahre zuvor Rechtswissenschaften in Heidelberg und Berlin studiert. Er bestand 1892 sein Referendarexamen und wurde 1898 Gerichtsassessor. 1900 wurde er Zweiter Bürgermeister, 1908 Erster Bürgermeister und 1917 Oberbürgermeister von Herford, einer Stadt in Ostwestfalen mit rund 35.000 Einwohnern.

Busse steigt im renommierten *Hotel zum Ritter* ab. Es liegt mitten in der Heidelberger Altstadt, direkt gegenüber der Heiliggeistkirche.

Das Hotel zum Ritter – das bis heute älteste erhaltene Haus Heidelbergs[2]

Das Wohnhaus des Bürgermeisters a. D. Werner in Heidel-
berg-Neuenheim[3]

Für den folgenden Tag hat sich Busse mit seinem Verbin-
dungsbruder Werner in dessen Wohnung zum Mittages-

sen verabredet. Der 41 Jahre alte ledige Bürgermeister a. D. Leopold Werner, der früher im Dienst der Stadt Herford gestanden hatte, wohnt seit 28. August 1919 in Heidelberg-Neuenheim.

DIENSTAG, 28. JUNI 1921

Das Vandalenhaus zu Heidelberg[4]

Besuch des Stiftungsfests einer Burschenschaft

Am Abend besuchen die beiden Alten Herren Busse und Werner (Ein »Alter Herr« oder Philister ist ein Mitglied einer Studentenverbindung nach Beendigung seiner Studien- und Aktivenzeit.) das Stiftungsfest ihrer gemeinsamen Studentenverbindung *Corps Vandalia Heidelberg*, eine 1848 gegründete Studentenverbindung an der Ruprecht-Karls-Universität Heidelberg. Das Verbindungshaus liegt am Schlossberg, unterhalb des Heidelberger Schlosses.

Anmerkungen zur »schlagenden« Studentenverbindung

Corps Vandalia Heidelberg

Die meisten Mitglieder der Verbindung stammen aus dem Mecklenburger Adel sowie dem Lübecker und Hamburger Großbürgertum. Die *Vandalia* ist eine schlagende Verbindung, die Mensuren ausficht. In dem streng reglementierten Fechtkampf zwischen zwei männlichen Mitgliedern unterschiedlicher Studentenverbindungen mit geschärften Klingenwaffen geht es nicht um Sieg oder Niederlage. Ziel ist es, nicht zurückzuweichen und die Kampfsituation trotz möglicher Verwundung diszipliniert und ohne äußere Anzeichen von Furcht durchzustehen. Das Einüben von »Tapferkeit« durch Überwinden der eigenen Furcht steht im Mittelpunkt, sodass ein Zurückweichen als Niederlage empfunden und gewertet wird, nicht jedoch eine erlittene Verletzung.

Ein Schmiss, also eine in der Mensur davongetragene

Schnittverletzung sowie die daraus entstandene Narbe, gilt sogar als Männlichkeitssymbol.[5]

Gaudeamus igitur, juvenis dum sumus

Das Stiftungsfest findet wie immer in der zweiten Hälfte des Sommersemesters statt, wenn schönes Wetter zu erwarten ist, aber die Ferien noch nicht begonnen haben. Busse und Werner treffen auf dem Fest zahlreiche ihrer ehemaligen Kommilitonen und schwelgen in Erinnerungen. Dabei fließt das Bier in Strömen. Um Mitternacht stimmt die Corona noch einmal das beliebte Studentenlied »Gaudeamus igitur, juvenis dum sumus.« (»Lasst uns fröhlich sein, weil wir noch so jung sind«) an. Dann treten Busse und Werner, nicht mehr ganz nüchtern, den Heimweg an. Sie verabreden sich für den nächsten Tag.

MITTWOCH, 29. JUNI 1921

Waldspaziergang am Peter- und Paulstag

Heute speisen Busse und Werner zusammen zu Mittag. Gegen 15.30 Uhr nachmittags verlassen beide die Wohnung Werners in der Bergstraße 27a im renommierten Stadtteil Neuenheim. Seiner Haushälterin sagt Werner noch beim Weggehen, sie solle das Abendessen auf 19 Uhr richten.

Etwa um 16 Uhr sucht Oberbürgermeister Busse noch einmal sein Zimmer im *Hotel zum Ritter* in der Innenstadt auf. Er verlässt es nach kurzer Zeit und macht sich von da aus auf einen Spaziergang mit Werner. Ab hier verliert sich die Spur der beiden Freunde.

Von diesem Zeitpunkt an erscheint es angebracht, den Chronisten der damaligen Ereignisse, nämlich den Journalisten der ortsansässigen Zeitungen[6], den Verfassern von Briefen, die an die Untersuchungsbehörden gerichtet wurden, sowie den staatlichen Behörden das Wort zu übergeben. Um die Lesefreundlichkeit zu erhöhen, wurden die herangezogenen Originalquellen an die heutige Rechtschreibung angepasst. Logische Ungereimtheiten werden originalgetreu wiedergegeben und gegebenenfalls durch Anmerkungen des Verfassers kommentiert.

DONNERSTAG, 7. JULI 1921

Suche nach den verschollenen Bürgermeistern

Drei Hundertschaften der Heidelberger Sicherheitspolizei sind in aller Frühe zusammengezogen worden und haben heute früh um 5 Uhr eine großangelegte und gut vorbereitete Streife über den Königstuhl angetreten, den sie in breiter Schützenlinie überquerten. Noch niemals ist bei einem Verbrechen in unserer Gegend ein so gewaltiger Polizeiapparat aufgeboten worden, noch niemals waren die Umstände so geheimnisvoll als bei diesem Drama, dessen Abschluss bis zur Stunde noch niemand zu erraten vermag.

Berittene Sicherheitspolizei versammelte sich frühmorgens am Neckar, um das Gebiet auf der Neuenheimer Seite zu durchstreifen.

Blick auf Neuenheim und den Heiligenberg[7]

Führt die Spur zum Heiligenberg?

Aufgrund einer Anzeige des Gärtners des Heidelberger Oberbürgermeisters, dass er den Herforder Oberbürgermeister Busse und den Bürgermeister a. D. Werner, die er nach den Fotografien wieder zu erkennen glaubt, an dem fraglichen Mittwochnachmittag den Schlangenweg hinter der alten Brücke hinaufgehen sah, hat die Vermutung an Boden gewonnen, dass vielleicht das Heiligenberggebiet der Schauplatz der vermuteten Tragödie war.

Ferner liegt eine Zeugenangabe vor, dass im Walde gegenüber der Villa Krehl, Bergstraße 108, in Neuenheim am Mittwoch vor acht Tagen abends zwischen 6 und 7 Uhr drei hintereinander fallende Schüsse und nach einer halben Minute ein vierter Schuss gehört worden sind. Wenn auch dieser Zeugenangabe kein unbedingter Wert beizumessen ist (es wäre zu untersuchen, ob nicht zu dieser Zeit verspätete Steinbruchschüsse gefallen sind), so gibt sie doch einstweilen, wo man noch in völliger Dunkelheit tappt, im Zusammenhang mit der Gärtneraussage einen wichtigen Fingerzeig. Hierauf baute die Staatsanwaltschaft ihren Plan auf, die Kriminalbeamten und Fahnder auf die Heiligenbergfährte zu setzen. Die Leute waren zum Teil mit hervorragenden Spürhunden, darunter den besten Hunden der Karlsruher Dressurschule, ausgerüstet.

Mahnungen der Staatsanwaltschaft

Um 7.30 Uhr versammelten sich die Kriminalbeamten und Fahnder sowie Waldaufsichtspersonal vor dem Gebäude der Staatsanwaltschaft, wo Staatsanwaltschaftsrat Haas, der die Verfolgung der Angelegenheit mit großer Umsicht und Tatkraft in die Hand genommen hat, eingehende Belehrungen erteilte und vor allen Dingen ermahnte, einen möglichen Tatort möglichst unberührt zu lassen und sofort die Staatsanwaltschaft zu benachrichtigen, damit nicht eventuell wichtige Erkennungszeichen verlorengehen. Wir, die Redaktion dieser Zeitung, bringen dies mit besonderem Nachdruck deshalb zur Kenntnis, weil sich auch viele polizeilich ungeschulte Privatleute an der Suche auf eigene Faust beteiligen. Das *Korps Vandalia* hatte sich gleichfalls bei der Staatsanwaltschaft vollständig versammelt, um sich auch an der Streife der Kriminalbeamten zu beteiligen.

Wir möchten noch die Staatsanwaltschaft auf das unaufgeklärte Verbrechen aufmerksam machen, das sich vor einigen Wochen an der Ziegelhäuser Landstraße in der Nähe der Gelatinefabrik ereignete, wo ein Unbekannter mit einem Infanteriegewehr aus verstecktem Gebüsch heraus den Weinheimer Ingenieur Link vom Motorrad herunterzuschießen versuchte. Link konnte damals mit großer Geistesgegenwart noch eine gute Strecke weiterfahren, ehe er blutüberströmt zusammenbrach, sonst wäre er zweifellos das Opfer eines Räubers geworden. Es mag möglich sein, dass jener bis heute noch nicht ermittelte Wegelagerer auch für die nun vermuteten Verbrechen in Frage kommt.

Wachsende Unruhe unter Gästen und Einheimischen

Mitten in die Hauptreisezeit, wo Heidelberg das Ziel Tausender von Menschen ist, die hier Ausspannung und Erholung suchen wollen, fällt das rätselhafte Verschwinden der drei Fremden. Am Mittwoch vor 14 Tagen kehrte hier bekanntlich der junge Berliner Kaufmann Horst Horn von einem Spaziergang nicht zurück. Am Mittwoch vor acht Tagen gingen die Bürgermeister Busse und Werner verschollen. Der Bevölkerung Heidelbergs hat sich eine tiefgehende und wachsende Erregung bemächtigt, eine dumpfe Spannung liegt über unserer Stadt, galt doch bisher unser schöner Odenwald mit Recht als das sicherste Gebiet. Es ist furchtbar, denn nirgendwo anders waren Verbrechen so selten als in den Wäldern unserer Gegend, selbst die Revolution und die allgemeine Sittenverwilderung haben daran nichts geändert. Man muss schon auf Jahrzehnte zurückgreifen, um auf Verbrechen zu stoßen von der Schwere, wie man sie im vorliegenden Falle einstweilen nur vermutet. Bei der ganz außerordentlichen Seltenheit von Verbrechen ist es kein Wunder, dass sie jahrelang in der Erinnerung der Bevölkerung nachzittern. Der Raubmord an dem Heidelberger Studenten Grieß auf dem Katzenbuckel bei Eberbach ist im ganzen Odenwaldgebiet noch unvergessen, obwohl fast ein Jahrzehnt darüber hinweggegangen ist.

Zwei andere Fälle, ein Mord am Philosophenweg und die Ermordung und Beraubung eines Engländers im Zollstockgebiet, liegen noch weitere Jahre zurück, und doch erinnert sich die Stadt in diesen Tagen wieder mit aller Lebendigkeit jener fernliegenden Ereignisse. Ein paar Liebesdramen oder Selbstmorde sind selbstverständlich keine Beweisgründe für die Unsicherheit unserer Umgebung. Viele Millionen Wanderer haben unsere Wälder durchzogen, und zwei oder drei Verbrechen in anderthalb Jahrzenten bilden keinen Gegenbeweis. Das soll man bei aller Nervosität, die in diesen Tagen unsere Stadt in Hochspannung hält, nicht vergessen! Gerade bei dem ungeheuren Sicherheitsgefühl, das wir in unseren Wäldern empfinden, ist aber der Gedanke doppelt furchtbar, dass irgendwo ein Bandit, ein Wegelagerer, ein vertiertes Scheusal, ein Halunke, vielleicht gar ein Irrsinniger auf Blut und Beute lauert. Schauerlich ist der Gedanke, dass solch ein Baumschütze irgendwo aus dem Versteck heraus ahnungslose Wanderer niederknallt und ausplündert.

Auch in Herford hat sich der eingeweihten Kreise wegen des Verschwindens des dort allseitig beliebten Oberbürgermeisters große Besorgnis bemächtigt. Wie wir von dort hören, ist Busse, auf dessen Auffindung – wie wir schon mitteilten – der Herforder Stadtrat 10.000 Mark Belohnung aussetzte, weit über die schöne nordwestfälische Leinen- und Wäsche-Stadt hinaus als Mensch und tüchtiger Kommunalbeamter angesehen und geschätzt. Nur seine Frau scheint von allem noch nichts zu wissen, schrieb sie doch noch vorgestern heiter und ahnungslos ihrem Manne, dass sie ihn heute in Heidelberg besuchen wolle.

Suche nach den Verschollenen in den Wäldern um Heidelberg

Viele Wanderer, Turner und Sportfreunde sind, der Polizei vorausgreifend, in den letzten Tagen schon auf eigene Faust in den Wald gegangen, um die Vermissten zu suchen. Fahnder streiften gestern das Hainsbachweg-Gebiet (auf der rechten Seite des Neckartals) ab. Da niemand sicher weiß, wo die Fremden hingegangen sind, ob sie den Heiligenberg (auf der rechten Neckartalseite) oder den Königstuhl (auf der linken Neckartalseite) als Ziel erkoren haben, ist bei der Größe des in Frage kommenden Gebietes die Suche außerordentlich erschwert, zumal anzunehmen ist, dass die Verschollenen, falls sie wirklich ermordet worden sind, wohl abseits der Wege unter Laub und Reisig versteckt liegen. So teilte uns heute Morgen ein Wanderer mit, dass er gestern Nachmittag auf einem Spaziergang an der Neuenheimer Seite des Heiligenbergs im Gebüsch einen Reisighaufen sah, der einen merkwürdigen, zusammengetrampelten Eindruck machte. Erst hinterher kam ihm der Gedanke, diese Wahrnehmung mit dem Verschwinden der Herren Busse, Werner und Horn in Verbindung zu bringen, und er hat sich heute Morgen aufs Neue aufgemacht, um die Spur eingehend zu verfolgen. Die Kriminalbeamten, Fahnder, Forstleute und Vandalen (die verschollenen Bürgermeister waren bekanntlich Alte Herren der *Vandalia*) begaben sich heute Morgen um 8 Uhr den Schlangenweg hinauf zur Philosophenhöhe, wo sie in Postenlinie mit 15 bis 20 Meter Abstand das Gebirge erkletterten.

Vom Königstuhl wird uns gemeldet, dass gegen 7 Uhr die lange Postenkette der badischen Polizei unter Leitung von drei Hauptleuten mit Hauptmann Sickinger als Führer die Höhe erreichte und die Forschungen im Walde eifrig fortsetzte. Die Polizei führt Feldtelefon nach der Stadt mit. Hoffentlich gelingt es mit Bemühungen aller vereinigten Kräfte, bald den Schleier des furchtbaren Geheimnisses zu lüften und ein Verbrechen aufzuklären, das an Größe vielleicht das schwerste ist, was sich in der Umgebung Heidelbergs seit Menschengedenken zugetragen hat.

Verhaftung eines Verdächtigen

Die Leichen der beiden seit Mittwoch voriger Woche verschwundenen Bürgermeister, des Oberbürgermeisters Busse aus Herford und des seit einigen Jahren hier wohnenden Bürgermeisters Werner, sind auch jetzt noch nicht gefunden. Dagegen ist die Aufklärung dahin gelungen, dass mit Sicherheit ein Raubmord an den beiden Herren anzunehmen ist. In Ziegelhausen (einem Vorort von Heidelberg) wurde gestern Nachmittag der 23-jährige Schlosser Leonhard Siefert verhaftet, der aus Olfen bei Beerfelden gebürtig ist und seit etwa eineinhalb Jahren in Ziegelhausen in einer Gastwirtschaft wohnt. Er ist dringend verdächtig, allein oder mit Hilfe anderer die beiden Bürgermeister getötet, beraubt und die Leichen versteckt zu haben.

Erste Indizien

Die Vorgeschichte dieser Verhaftung entwickelte sich wie folgt: Siefert wohnt in Ziegelhausen bei der Gastwirtswitwe Kratzmüller. Als vorgestern die Tochter der Frau Kratzmüller das Zimmer des Siefert sauber machte, sah sie dort unter anderen Briefen auch einen Brief mit dem Poststempel Herford liegen, der an den Oberbürgermeister Busse gerichtet war und dessen Frau als Absender hatte. Sie wusste natürlich von dem Verschwinden der beiden

Herren aus der Zeitung und benachrichtigte sogleich ihre Mutter. Der Brief wurde nun einem Verwandten der beiden, einem Ziegelhäuser Schuhmachermeister, übergeben, damit er ihn der Polizei überbringe oder andere Schritte in der Sache unternehme.

Siefert gegenüber ließen die beiden Frauen nichts verlauten. Der Schuhmachermeister ging allerdings nicht sogleich zur Polizei oder Gendarmerie, sondern fragte erst den Pfarrer um Rat. So kam es, dass die Sache nicht mehr am selben Tage, sondern erst gestern der Polizei mitgeteilt wurde. Hätte inzwischen Siefert den Brief vermisst, so wäre er sicherlich geflohen, und die Verzögerung würde vielleicht veranlasst haben, dass man seiner nicht habhaft geworden wäre.

Wertgegenstände der beiden Bürgermeister sichergestellt

Nun wurde von Ziegelhausen aus die Kriminalpolizei und Staatsanwaltschaft in Heidelberg benachrichtigt, die sofort Beamte dorthin sandte. Diese fanden außer dem Brief in den Kleidern des Siefert auch eine goldene Uhrkette und ein Paar goldene Manschettenknöpfe. Diese hat dem Bürgermeister Werner gehört. Ferner entdeckte man, dass sich an Kleidungs- und Wäschestücken Blutflecke befanden. Siefert war noch in seiner Heidelberger Arbeitsstätte, der Eisenbahnwerkstatt. Als er um 5 Uhr nachmittags mit der Eisenbahn nichtsahnend zurückkam, wurde er sogleich am Bahnhof von Kriminalbeamten verhaftet und in seine Wohnung geführt. Gegen halb 7 Uhr wurde er ins Heidelberger Amtsgefängnis eingeliefert. Inzwischen haben

Kriminalbeamte auch noch festgestellt, dass Siefert noch einen Brillantring im Besitz hatte, dessen Brillanten er an einen in der Bahnhofsstraße wohnenden Goldarbeiter für 2.300 Mark verkauft hat, während er den Ring selbst für ein Mädchen, zu dem er in Beziehungen steht, umarbeiten lassen wollte und deshalb gleich bei dem Goldarbeiter ließ. Er gab sich diesem gegenüber als Werner aus und erklärte, den Ring von einem »Onkel aus Amerika« erhalten zu haben. In Ziegelhausen war aufgefallen, dass Siefert, der allerlei Schulden hatte, diese Schulden in den letzten Tagen bezahlt und außerdem allerlei Anschaffungen in Kleidungsstücken, Wäsche, Hut, und so weiter gemacht hatte. Außerdem hat er seinem Mädchen Geschenke gemacht. Allein bei der Wirtin hatte er 1.700 Mark Schulden, weil er sich erst in letzter Zeit einen größeren Betrag von ihr geliehen hatte. Er war deshalb mehrfach von der Frau um Rückgabe des Geldes gedrängt worden. Ferner hat er einem Freund, von dem er Geld geliehen hatte, 500 Mark zurückgegeben. Es ist natürlich anzunehmen, dass er dieses Geld den beiden Bürgermeistern oder einem von ihnen geraubt hat.

Verhafteter leugnet.

Siefert trat immer für seinen Stand ziemlich nobel auf. Auch an der Arbeitsstätte war es schon wiederholt aufgefallen, dass er so gut angezogen ging. Um dies tun zu können, hat er eben Schulden machen müssen.

Sowohl bei der ersten Vernehmung durch die Kriminalbeamten wie später bei der Vernehmung durch den Untersuchungsrichter leugnete Siefert die Tat. Er bestreitet nicht nur, die Bürgermeister umgebracht zu haben, sondern erklärte auch mit dreister Stirn, die aufgefundenen Sachen habe er überhaupt nicht gesehen und daher könnten sie auch nicht in seinem Besitz gefunden worden sein. Alle Tatsachen sprechen aber dafür, dass er nur leugnet und doch der Täter ist. Es steht nur noch nicht fest, ob er der alleinige Täter ist oder ob er noch Helfer hatte. Über den Ort der Tat hat man bisher keine Anhaltspunkte, doch glaubt man annehmen zu können, dass er auf dem rechten Neckarufer, also auf der Heiligenbergseite, zu finden ist.

Weitere Verhaftungen

Im Zusammenhang mit dieser Sache wurden gestern Abend und heute Nacht in Ziegelhausen drei weitere Verhaftungen vorgenommen. Im Besitz des 17-jährigen Taglöhners August Sauer wurde nämlich eine goldene Uhr gesehen. Die Polizei stellte fest, dass es sich um die goldene Uhr des Bürgermeisters Werner handelt. Sauer behauptet, die Uhr von Siefert gekauft zu haben. Es wurden der Sicherheit halber auch die Mutter Sauers, die Ehefrau Werner, verwitwete Sauer, und sein Stiefvater, der Taglöhner Georg Werner, verhaftet. Der junge Sauer stellt jede Beteiligung an der Tat oder eine Mitwisserschaft in Abrede. Es ist also nicht ausgeschlossen, dass hier höchstens Hehlerei vorliegt, doch war es nötig, vorsichtshalber alle drei vorläufig festzunehmen.

Suche bislang ohne Erfolg

Die Streifen zur Auffindung der beiden Leichen hatten gestern keinen Erfolg. Sie wurden aber heute Morgen von

Neuem aufgenommen. Man richtet jetzt das Hauptaugenmerk auf die Heiligenbergseite, nachdem ein Mann erklärt hat, er habe an dem in Betracht kommenden Tage zwei Männer, die den beschriebenen Bürgermeistern ähnlich sahen, den Schlangenweg hinaufgehen sehen, und da gegen Abend an der Handschuhsheim-Neuenheimer Seite des Heiligenbergs scharfe Schüsse gehört worden sind. Eine Waffe ist bei Siefert nicht gefunden worden, doch wird er sie vorsichtshalber nicht mitgenommen, sondern irgendwo versteckt haben.

Zusammenhang zum Anschlag auf Ingenieur Link?

Kriminalpolizei und Untersuchungsrichter halten es für nicht ausgeschlossen, dass Siefert seinerzeit auch auf den Weinheimer Ingenieur Link in der Nähe der Gelatinefabrik geschossen hat. Es dürfte deshalb eine Gegenüberstellung der beiden erfolgen. Wenn die Schüsse am Heiligenberg mit der Tat in Zusammenhang stehen, dann kann man annehmen, dass es sich entweder um ein Militärgewehr oder um eine Pistole größeren Kalibers gehandelt hat, denn der Knall war außerordentlich scharf und stark. Vielleicht bringt bald ein Geständnis Sieferts Aufklärung über die Tat und den Ort, an dem die Leichen liegen.

Betroffenheit in ganz Deutschland

Es ist selbstverständlich, dass die Angelegenheit in Heidelberg große Aufregung hervorgerufen hat. Besonders gestern Abend, nachdem die Verhaftung Sieferts und seine

Einlieferung bekannt geworden waren, bildeten sich größere Ansammlungen und kleinere Gruppen auf den Straßen. Dabei ist auch sehr viel geschwätzt worden, was die Schwätzer nicht verantworten konnten. Die Leichen sollten nicht nur an drei oder vier verschiedenen Stellen gefunden worden sein, sondern es wurden auch genaue Einzelheiten über die Tat und den Auffindungsort erzählt. Auch im übrigen Deutschland hat das Verbrechen große Aufmerksamkeit gefunden. Telefonische Anfragen kommen von allen Seiten und wollen wissen, ob man die Leichen gefunden, die Täter entdeckt hat.

Die grauenhafte Tat, die überall die lebhafteste Teilnahme erweckt hat, hat, wie man anerkennen muss, ziemlich rasch ihre Aufklärung gefunden. Dieser Umstand wird überall lebhafte Genugtuung hervorrufen und es ist nicht daran zu zweifeln, dass die Justiz, die nun das Wort hat, das richtige Urteil fällen wird.

Anmerkungen zum Bezirksstrafgefängnis Fauler Pelz

Siefert wurde im Bezirksstrafgefängnis Fauler Pelz inhaftiert, das 1847/48 aus rotem Sandstein erbaut worden war. Der östliche Parallelbau kam 1911 dazu. Das Gefängnis zählte damals – nach Bruchsal – zu den fortschrittlichen Anstalten in Baden. Die ersten Insassen der Anstalt waren einige Pfarrer gewesen, die gegen die Revolution von 1848 gepredigt hatten. Deshalb wurde das Gefängnis im Volksmund zunächst »Pfarrhaus« und »Pfaffenburg« genannt.

Das Gebäude befindet sich in Hanglage am Fuße des Schlossbergs im Süden der Heidelberger Altstadt. Aufgrund der Adresse Oberer Fauler Pelz 1 setzte sich im Volksmund im Laufe der Zeit der Name »Fauler Pelz« durch. Der Ausdruck ist also nicht auf die möglichen Charaktereigenschaften der Häftlinge zurückzuführen. Er stammt vielmehr aus dem 16. Jahrhundert. Bis dahin befand sich an dieser Stelle der Altstadt das Gerberviertel. Die Handwerker bearbeiteten die tierischen Häute mit einer braunen Brühe aus der Rinde junger Eichen, um kräftiges und wetterfestes Leder herzustellen. Als die Gerber in den Bereich der Layergasse umgesiedelt wurden, so der Heimatkundler Ludwig Merz, blieb der Graben mit der übelriechenden braunen Brühe zurück, auf der sich bald eine dicke Schimmelschicht wie ein »Pelz« bildete.

Hans-Martin Mumm, ehemaliger Leiter des Heidelberger Kulturamts, nimmt hingegen an, dass der Name eher auf den ehemaligen Obstgarten des Schlossvogts zurückgeht, den »Faut«. »Das Pelzen ist ein alter Ausdruck für das Veredeln von Obst«, erklärt er.[8]

Gefängnis Fauler Pelz[9]

FREITAG, 8. JULI 1921

Suchtrupps in den Wäldern um Heidelberg

Die Streife nach den beiden vermissten Bürgermeistern, die gestern unternommen wurde, erstreckte sich vom Schlangenweg aus nach dem Siebenmühlental über das ganze Heiligenberg-Waldgebiet (rechte Neckartalseite). Sie war trotz äußerster Anstrengung bis zur Stunde ergebnislos und wird heute Morgen nach dem Mausbachtal hin fortgesetzt.

Inzwischen ist man aber doch der Aufklärung der mysteriösen und allmählich nicht nur Heidelberg, sondern ganz Deutschland in Erregung versetzenden Sache ein bedeutendes Stück nähergekommen. Darnach bestätigt sich die Vermutung, dass die beiden unglücklichen Spaziergänger einem schauerlichen Verbrechen zum Opfer gefallen sind.

Weitere Indizien

Der der Täterschaft verdächtigte und verhaftete Eisenbahnarbeiter Leonhard Siefert befand sich in letzter Zeit wiederholt in Geldnöten. Die Begleichung größerer Beträge kam nun den betroffenen Gläubigern verdächtig vor.

Sofort eingeleitete Untersuchungen ergaben weiteres Beweismaterial: Es wurden bei dem Verdächtigen die Manschettenknöpfe, Uhrkette und der Brillantring des Oberbürgermeisters Busse gefunden. Den Brillantring hatte der Täter bereits seiner Bekanntschaft »als Erbschaft aus

Amerika« versprochen und war zu einem Uhrmacher in der Bahnhofstraße gekommen, um dort den Ring kleiner machen und den Brillanten im Wert von über 20.000 Mark herausnehmen und durch einen minderen ersetzen zu lassen.

Über einen zweiten Goldring, den der Verdächtige trägt, gibt es bis jetzt keine Auskunft, wie er auch beharrlich leugnet, dass Kleidungsstücke und blutbefleckte Wäsche von einem Ermordeten stammen. Mit der Tat will er durchaus nichts zu tun haben, obwohl einige inzwischen gleichfalls Festgenommene behaupten, eine goldene Uhr, es handelt sich um diejenige des vermissten Bürgermeisters a. D. Werner von hier, von Siefert gekauft zu haben. Die vorläufig wegen Hehlerei Festgenommenen sind der 17-jährige Taglöhner August Sauer sowie dessen Stiefmutter und Stiefvater Werner, von Neckargemünd, wohnhaft in Ziegelhausen; sie stellen eine Mitwisserschaft am Verbrechen in Abrede.

Gerüchteküche brodelt

Die triftigen bis jetzt vorliegende Verdachtsmomente werden zweifellos binnen kurzer Zeit die volle Aufklärung bringen. Es ist auch höchste Zeit; denn die Beunruhigung der Bevölkerung wächst mit jeder Stunde und gab, zumal bis gestern Abend die ersten sicheren Ergebnisse bekannt wurden, den wildesten Gerüchten Nahrung. Man konnte gestern stundenlang durch unsere Stadt gehen: Überall hörte man Fragmente von Tatsachen, neue Vermutungen; die Mörder und der Tatort wären bereits gefunden und hunderterlei, an jeder Straßenecke in anderer Version.

Hoffentlich macht eine baldige Aufklärung dieser ungesunden Aufregung bald ein Ende.

SAMSTAG, 9. JULI 1921

Suche nach den Mordopfern weiterhin erfolglos

Die Leichen der beiden ermordeten Bürgermeister wurden bis zur Stunde noch nicht gefunden, obwohl andauernd Streifen von der Kriminal- und Fahndungspolizei unternommen werden. So wurde heute Morgen das Terrain Küblerswiese – Moltkehütte (rechte Neckartalseite) abgesucht. Dort wollen zwei Arbeiter die beiden Herren an dem fraglichen Tage bestimmt gesehen haben und gleich darauf zwei Schüsse gehört haben. Sie hätten denselben aber keine Beachtung geschenkt.

Tatverdächtiger leugnet hartnäckig

Der verhaftete Leonhard Siefert leugnet hartnäckig und nichts ist aus ihm herauszubringen. Den Uhrmacher, dem Siefert den Brillanten, wie wir gestern berichteten, verkaufte, wollte der hartgesottene Sünder nicht kennen.

Die dem 17-jährigen Sauer abgenommene Uhr, die übrigens nur Gold–Doublee ist, stammt nicht von Bürgermeister Werner, sondern Sauer fand sie im vorigen Jahr auf dem Neckargemünder Katharinenmarkt und hat sie unterschlagen. Die festgenommene Familie Werner wurde daraufhin wieder aus der Haft entlassen. Der Eigentümer der Uhr ist bereits in der Person eines Arbeiters aus der Altstadt ermittelt.

Zu der Mordtat an den beiden Bürgermeistern erfahren wir noch folgende Einzelheiten: Der mutmaßliche Mörder Siefert leugnet nach wie vor die Tat, sodass in der Aufklärung des Mordes seit gestern keine weiteren Fortschritte gemacht wurden. Die Leichen der beiden Bürgermeister sind trotz aller Streifen, die nach den verschiedensten Richtungen unternommen wurden, noch nicht aufgefunden worden. Zwei weitere Zeugen haben sich gemeldet, die beide Herren zu der fraglichen Zeit an der Küblerswiese gesehen haben wollen. Sie geben auch an, dass gleich nachdem sie beide Herren gesehen hatten, zwei Schüsse gefallen seien. Wie weit sich diese Angaben bewahrheiten, wird die Untersuchung ergeben.

Der Untersuchungsrichter neigt zu der Auffassung, dass der Mord wohl im Mausbachtal ausgeführt worden ist, denn die Tatsache, dass der verhaftete Siefert in Ziegelhausen wohnte und die Zerklüftung des Gebirges an dieser Stelle ein Verbergen der Leichen sehr leicht zulasse, lassen es als Wahrscheinlichkeit erscheinen, dass in dieser Gegend die Tat ausgeführt wurde. Trotzdem so viel belastendes Material, die für die Tat des Siefert sprechen, vorhanden ist, leugnet dieser alles ab, was mit der Tat in Zusammenhang steht. Einem Uhrmacher in der Bahnhofstraße, dem er den Brillantring zum Verkleinern brachte, und an diesen den Brillantstein für 2.000 Mark verkaufte, und einen wertloseren Stein dafür kaufte, auch diese Tatsache streitet Siefert nach der Gegenüberstellung des Uhrmachers ab. Auch sonstige Angaben, die zur Aufklärung dienen könnten, bestreitet er. So trug er auch nach der Tat einen Siegelring mit Monogramm W. B. Nach dessen Herkunft von zwei Freunden nach der Gesangsprobe gefragt, gab er an, dass er ihn geerbt habe. Auch diese Aussage leugnet Siefert ab. Die Geschichte mit der Uhr hat sich als falsch erwiesen.

Von gewisser Seite ergeht die Anregung, dass man wegen der Sicherheit der Bevölkerung Streifen bei Tag und Nacht durch Polizeibeamte ausführen lassen und die herumlungernden Wegelagerer genauestens zu kontrollieren.

MONTAG, DEN 11.07.1921

Grenzenlose Sensationsgier

Bis zur Stunde ist in der Mordaffäre noch keine weitere
Aufklärung erfolgt. Der Täter leugnet nach wie vor hartnäckig. Alle Gerüchte, die von einer Auffindung der Leichen sprechen, wie in der Stadt in Umlauf gesetzt werden,
sind dummes Geschwätz. Es wäre überhaupt angebracht,
wenn sich das Publikum in einem solch traurigen Fall mehr
Zurückhaltung auferlegen wollte. Die Sensation kennt aber
keine Grenzen in diesen Tagen. Wer den größten Schau-
erroman über den Vorfall erzählt, hat das Ohr des Publi-
kums. Die Fantasie reicht sogar schon so weit, dass dieser
gewöhnliche Raubmord als ein politischer ausgeschlachtet
wird. Der ermordete Bürgermeister Busse soll als Zeuge
beim Hölzprozess beteiligt gewesen sein, und schon ist
das Gerücht in Umlauf, dass die Kommunisten eventuell
den Mord ausgeführt haben. Ein Mann, der eine Perücke
trug, natürlich ein ganz gefährlicher Kommunist, soll in
letzter Zeit in Ziegelhausen gewohnt haben und ist seit
dem Tag des Mordes spurlos verschwunden. Dieser große
unbekannte Mann steht mit der Tat sicher in Zusammenhang. Es ekelt einen an, solches Gewäsch, aber im Besonderen die Sherlock Holmes-Berichterstattung verschiedener hiesiger Blätter, die nur auf die niederen Instinkte des
Volkes spekuliert.

Anmerkungen zum Hölzl-Prozess

Bei dem erwähnten *Hölzl-Prozess* geht es um das Justiz-opfer Max Hoelz (* 14. Oktober 1889 in Moritz bei Riesa; † 15. September 1933 bei Gorki, UdSSR). Hoelz, Mitglied der KPD und Partisanenführer, war 1921 verhaftet worden und stand im Juni in Berlin-Moabit vor einem Sondergericht. Dieses verurteilte ihn zu lebenslangem Zuchthaus und dauerndem Verlust der bürgerlichen Ehrenrechte. Ausschlaggebend für das Urteil war der Totschlag an Gutsbesitzer Heß in Roitschgen, eine Tat, an der Hoelz nicht beteiligt war. Doch wurde auf Umstände, die den Angeklagten entlasteten, keine Rücksicht genommen. Das Verfahren und die mehr als sieben Jahre dauernde Kerkerhaft waren darauf angelegt, Hoelz psychisch und physisch zu vernichten.

1926 berichtete die kommunistische Presse, einer der Kronzeugen der Staatsanwaltschaft aus dem Hoelz-Prozess habe vor einem Rechtsanwalt zu Protokoll gegeben, dass er seine früheren Aussagen, die für Hoelz belastend waren, widerrufe. Diese seien ihm von der Justiz abgepresst worden. Vor dem gleichen Anwalt hat ein Arbeiter, der bei der Erschießung des Gutsbesitzers Heß, wegen dessen Tötung Hoelz zu lebenslänglichem Zuchthaus verurteilt wurde, anwesend gewesen war, zu Protokoll gegeben, dass er den wahren Täter kenne. Er werde diesen aber erst vor Gericht nennen.

Öffentlicher Druck veranlasste den Reichstag am 14. Juli 1928, ein Amnestiegesetz für politische Gefangene zu verabschieden. Am 18. Juli verfügte das Reichsgericht die Freilassung von Hoelz. Dies geschah in Form einer »Unterbrechung der Strafvollstreckung«. Hierunter verbarg sich nichts anderes als die Drohung, die Strafaussetzung jederzeit rückgängig machen zu können. Ein Wiederaufnahmeverfahren wegen des Totschlags an Gutsbesitzer Heß, dessen Täter sich freiwillig gemeldet hat, war damals noch in der Schwebe.

Da sein weiterer Aufenthalt in Deutschland wegen möglicher Gewalttaten durch die Nazis zu riskant war, beschloss die KPD-Führung 1930 die Übersiedlung von Hoelz nach Moskau. Dort fungierte er in erster Linie als Agitator unter deutschen Arbeitern. Zugleich arbeitete er in der Produktion, zum Beispiel 1932 in den Erzgruben von Tamir-Tau. Hier wurde er mit Schlamperei, Fehlern, Versäumnissen, bürokratischer Willkür, Unterversorgung und mangelnder Unterstützung Werktätiger konfrontiert. Als er diese Missstände öffentlich anprangerte und auch die Briefzensur kritisierte, wurden seine Bezüge gesperrt. Außerdem bespitzelte ihn das Innenministerium (NKWD). Als er Anfang Mai 1933 in die Lubjanka, das Hauptquartier, zentrale Gefängnis und Archiv des sowjetischen Geheimdienstes in Moskau, beordert wurde, verbarrikadierte sich Hoelz aus Furcht in seinem Hotelzimmer. Schließlich ging er auf das Angebot ein, in der Sowchose Doskino bei Gorki in einer Feldbrigade zu arbeiten. In der Nacht vom 15. auf den 16. September 1933 ertrank er unter ungeklärten Umständen in der nahe gelegenen Oka beim Versuch, den Fluss per Boot zu überqueren. Es gibt jedoch Indizien, aber keine schriftlichen Beweise dafür, dass ein Kommando des NKWD für den Tod von Hoelz verantwortlich war.[10]

Weiterhin erfolglose Suche und Gegenüberstellung

Auch am gestrigen Tage wurden die Nachforschungen nach den Vermissten fortgesetzt, jedoch ohne Erfolg. Im Besonderen beteiligten sich auch eine größere Anzahl Einwohner des Ortes Ziegelhausen an denselben.

Am Samstag fand die Gegenüberstellung des verhafteten Siefert und dem seinerzeit auf der Landstraße Ziegelhausen-Kleingemünd angeschossenen Motorradfahrer Link aus Weinheim statt. Link glaubt annehmen zu dürfen, dass es sich bei dem verhafteten Siefert um den mutmaßlichen Täter handelt.

MONTAG, 11. JULI 1921

Siefert leugnet weiterhin

Über das Verschwinden der beiden Bürgermeister konnte, beim fortgesetzten Leugnen des verhafteten Siefert, noch *nichts* in Erfahrung gebracht werden.

Inzwischen ist gegen den Mörder Siefert ein neues Verfahren eingeleitet worden, da der seinerzeit überfallene, ausgeraubte und angeschossene Ingenieur Link von Weinheim bei der Gegenüberstellung Siefert sofort als den Täter erkannt hat.

Der Raubmord an den beiden Bürgermeistern hat zur Folge gehabt, dass die Kurgäste der Erholungsorte auf dem Königsstuhl- und Kohlhofgebiet in den letzten Tagen schleunigst abgereist sind. Die Heidelberger Blätter weisen darauf hin, dass die Furcht vor dem Walde völlig unbegründet ist, da Raubüberfälle in den Heidelberger Wäldern zu den außerordentlichen Seltenheiten gehören.

DIENSTAG, 12.7.1921

Bitte um Mithilfe der Universität

Der Untersuchungsrichter setzt sich mit der Universität in Verbindung, um diese zu veranlassen, dass man die Vorlesungen ausfallen lassen solle, um eine Streife mit der gesamten Studentenschaft unter Mitwirkung der kasernierten Polizei, des Forstpersonals, der Waldarbeiter, der Gendarmerie und sonstigen Kriminal- und Polizeibeamten auszuführen. Die Universität gibt bereitwilligst ihr Einvernehmen zu diesem Vorhaben. Doch die geplante große Streife ist nicht mehr nötig.

Auffindung der Leichen der ermordeten Bürgermeister

Gestern Mittag lief wie ein Lauffeuer die Kunde durch unsere Stadt, dass die Leichen des ermordeten Herforder Oberbürgermeisters Busse und des Bürgermeisters a. D. Werner oberhalb des *Kümmelbacherhofes* gefunden worden seien.

Der Kümmelbacherhof in Neckargemünd – heute eine Ruine[11]

In dem am stärksten zerklüfteten Teil unseres Waldes, am Aufstieg vom *Kümmelbacherhof* zum Pfalzgrafenstein, wo wildes Felsgeröll den steilen, mit düsteren Tannen bedeckten Hang überschüttet, lagen unter Felsblöcken versteckt, etwa 80 Meter voneinander entfernt unterhalb des Weges im Halbdunkel des Waldes die beiden Toten so gut begraben, dass man es fast als ein Wunder ansprechen kann, dass es den Bemühungen von Korpsstudenten und Polizei gelungen ist, die Leichen zu finden.

Der Pfalzgrafenstein im Heidelberger Stadtwald – Jagddenkmal zu Ehren des Pfalzgraf Friedrichs mit der Inschrift FRIDRICHS PFALTZ GRAF 1749[12]

Die Zeugenangaben, wonach Busse und Werner zuletzt am Philosophenweg gesehen sein sollen, haben sich also nicht bewahrheitet und es bestätigte sich die erste Angabe des Bergbahnfahrers (– welcher zunächst keine Beachtung geschenkt wurde –), dass die beiden Herren am Mittwoch vor acht Tagen auf den Königstuhl gefahren seien. Von dort wollten sie über den Pfalzgrafenstein wohl zum *Kümmelbacherhof* gehen und sind dann unterwegs in Mörderhand gefallen.

Bergbahn zum Königstuhl – Station Molkenkur[13]

Intensiver Verwesungsgeruch

Warum man die Streife beim *Kümmelbacherhof* unternahm, hat folgenden Beweggrund: Am Sonntagabend wurde der Untersuchungsrichter Landgerichtsrat Hönl von dem Syndikus Doktor Mick aus Mannheim, der einen Ausflug nach dem *Kümmelbacherhof* unternahm, von dort aus telefonisch angerufen, mit dem Bemerken, dass er in der Nähe der von ihm bezeichneten Stelle, bei der dann auch die Leichen gefunden wurden, einen intensiven Verwesungsgeruch wahrgenommen habe.

Da schon so viele falsche Angaben gemacht wurden, stand der Untersuchungsrichter dieser Angabe skeptisch gegenüber. Später jedoch kamen zwei Mitglieder des Korps *Guestphalia* zur Staatsanwaltschaft, die ebenfalls einen Ausflug unternahmen, der an der fraglichen Stelle vorbeiführte, und machten dieselben Angaben wie Doktor Mick. Nun entschloss man sich, eine Streife am Montagvormittag zu unternehmen, die dann auch wirklich von Erfolg gekrönt war. An der Streife beteiligten sich auch Mitglieder des Korps.

Der Tatort

Gegen 11.30 Uhr fand man 300 Meter oberhalb des *Kümmelbacherhofes* ungefähr 50 Meter unterhalb der Stelle, wo der kleine Pfalzgrafenweg vom Auweg zum *Kümmelbacherhof* abzweigt, am dicht bewachsenen Waldhang, etwa 60 Meter voneinander entfernt, die wohlverscharrten zwei Leichen unter Geröll, Felsstücken, Moos, Reisern und Laub völlig verdeckt, auf.

Wegweiser am Pfalzgrafenstein in der Nähe des Tatorts[14]

Einige Schritte weiter aufwärtssteigend zum Fußweg, der sich dort mit dem Auweg kreuzt, machten die Sucher eine außerordentlich wichtige Entdeckung. Hier stehen zwei Felsen dicht überm Weg, die sich der Mörder als Hinterhalt für seinen Schützenstand erkoren hatte. Diese natürliche

Schießscharte gab dem Heckenschützen ein gutes Schuss-feld auf den Fahrweg und den abgezweigten Fußweg. In dieser Schießscharte lag noch eine nicht abgeschossene Patrone vom Militärgewehr Modell 98. Dieser Patronenfund gibt eine weitere Bestätigung dafür, dass Siefert das Attentat auf den Ingenieur Link gemacht hat, der ja bekanntlich gleichfalls mit einem Militärgewehr angeschossen wurde und Siefert als Täter bestimmt wiedererkannt hat.

Einige Schritte oberhalb vom Schießstand lag eine Steinmulde mit frischgeschnittenem grünem Tannenreisig ausgepolstert. Vermutlich diente sie dem Mörder als Lager. Hier wurde ein Zwickerbehälter mit der Aufschrift »Optiker Stähle, Herford« gefunden, der vermutlich dem Oberbürgermeister Busse gehörte. Auch lagen noch in der Nähe die Spazierstöcke der Ermordeten.

Von dem Schützenstand des Mörders aus bietet sich zwischen den Bäumen hindurch einer der schönsten Anblicke des Neckartals, tief unten das Städtchen Neckargemünd mit seinem aufragenden Kirchturm und dahinter die unvergleichlich schöne Kuppe des Dilsbergs.

Nach Auffindung der Leichen wurde der Ort des Verbrechens in weitem Umkreise abgesperrt. Korpsstudenten hielten bei den Ermordeten solange die Wache, bis starke Posten der Sicherheitspolizei erschienen.

Siefert gibt sich ahnungslos

Bevor von dem Erfolg der Streife etwas bekannt wurde, begab sich der Untersuchungsrichter mit den Angehörigen der Ermordeten zu Siefert und sagte zu ihm: »Siefert, die Angehörigen der Ermordeten sind da und möchten gerne wenigstens die Leichen ihrer Lieben wiederhaben. Wenn Sie es nun waren, so geben Sie doch an, wo diese sich befinden.«

Und da erwiderte Siefert:

»Wenn ich wüsste, wo die Leichen sind, so würde ich als Mensch, der doch auch ein Herz im Leibe hat, den Ort angeben. Aber ich war es nicht.«

Auch dem Schwager des ermordeten Oberbürgermeisters Busse und der Schwester des ermordeten Bürgermeisters Werner gegenüber verhielt sich Siefert ablehnend.

Besichtigung der Mordstelle

Gegen 3 Uhr nachmittags kam in mehreren Autos die Gerichtskommission an, darunter Landgerichtsdirektor Haas, Staatsanwalt Haas, Untersuchungsrichter Hönl, der Bezirksarzt Medizinalrat Doktor Holl, der telegrafisch aus Frankfurt herbeigerufene bekannte Gerichtschemiker Doktor Popp, ein Gerichtsfotograf, ein Verwandter des ermordeten Busse und andere.

An der Mordstelle hatten sich inzwischen Kriminalbeamte und Pressevertreter eingefunden. Auch der Mörder Siefert war im Polizeiauto an die Mordstelle gebracht worden. Er trug eine blaue Schirmmütze, eine schwarze Luftschifferdrillichjacke (im Kriege gehörte er einer Luftschifferabteilung an), sowie eine Hose mit Bügelfalten. Unter den etwas herunterhängenden Augenlidern blicken ein Paar graue Augen, die gleichzeitig von Zurückhaltung und Verschlagenheit reden und von denen man zu sagen pflegt: »Stille Wasser sind tief!«

»So, Siefert, jetzt zeige ich Ihnen den Platz, den Sie mir nicht haben zeigen wollen!«, sagte der Untersuchungsrichter zu ihm, als sie vor dem halbgeöffneten Steingrabe Werners anlangten. Siefert, der kurz vorher, Ergriffenheit heuchelnd, mit seinen geketteten Händen die blaue Mütze vom Kopfe genommen hatte, erwiderte: »Diesen Anblick habe ich noch niemals gehabt. Ich war hier noch nie. Ich habe die Tat nicht begangen. Ich habe das nicht geschafft, und wenn die ganze Welt daran glaubt!«

Die Leichen

Nach fotografischen Aufnahmen wurden die Steine von Werner heruntergewälzt und es bot sich der schauerliche Anblick einer bereits in furchtbare Verwesung übergegangenen Leiche. An dem blauen Rock und der Hose waren die Taschen herausgekehrt. Die Hände waren verkrampft, der Kopf bereits unkenntlich. »Und wenn alle es glauben, ich habe es nicht geschafft!«, wiederholte Siefert, der äußerlich ruhig erscheinen wollte, während seine Hände merklich zitterten. »Jetzt können Sie mir auch sagen, wo Sie Ihr Gewehr verborgen haben!«, sagte der Untersuchungsrichter. »Nein, ich kann es wirklich nicht sagen!«, entgegnete der Angeschuldigte.

Man kletterte nun durch das Felsgeröll etwa 80 Meter weiter zu dem Steinhaufen, unter dem der unglückliche Oberbürgermeister von Herford begraben lag. Auch hier wurden nach fotografischen Aufnahmen die zahlreichen, bis zu einem halben Zentner schweren Felsstücke von dem Körper der Leiche gerollt, die auf der Seite liegend in einem graubraunen Touristenanzug zum Vorschein kam und denselben grauenhaften Anblick gewährte.

Der Wildschützenstand

Die Kommission begab sich dann mit dem Mörder über die Straße hinweg zu dem Wildschützenstand, wo man Siefert die dort noch liegende Gewehrpatrone zeigte und ihn aufforderte, dort in Schützenstellung niederzuknien: »Ich habe hier noch nie gekniet, ich kann das gar nicht!«, erklärte er mit weinerlicher Stimme. Mit Sorgfalt hatte der Mörder sich hier ein freies Schussfeld geschaffen. Ein Mann der Sicherheitspolizei legte sich nun hier mit seiner Schusswaffe in Anschlag und zwei Beamte schritten unter dem Schützenversteck den Weg entlang, um ein Bild zu gewähren, wie der Mord ausgeführt worden ist.

Die Patrone und herumliegende Eierschalen wurden von dem Frankfurter Gerichtschemiker Doktor Popp, der als Autorität ersten Ranges bekannt ist, gesammelt, um festzustellen, ob daran noch Fingerabdrücke von Siefert ermittelt werden können. In diesem Falle wäre der Beweis gegen Siefert, der bekanntlich alle Wertsachen der Ermordeten im Besitze hatte, sich über die fragliche Zeit nicht ausweisen kann, verlogene Angaben über eine Erbschaft machte und plötzlich im Besitze größerer Geldsummen war, so vollkommen, dass ihn alles Leugnen nicht mehr retten könnte. Der Ring gegen ihn wäre geschlossen.

25.000 Mark Belohnung

Außer der von der Stadtverwaltung Herford für die Auffindung der Leichen ausgesetzten Prämie von 10.000 Mark waren von der Schwester des Bürgermeisters Werner 5.000 Mark, von der Stadt Heidelberg 5.000 Mark und vom badischen Justizministerium ebenfalls 5.000 Mark für die Ermittlung der Täter ausgesetzt.

In der Nähe der Leiche des Oberbürgermeisters Busse wurden übrigens sechs Paar Schuhe gefunden, die allerdings mit dem Morde nichts zu tun haben, sondern vermutlich von einem Diebstahl herrühren und schon längere Zeit an dieser Stelle lagen.

Beim Herunterführen des Mörders gegen 6 Uhr hatten sich auf dem Wege zum *Kümmelbacherhof* bereits zahlreiche Leute eingefunden, die zum Teil Verwünschungen ausstießen: »Der müsste gesteinigt werden, wie er die armen Toten gesteinigt hat!« und anderes hörte man aus der erregten Menge. Vom *Kümmelbacherhof* wurde Siefert im Auto zum Gefängnis zurückgebracht. Vom Karlstor ab umzäumten in der Altstadt Hunderte von Menschen die Straßen, um das Auto mit dem Mörder zu erwarten.

Es mag noch erwähnt werden, dass gestern Abend über 1.000 neugierige Gaffer sich auch vor dem Gefängnis in dichten Scharen angesammelt hatten, um die Rückkehr des Raubmörders zu erwarten, der mit Johlen, Schreien und Beschimpfungen empfangen wurde. Die Polizei hatte einen außerordentlich schweren Stand, um unliebsame Zwischenfälle zu verhindern. In solchen Fällen sollte das Publikum sich selbst so weit in der Gewalt haben, dass es nicht zu so hässlichen Szenen der Neugierde wie gestern Abend kommen kann.

Sektion der Leichen und Rekonstruktion des Tathergangs

Gegen 5 Uhr waren Leichenträger am Tatort erschienen, die die Toten in schwarze Holzsärge legten und zum pathologischen Institut Heidelberg brachten, wo um 8 Uhr die Leichenöffnung vorgenommen wurde.

Die ganze Sektion dauerte bis heute Nacht 1 Uhr. Es hat sich dabei ergeben, dass Busse einen Schuss erhielt, der in die rechte Brustseite unterhalb des Halses eindrang, den Weg durch den Körper nahm, die Herzwurzel zerriss und an der Wirbelsäule wieder aus dem Körper trat. Es steht außer Zweifel, dass der Schuss den sofortigen Tod herbeiführte. Werner hingegen ist nicht erschossen, sondern mit einem dumpfen Werkzeug erschlagen worden. Sein Schädel weist mehrere Brüche auf.

Aus diesem Umstand lässt sich schließen, dass der Täter zuerst Busse erschoss und dann schließlich Werner einige Schüsse nachjagte, die aber ihr Ziel verfehlten, und der Täter sein Opfer dann verfolgte und ihn erschlug. Beide Leichen schleppte er dann in den Wald, wo er sie verbarg.

Hatte Siefert Komplizen?

Es ist nur zu verwundern, dass die Tat am helllichten Tage nachmittags 5 Uhr an einem katholischen Feiertag (Peter und Paul) ungestört ausgeführt werden konnte. Sicher ist, wenn Siefert als alleiniger Täter in Frage kommt, er mehrere Nächte schwer arbeiten musste, um die schweren Felsblöcke auf die Leichen zu schaffen. Dass es sich um einen ganz gemeinen Raubmord handelt, geht aus der Tatsache hervor, dass keine Wertgegenstände bei den Ermordeten mehr gefunden wurden. Bei Busse fehlte sogar das Hemdenknöpfchen. Welche Rohheit der Täter besessen hat, kann man daraus schließen, dass man den rechten Ringfinger abgeschnitten in der hinteren Gesäßtasche vorfand. Offenbar hatte Busse an diesem Finger einen Ring, den der Mörder nicht schnell genug herausbekam, und schnitt einfach den Finger ab. Die Lage der Leiche Werners lässt erkennen, dass er nach dem *Kümmelbacherhof* flüchten wollte. Zu erwähnen wäre noch, dass die Leiche von Busse von drei Mitgliedern des Korps *Saxo-Borussia* und diejenige von Werner von Kriminalwachtmeister Kniffel und Polizeiwachtmeister Zitzmann aufgefunden wurde. Heute Vormittag wurde am Tatort die Schusswaffe, ein abgeändertes Militärgewehr, aufgefunden. Gerichtschemiker Doktor Popp aus Frankfurt wird die chemische Untersuchung vollziehen; er konnte an den Kleidern des Siefert verschiedene Blutspuren feststellen.

Hoffentlich gelingt es bald, den Mord zur vollständigen Aufklärung zu bringen, damit wieder Beruhigung unter der Bevölkerung eintritt.

Aufzuklären wäre nun noch, da jetzt einwandfrei festgestellt wurde, dass nur Busse erschossen, während Werner erschlagen war, ob der Täter nicht Mithelfer oder Mitwisser gehabt habe.

Anmerkungen zum Gerichtschemiker Doktor Popp

Der als Gerichtschemiker hinzugezogene Doktor Georg Popp (* *31. Juli 1861 in Frankfurt am Main; † 15. Februar 1943 in Urberach*) gehört zu den Begründern der mikroskopischen und naturwissenschaftlichen Kriminalistik und damit der »modernen Rechtsmedizin«. Zu seinen Spezialgebieten zählten die Daktyloskopie, die Blutspurenanalyse sowie botanische Analysen.

Die Daktyloskopie, auf der das Fingerabdruckverfahren basiert, analysiert die Papillarleisten in den Handinnen- und Fußunterseiten (= Finger- und Fußabdrücke). Da diese Linien für jede Person einzigartig sind, werden sie zur Personenidentifizierung in der Kriminalistik verwendet.

Im Rahmen der Blutspurenanalyse ergründete Popp anhand der Form von Blutflecken und -spritzern an Tatorten, Opfern und Tätern den Hergang der Tat sowie die benutzte Waffe. Zum anderen nutzte Popp die von den deutschen Bunsen und Kirchhoff gegen Ende des 19. Jahrhunderts entwickelte Spektralanalyse, mit der eine sichere Methode zum Nachweis von Blut zur Verfügung stand. Schwieriger gestaltet sich die Antwort auf die Frage, ob es sich bei Spuren um Menschen- oder um Tierblut handelt. Der Nachweis, dass Blutspuren von einer bestimmten Person stammen, konnte zum damaligen Zeitpunkt der Tat noch nicht erbracht werden.

Auf dem Gebiet der chemisch-biologischen Spurenkunde, welche die Botanik in ihre Arbeit einbezieht, gehört Popp zu den europäischen Pionieren. Mit seinen botanischen Analysen trug er zwischen 1910 und 1930 zur Lösung von Dutzenden von Kriminalfällen bei. Er formulierte den Popp'schen Grundsatz: »Die Unterschiede in den Böden von Ort zu Ort machen wertvolle Hinweise, um die Verknüpfung zwischen einem Verdächtigen und einem Tatort zu beweisen.«

Die Frankfurter nannten ihn »den Jäger« – in doppeltem Sinne, denn sein größtes Hobby war die Jagd.15

Weitere Tatortbesichtigung

Der Platz, wo das Verbrechen ausgeführt wurde, war die ganze Nacht von der Polizei abgesperrt. Heute früh wurde die Absuchung des Geländes weiter fortgesetzt. Der Untersuchungsrichter Landgerichtsrat Hönl begab sich heute Vormittag nach der Aussprache mit den Pressevertretern wieder an den Tatort, um weitere Erhebungen zu machen.

Die heute Vormittag unternommene Streife erfolgte durch die Polizeigruppe 1, der das Verdienst zuzuschreiben ist, dass das Gewehr aufgefunden werden konnte. Wie wir kurz vor Redaktionsschluss hörten, wurde von der Polizei auch die Brieftasche des Bürgermeisters Werner gefunden.

Trauer um die Opfer

Die beiden Städte Herford und Heidelberg sind in diesen Tagen durch gemeinsame Trauer verbunden. Den Angehörigen der Erschlagenen gilt das tiefe Beileid unserer Stadtvertretung und unserer gesamten Bevölkerung.

Die Leiche Busses soll nach Herford überführt werden, während die Leiche Werners in Heidelberg bestattet wird.

MITTWOCH, 13. JULI 1921

Beileid der Stadt

Der Heidelberger Stadtrat hat telegrafisch der Stadtverwaltung Herford und der Frau Oberbürgermeister Busse die Anteilnahme der Stadtverwaltung und der Heidelberger Bürgerschaft zum Ausdruck gebracht. Ferner machte Oberbürgermeister Walz der Schwester des ermordeten Bürgermeisters Werner einen Besuch, um ihr im Namen der Stadt das Beileid auszusprechen. Bei der Überführung Busses nach Herford sowie bei der Beisetzung Werners wird die Stadt Kränze niederlegen lassen.

Heute Abend findet in der Kapelle des pathologischen Instituts im Beisein von Vertretern der Stadt und des Korps eine gemeinsame Trauerfeier für die Ermordeten statt. Morgen Vormittag erfolgt die Überführung der sterblichen Reste des Oberbürgermeisters Busse nach Herford, während die Leiche des Bürgermeisters Werner morgen früh um 9 Uhr im Heidelberger Krematorium eingeäschert wird. Die Beisetzungsfeierlichkeiten in Herford sind für Samstag vorgesehen. Das Korps *Vandalia* wird Vertreter nach dorthin entsenden.

Über den Fortgang der gerichtlichen Untersuchung

Gestern Vormittag hat sich auf die Meldung, dass das Gewehr des Täters gefunden worden sei, der Untersu-

chungsrichter Landgerichtsrat Hönl mit dem Gerichtschemiker Doktor Popp nach der Fundstelle begeben. Das
am Schaft abgebrochene Militärgewehr lag in der Nähe
der Leiche Werners. Die Metallteile zeigten Blutflecken.
Es wurden an dem Gewehr Haare gefunden, die vermutlich von der Leiche Werners herrühren. Da Werner erschlagen ist, hat man von der Leiche Kopfhaare zur späteren
Untersuchung aufbewahrt. Die weitere Untersuchung wird
zeigen, ob die am Gewehr gefundenen Haare von Werner
sind. Der Kolben vom Gewehr wurde noch nicht vorgefunden, dagegen die Brieftasche von Werner. Sie enthielt
noch einen Brief von seiner Schwester aus Schweidnitz in
Schlesien. Auch die Brieftasche zeigt deutliche Blutspuren. Geld war nicht mehr in der Tasche; dagegen hat man
außer dem Brief noch weitere Briefumschläge gefunden,
auf denen von blutigen Fingern deutliche Abdrücke festgestellt wurden. Von dem angeschuldigten Siefert wurden
im Laufe des Tages auch Fingerabdrücke gemacht. Der
Gerichtschemiker Doktor Popp hat die aufgefundenen
Beweisstücke (Brieftasche, Briefumschläge und so weiter),
die die Fingerabdrücke des Täters zeigen, sowie die von
der Hand Sieferts abgenommenen Fingerabdrücke zur ver-
gleichenden Untersuchung mit nach Frankfurt genommen.

Zur Beruhigung des wandernden Publikums

werden von nun an durch Polizeibeamte regelmäßige
Waldstreifen unternommen, um lichtscheues Gesindel, das
die Sicherheit friedlicher erholungssuchender Menschen
gefährdet, aufzuspüren und festzunehmen. Es wird ein
ständiger Patrouillendienst im Gebirge eingerichtet, der

von besonders hierzu befähigten Beamten ausgeübt wird. Den Patrouillen sollen nach Möglichkeit Berittene beigegeben werden.

In Pforzheim wurde ein Zigeunerehepaar festgenommen, das in einer Wirtschaft im Streit unvorsichtige Äußerungen – die Zigeunerin hat dem Zigeuner vorgeworfen, er solle an Heidelberg und den Königsstuhl denken – gemacht hat. Zur weiteren Vernehmung wurde das Zigeunerehepaar nach dem hiesigen Amtsgefängnis gebracht. Sie machen Angaben, dass sie in der Zeit, wo die Tat geschehen ist, an einer ganz anderen Stelle sich aufhielten. Es ist voraussichtlich nicht anzunehmen, dass beide an dem Raubmord beteiligt waren. Die weitere Untersuchung wird ergeben, ob der Haftbefehl gegen das Zigeunerehepaar aufrechterhalten bleiben kann.

Aus der Heimat des Mordbuben

Olfen i. O. wird uns geschrieben:

In dem rings von Wäldern umgebenen, feierlichen und stillen Odenwalddorf Olfen, das eine Dreiviertelstunde vom nächsten Schienenstrang (Affolterbach) entfernt liegt, hat die Kunde von dem furchtbaren Verbrechen eines Olfeners bei Heidelberg nicht geringe Bestürzung hervorgerufen. Der 24 Jahre alte Eisenbahnschmied Leonhard Siefert hat schon als Kind seinen Vater, den Landwirt und Musikanten Egidius Siefert, verloren. Dieser war ein achtbarer Mann. Nach dem Tode der ersten Frau hat dieser zum zweiten Male geheiratet, und aus diesen beiden Ehen sind acht Knaben geboren worden, von denen der mutmaßliche Raubmörder Leonhard Siefert der jüngste ist. Fünf Söhne waren von der ersten und drei von der zweiten Frau.

Drei Kinder sind nach Amerika ausgewandert, davon ist einer drüben gestorben. Ein anderer Bruder namens Peter Siefert ist im Kriege gefallen. Die Familie ist achtbar und erfreute sich des besten Ansehens. Leonhard Siefert weilte das letzte Mal vor einigen Monaten hier zu Besuch, und zwar zum Begräbnisse seiner Mutter. Bald danach hat er das Raubattentat auf den Weinheimer Ingenieur Link ausgeführt, der nur durch ein Wunder trotz schweren Lungendurchschusses mit dem Leben davonkam.

Denkmal zu Ehren der im Ersten Weltkrieg gefallenen Söhne Olfens – auf dem rechten Stein findet sich auf Position fünf der Name des Bruders von Siefert[16]

Kriminelle Energie

Leonhard Siefert hatte bei einem Schmied in Gittersbach das Schmiedehandwerk gelernt und zeigte sich geschickt und anstellig, galt auch als tüchtiger Handwerker. Das eine Mal wurde er aber erwischt, als er aus der Kommode eines im selben Hause wohnhaften Gastwirtes einen Geldbetrag stahl. Ein andermal verübte er einen bösen Streich, indem er von einer Ladung Kohlensäcke die Schnüre abtrennte. Als dann der Fuhrmann die Ladung abfahren wollte, musste er erst sämtliche Säcke wieder verschnüren. Der dritte böse Streich, der von Leonhard Siefert bekannt wurde, bestand in einem ziemlich raffinierten Diebeskomplott gegen eine Kaufmannsfrau, die ein Kolonialwarengeschäft in Olfen betreibt. Er war der Anführer einer Gesellschaft von Knaben, die in dem Geschäft Waren verlangten, von denen sie wussten, dass diese erst aus dem Vorratsraum geholt werden mussten. Während nun die Inhaberin auf kurze Zeit den Laden verließ, bereicherten sich die Knaben durch Griffe in die Ladenkasse. Leonhard wurde für diese Streiche von seinem älteren Bruder, einem angesehenen Steinhauermeister, ganz exemplarisch gezüchtigt.

Auf der den Olfener Mitkämpfern im Weltkriege gewidmeten Ehrentafel der Gemeinde Olfen befindet sich das Brustbild Leonhard Sieferts in Artillerie-Uniform, darunter das des gefallenen Peter Siefert.

Wenn Leonhard einmal (zum Beispiel voriges Jahr mit einer Gesellschaft Wandervögel) kam, trat er nobel auf und war immer gut im Zeuge. Ein so furchtbares Verbrechen, wie das von ihm mutmaßlich verübte, hätte ihm niemand zugetraut. Bemerkt sei noch, dass die kürzlich verstorbene Mutter kein Vermögen hinterlassen hat. Die Angaben über seine Olfener Erbschaft sind also erlogen.

Meldungen aus dem Pariser Journal

Dort lesen wir eine *Havas*-Meldung (*Havas* war eine französische Nachrichtenagentur, die während des Ersten Weltkriegs sogar halbamtlichen Status besaß. Deren Meldungen im Ersten Weltkrieg waren vielfach geschönt und wurden deshalb von Bevölkerung und Soldaten häufig angezweifelt.), wonach der Doppelraubmord von der kommunistischen Partei angezettelt sei.

Dieses Gerücht war auch in Herford und Heidelberg verbreitet und hat auch Kreise der Reichsregierung beschäftigt. Wir halten es für völlig haltlos.

DONNERSTAG, 14. JULI 1921

Trauerfeier für die Opfer des Mordes

Vor der Kapelle des Pathologischen Instituts fand gestern Abend 18.15 Uhr die Trauerfeier für den verstorbenen Oberbürgermeister Busse statt. Anwesend waren Angehörige des Ermordeten, zahlreiche Vertreter der Städte Herford und Heidelberg und eine große Anzahl der hiesigen Studentenverbindungen mit ihren Fahnen. Eine dicht gedrängte Menschenmenge nahm gleichfalls stille Anteilnahme.

Die Trauerrede hielt der Stadtpfarrer Götz, der besonders auf das Tröstliche der Mittrauer weiter Kreise des deutschen Volkes hinwies und auf die allgemeine Entrüstung über die Freveltat.

Herr Oberbürgermeister Doktor Walz legte namens der Stadt Heidelberg einen Kranz am Sarg nieder und gab in zu Herzen dringenden Worten von der Trauer unserer Stadt Kunde. Unter den Klängen eines Chorals wurde dann der Sarg von Vandalen, Bundesbrüdern des Ermordeten, zum Leichenwagen getragen; ernste Trauerweisen geleiteten ihn zum Hauptbahnhof. Der lange Zug, dem eine ergriffen schweigende Menschenmenge Spalier stand, weckte erschütternde Gedanken an solch tragische Heimkehr eines von ruchloser Hand Gemordeten.

Die Trauerfeier für den verstorbenen Bürgermeister a. D. Werner und dessen Einäscherung fand heute früh im Krematorium auf dem hiesigen Friedhof statt. Wir werden noch darüber berichten.

Zur Mordsache teilt der Untersuchungsrichter mit, dass bis zur Stunde keinerlei weitere Ermittlungen vorliegen. Siefert leugnet weiter.

SAMSTAG, 16. JULI 1921

Das Grab an der Blutbuche

Wie uns aus Herford gemeldet wird, ist die Leiche Busses im Vestibül des Rathauses aufgestellt, wo heute Nachmittag die Trauerfeier unter Mitwirkung des Musikvereins stattfinden wird.

Während des Leichenzuges sollen sämtliche Herforder Schulkinder in den Straßen Spalier bilden. Auf dem Friedhof ist ein besonderer Gerüstplatz vom Magistrat zur Verfügung gestellt worden. Zur Erinnerung an die blutige Tat soll das Grab unter einer großen Blutbuche liegen, die in der Nähe des Kinderfriedhofes ihr schattendes rotes Gezweig breitet.

Wie uns der Gerichtschemiker Doktor Popp aus Frankfurt mitteilt, werden bis zum Abschluss seiner Untersuchungen, da das vergleichende Material bei ihm noch nicht eingetroffen ist, wohl noch einige Tage vergehen.

Neue wichtige Feststellung des Gerichtes

Heute Vormittag fand beim Untersuchungsrichter Landgerichtsrat Hönl eine Besprechung mit den Pressevertretern statt. Er hatte wichtige Mitteilungen zu machen. Im Laufe der weiteren Untersuchung in der Mordsache vermutete man, dass in der Wohnung des angeschuldigten Siefert noch weitere Beweisstücke sich befinden müssten.

Gestern Vormittag ging deshalb der Untersuchungsrichter in Begleitung von Oberwachtmeister Vetter, Gendarm Schuh und Kriminalwachtmeister Gutfleisch in das Haus, in welchem der Angeschuldigte Siefert in Ziegelhausen gewohnt hat, um es von den Hohlziegeln des Daches bis zum Keller genau zu durchsuchen. Gleich bei Anfang der Durchsuchung des Hauses fand man in einer alten Truhe, die auf dem Speicher stand und dazu diente, Säcke und alte Kleidungsstücke aufzubewahren, folgende Gegenstände: einen schwarzen Geldbeutel für Geldscheine, darin die goldene Uhr mit Monogramm des ermordeten Bürgermeisters Werner, sowie dessen lange, dünne silberne Uhrkette, die um den Hals getragen und mit einem Schieber versehen war, die rote Brieftasche von Werner, darin die Stahluhr von Busse, zehn Fünfzigmarkscheine, zwei Ersatzscheine, ein Notgeld von Darmstadt, das Zwickeretui des Bürgermeisters Werner, den Siegelring, den der Täter noch kurz vor seiner Verhaftung verschiedenen Personen gezeigt hat, und der, nachdem diese das Monogramm entziffern wollten, von Siefert versteckt wurde. Weiter wurde noch ein schwarzes Zigarettenetui bei diesen Gegenständen vorgefunden.

Siefert erfindet einen Roman

Nachdem man diese wichtigen Beweisgegenstände in Ziegelhausen vorgefunden hatte, ließ man Siefert mit Auto und Begleitung der Kriminalbeamten Farrenkopf, Schindler und Hügin nach Ziegelhausen an die Fundstelle bringen. Siefert war durch das Auffinden der oben genannten wichtigen Beweisstücke zum ersten Male sehr betreten. Erst leugnete er, dann machte er zum ersten Mal Angaben, die mit der Mordtat im Zusammenhang stehen. Siefert gab zu, dass die vorgefundenen Sachen zuerst in seiner Wohnung verwahrt worden seien, dass er diese eine Viertelstunde vor seiner Verhaftung oben in die Kiste auf dem Speicher versteckt habe, und zwar, weil er auf seine Verhaftung auf der Fahrt vom Hauptbahnhof nach Ziegelhausen von einem Arbeitskollegen aufmerksam gemacht (!) wurde. (Hoffentlich wird sich die Polizei diesen Arbeitskollegen etwas genauer ansehen!) Der Verhaftete habe, nachdem er erfahren habe, dass man nach ihm fahnde, es mit der Angst zu tun bekommen, dass man diese wichtigen Beweisstücke in seinem Wohnzimmer auffinden könnte. Er bestreitet aber auch jetzt noch nach wie vor, der Mörder zu sein. Auch will er nicht gewusst (!!) haben, dass die in seinem Besitz befindlichen Sachen den beiden Ermordeten gehören.

Siefert hatte bisher immer bestritten, den Brillantring von Werner zu besitzen. Jetzt gab er zu, dass er den Ehering von Busse dem gleichen Uhrmacher, dem er auch den Brillantring gegeben hat, überlassen habe. Die Erhebung des Gerichts bei dem Uhrmacher hat ergeben, dass sich dort der Ehering des Oberbürgermeisters Busse tatsächlich befand. Der Ring trägt die Buchstaben T. M. vom Mädchennamen der Frau Oberbürgermeister Busse sowie das Datum: 6.11.02 und zeigt deutliche Kratzspuren, die vermutlich von dem Schleifen der Leiche herrühren. Weiter konnte man feststellen, dass der Ehering Schnittspuren von einem Messer aufweist, die vermutlich beim *Abschneiden* des rechten Ringfingers von der Leiche entstanden sind.

Es wurde ferner das Taschenmesser Sieferts gefunden, das in der Kerbe der großen und kleinen Klinge Harz und Bestandteile von Fichtenzweigen aufweist. Das Messer ist stark verkratzt und zeigt Schäden auf, sodass man annehmen kann, dass Siefert hiermit die Fichtenzweige für sein Lager abgeschnitten hat, das sich beim Schützenstand auf dem Pfalzgrafenstein befindet.

Die großen Unbekannten

Siefert gibt nun an, dass er am 25. Juni einen Tag Urlaub gehabt habe. Er habe in der Bahnhofwirtschaft 3. Klasse an einem Tisch gesessen, wo er mit zwei ihm unbekannten Männern (die großen Unbekannten!) im Alter von 28 und 26 Jahren zusammengetroffen sei. Der ältere dieser Männer hätte gut Deutsch, dagegen der jüngere nur gebrochen Deutsch gesprochen. Er hätte sich mit diesen über alle möglichen Tages- und politischen Fragen besprochen. Auf einmal hätte einer dieser Männer zu ihm gesagt, er hätte für ihn (Siefert) eine wichtige Mission, die er ausführen könnte. Sie hätten vereinbart, dass sie sich am Mittwoch in Eberbach in dem Schnellzug, der um 10.02 Uhr von dort nach Heidelberg abgeht, treffen wollten. Siefert will von dem älteren der beiden 800 Mark bekommen haben mit der Weisung, er möge eine Reise nach Heilbronn während der drei Tage seines Urlaubs machen.

Die vermeintliche Vergnügungsreise

Am Mittwoch, dem 29. Juni, müsse er mit dem Schnellzug, der in Neckarelz um 9.39 Uhr abgeht, fahren, um, wie vereinbart, in Eberbach die zwei unbekannten Männer zu treffen, die dort in den Zug einsteigen würden. Er habe sich dann am Samstag drei Tage Urlaub geben lassen und sei dann auf Wunsch der beiden unbekannten Männer nach der Richtung Heilbronn gefahren, wo er in der Nähe von Jagstfeld einem Turnerfest beigewohnt haben will. Am Montag auf Dienstag habe er im Freien übernachtet und sei am Dienstag über Rappenau, wo er sich bei einem Bäcker einen Laib Brot kaufte, nach Wimpfen gewandert. Am Mittwoch will er von Wimpfen neckarabwärts bis nach Offenau gewandert sein, von dort mit dem 18 Uhr-Abendzug nach Neckarelz gefahren sein. In Neckarelz sei er in den Schnellzug, der um 9.39 Uhr nach Heidelberg abgeht, eingestiegen, und zwar in der Absicht, wenn die zwei unbekannten Männer in Eberbach nicht einsteigen, würde er dort aussteigen, um bei einem Verhältnis zu übernachten. In Eberbach seien die zwei unbekannten Männer eingestiegen.

Siefert will sehr müde gewesen sein. Es sei nicht viel gesprochen worden, nur er hätte von dem geheimnisvollen Auftrag, den er ausführen sollte, angefangen. Die Männer hätten aber nicht darauf reagiert. Er sei nun eingeschlafen und in Heidelberg durch den Ruck, den der Zug beim Anhalten verursachte, aufgewacht. Die beiden Männer seien verschwunden gewesen. Er habe seinen Hut und seinen Rucksack gesucht, doch konnte er seinen Plüschhut nicht mehr finden. Er hätte angenommen, dass dieser im Rucksack wäre.

Er sei mit seinem Rucksack in Heidelberg durch die Bahnsteigsperre gegangen und mit der letzten Elektrischen nach dem Bahnhof Schlierbach gefahren, wo er über die Brücke in die Wirtschaft von Kratzmüller ging. Er habe sich noch eine kurze Zeit im Wirtschaftslokal aufgehalten, sei dann in sein Zimmer gegangen, um sofort zu schlafen.

Erst am anderen Morgen will er seinen Rucksack geöffnet haben, um seinen fehlenden Plüschhut daraus zu entnehmen. Anstatt seines Hutes habe er in dem Rucksack die ihm unbekannten Wertgegenstände gefunden, die den ermordeten Bürgermeistern Werner und Busse gehörten.

Zweifel an den Aussagen Sieferts

Auf die trockene Bemerkung des Untersuchungsrichters, dass man wohl schon oft gehört hätte, dass während der Fahrt einem schlafenden Reisenden etwas gestohlen, aber niemals etwas gegeben wurde, erklärte Siefert, er könne dies nur so erklären, dass die ihm unbekannten Männer die beiden ermordet und ihn als Opfer auserkoren hätten, um sich ihres Leichenraubs zu entledigen. (Und dafür müssen sie einen unbekannten Mann von Heidelberg nach Neckarelz lotsen??)

Der Untersuchungsrichter gibt an, dass, so wenig glaubwürdig die romanhaften Angaben von Siefert sind (die er übrigens wohl sofort bei der Verhaftung gemacht hätte, wenn sie halbwegs auf Wahrheit beruhen), es die Pflicht der Untersuchungsbehörde sei, den Spuren nachzugehen, ob wirklich weitere Personen an dem Raubmord beteiligt sind.

Auch würden die Fingerabdrücke, die auf den Briefen und sonstigen Beweisgegenständen festgestellt wurden, mit der Vergleichung der von Siefert gemachten Fingerabdrücke sicherlich dazu führen, ob Siefert die Tat ausgeführt oder ob noch andere daran beteiligt sind. Stimmen die Fingerabdrücke auf den Beweisstücken mit den von Siefert gemachten überein, dann ist nach wissenschaftlichen Grundsätzen völlig klar, dass Siefert der Täter war.

Da Siefert zugegeben hat, dass er während der drei Tage den Anzug getragen hat, an dem die deutlichen Blutspuren teils mit bloßem Auge und teils durch Gerichtschemiker Popp festgestellt wurden, ist auch jetzt schon sicher, dass Siefert die Bluttat begangen hat.

Die romanhaften Angaben von Siefert scheint dieser erfunden zu haben, um zu beweisen, dass er an dem fraglichen Mittwoch, wo die Tat zwischen 5 und 7 Uhr ausgeführt wurde, im oberen Neckartal sich aufgehalten habe.

In der weiteren Vernehmung hat Siefert angegeben, dass er am Tage seiner Verhaftung die Fahrt vom Hauptbahnhof Heidelberg nach der Station Schlierbach auf dem Trittbrett gemacht habe. Er gibt zwar an, dass er dies immer so mache. Es ist aber mehr wahrscheinlich, dass er von einem Arbeitskollegen im Hauptbahnhof darauf aufmerksam gemacht wurde, dass die Polizei nach ihm fahnde und dass er sich wenigstens so lange der Verhaftung entziehen wollte, um in sein Zimmer zu kommen und die dort befindlichen Gegenstände außerhalb seines Wohnraumes zu verstecken.

Wut in der Bevölkerung

Bei der gestrigen Vorführung des angeschuldigten Siefert an die Fundstelle in seinem Hause haben sich bei der Abfahrt Hunderte von Menschen eingefunden, die mit Drohungen gegen Siefert nicht zurückhielten. Die Nervosität der Ziegelhäuser Bewohner sei ja schließlich zu verstehen, und nach einigen Worten des Untersuchungsrichters Landgerichtsrat Hönl an die angesammelte Volksmenge konnte Siefert mittels Autos ungehindert nach dem Amtsgefängnis zurückgebracht werden.

Die beiden vor einigen Tagen in Pforzheim aufgegriffenen und hierher abgelieferten Zigeunerleute sind heute Vormittag wieder auf freien Fuß gesetzt worden, weil der Verdacht der Teilnahme am Mord sich als unbegründet erwiesen hat.

MONTAG, 18. JULI 1921

Die Trauerfeier in Herford

Wie uns aus Herford gemeldet wird, war aus Anlass der Trauerfeier für Oberbürgermeister Busse der Rathausplatz und das Innere des Rathauses entsprechend dekoriert worden. Von den Fahnenmasten wehten die rot-weißen Stadtfarben auf Halbmast. Der Rathausbalkon, auf dem sich der Verblichene so oft zeigte, war mit schwarzem Tuch verhängt und über ihm wehte die schwarz-weiße Preußenflagge halbstocks herab. Das Vestibül des Rathauses, in welchem der Sarg am Freitagabend nach 22 Uhr aufgebahrt wurde, war mit Lorbeerbäumen und Palmen in einen Totenhain umgewandelt worden. Am Samstagvormittag nahm hier die Frau Oberbürgermeister Abschied von ihrem Lebensgefährten.

Die Herforder Stadtverordneten hielten am Freitag eine Trauersitzung ab. Der Platz des Oberbürgermeisters war mit frischem Grün, durch das sich ein Trauerflor zog, geschmückt. Auf seinem Pulte stand gleichfalls ein grüner Strauß, aus dem eine lange schwarze Schleife herunterhing. Nachdem Stadtverordneten-Vorsteher Hesse auf die Tragödie hingewiesen hatte, hielt Bürgermeister Osmer eine ergreifende Gedächtnisrede, in der er unter anderem ausführte: »Die Tragik des furchtbaren Geschehens vermag nur der zu ermessen, der noch vor Kurzem abschiedsfreudig die Hand des Verblichenen drücken durfte. Die Freude, die auf seinem Angesicht verklärt war, als er von kommenden Sonnentagen in Heidelberg erzählte, wird mir ewig in Erinnerung bleiben. Selten habe ich ihn so freudig bewegt gesehen. Und warum nicht? Glücklich die Menschen, die sich an der Jugend froher Erinnerung in der Stadt Heidelberg erfreuen dürfen. Wie unendlich viel Inhalt liegt in dem einen Wort Heidelberg! Und wie unendlich viel Trauer bringt uns nun der Name! In der freien Bergluft Heidelbergs sollte seine Arbeitskraft neu belebt werden. Die Kraft, die ich nie versagen sah. Die Kraft der Arbeit versinnbildlichend, steht er vor unserem geistigen Auge. Wohl uns, dass wir ihn immer so vor uns haben.« Weiter sprach der Redner über die Tätigkeit und die Verdienste Busses um seine Stadt und verlas zum Schluss eine Reihe von Beileidskundgebungen, darunter vom Stadtrat der Stadt Heidelberg, der badischen Staatsregierung, des Deutschen Städtetages, des Oberpräsidenten von Westfalen, des Freistaates Lippe und vieler anderer.

Der Trauerzug am Samstag bewegte sich vom Rathausplatz aus, der mit Lorbeerbäumen und Trauerflaggen geziert war, durch die Stadt, in der alle Laternen von schwarzem Flor umhängt waren, unter ungeheurer Anteilnahme der Bevölkerung zum Friedhof, wo die sterbliche Hülle des Ermordeten unter der Blutbuche beigesetzt wurde.

DIENSTAG, 19. JULI 1921

Die Wahrträumerin

Über ganz seltsame Vorausahnungen im Zusammenhang mit dem Doppelmord am Pfalzgrafenstein, die uns heute von der Heidelberger Staatsanwaltschaft bestätigt werden, berichtete gestern ein auswärtiges Blatt:

»Eine Frankfurterin sucht die Redaktion des *Frankfurter General-Anzeigers* auf. Erzählt von ihrer Fähigkeit der Wahrträumerei. Erst lächelt man, denkt an die üblichen bekannten, mehr oder weniger ernst zu nehmenden ›Dinge zwischen Himmel und Erde, von denen unsere Schulweisheit sich nichts träumen lässt‹, hört aber schließlich, wenn auch nicht als Gläubiger oder Überzeugter, interessiert zu. Die Dame erzählt nämlich auch von dem Heidelberger Mord, der sie erst zu dem Redaktionsbesuch veranlasst, weil die Zeitungsberichte ihre Träume bestätigt haben. Am 7. Juli, also einige Tage vor der Auffindung der Leichen, schrieb sie, so erzählt die Träumerin, an die Heidelberger Staatsanwaltschaft einen Brief, worin sie mitteilte, dass sie im Zustand der Wahrträumerei den Vorgang bei der Ermordung der Bürgermeister gesehen habe. Die Mordstelle befinde sich in der Nähe eines großen Gutes. Dieses Gut sei von Heidelberg aus derart gut zu erreichen, dass man von der Endstation einer Vorortbahn (Elektrische nach Neckargemünd) aus in schnellem Tempo etwa eine Viertelstunde gehe, um an das Gehöft zu kommen. Von da an müsse man etwas seitlich gehen und finde die Leichen zwischen Felsstücken liegend. Auch das Haus, in dem der Mörder wohne, könne sie ganz genau beschreiben. Es sei sogar noch eine zweite Person – sie nennt auch dessen Beruf – in die Angelegenheit verwickelt.

Alles Unfug?

Vision? Sinnestäuschung? Vorahnungen? Wer weiß, was man dazu sagen soll? Wir könnten aber jederzeit durch Anfrage bei der Staatsanwaltschaft in Heidelberg die Richtigkeit ihrer Angaben nachprüfen, schließt sie. Es ist klar, dass für einen Staatsanwalt Spuren, wie etwa die Meldung von wahrgenommenem Leichengeruch und so weiter, greifbarere Anhaltspunkte sind als Visionen einer wissenschaftlich zudem noch nicht anerkannten fernen Persönlichkeit. Gleichwohl aber liegen Beweise, gestützt durch bekannte Frankfurter Persönlichkeiten, vor, dass jene Dame in ihren Wahrträumen schon Dinge erschaut, die mit den späteren Ereignissen unbedingt in engster Fühlung standen, so zum Beispiel der Polenaufstand, das Attentat auf den Lord Feldmarschall French und so weiter.«

Wir wandten uns nach Bekanntwerden des Vorstehenden sofort an die Heidelberger Staatsanwaltschaft und geben zu, dass wir die Nachricht sehr ungläubig und mit größten Zweifeln aufnahmen. Herr Staatsanwalt Haas bestätigte uns, dass tatsächlich schon einige Tage vor Auffindung der Leichen das bezeichnete Schreiben der Frankfurter Hellseherin bei der Heidelberger Staatsanwaltschaft eingelaufen sei. Nach Lage der Dinge, Zeugenaussagen et cetera glaubte man zunächst, mit dem Gut sei vielleicht das Stift Neuburg gemeint, das bekanntlich früher ein Damenstift war. Die Wahrträumerin hatte nämlich dem Staatsanwalt geschrieben, dass sie eine Anzahl Damen im Garten des Gebäudes hätte sitzen sehen. Man suchte daraufhin zunächst verstärkt hinter Stift Neuburg im Mausbachtal, obwohl man selbstverständlich dem merkwürdigen Schreiben keine allzu große Bedeutung beimaß. Nachdem die Leichen gefunden sind, passt der Wahrtraum vollständig, wenn man für das Gebäude den *Kümmelbacherhof* einsetzt, der ja ein beliebter Ausflugsort namentlich für die Damenwelt ist. Dort in der Nähe sollten im Felsgeröll die Leichen liegen. Auf unsere Frage, ob die Frankfurter Dame als Zeugin geladen werde, sagte der Herr Staatsanwalt, dass nach Auffindung der Leichen eine Zeugeneinvernahme zwar keinen großen Wert mehr habe, dass aber der Wahrtraum für die wissenschaftliche Welt zweifellos ein sehr hohes Interesse beanspruche.

Auch eine Heidelbergerin, Fräulein Bucher, die als Hellseherin bekannt ist, hat vor Auffindung der Leichen die Richtung genau bezeichnet, wo die Ermordeten lagen. In ihren Bekanntenkreisen hatte sie ihre Wahrnehmungen sofort angegeben, doch waren in diesem Falle der Staatsanwaltschaft nicht rechtzeitig Mitteilungen gemacht worden. Sie behauptete unter andrem, dass der Mörder in einem kleinen Hause an einem Abhang in Ziegelhausen wohne und die Mordstelle zwischen Schlierbach und Jägerhaus seitwärts im Walde sei. Auch die Nachprüfung dieses Falles wäre wissenschaftlich sehr interessant, zumal Fräulein Bucher wegen früherer ähnlicher Vorausahnungen und zweiter Gesichte das Erstaunen in Ärzte- und Professorenkreisen erregt haben soll.

Anmerkung zur Einschaltung von Hellsehern durch staatliche Behörden

In der Weimarer Republik, in der Okkultismus und Parapsychologie weit verbreitet waren, war die Hinzuziehung von Hellsehern und Medien für die polizeiliche Ermittlungsarbeit durchaus üblich, insbesondere dann, wenn andere Möglichkeiten versagten. Die ersten Versuche, Verbrechen durch Hellseher aufzuklären, lassen sich auf das Jahr 1919 datieren. Bereits damals experimentierte der Leipziger Polizeirat Ernst Engelbrecht mit Telepathen. In Wien wurde 1921 unter Federführung des Landgerichts ein *Institut für Kriminaltelepathische Forschung* gegründet. Hier sollte die Arbeit mit Hellsehern wissenschaftlich analysiert werden.

Einige dieser Hellseher boten den Behörden ihre Dienste als »Kriminaltelepathen« an oder eröffneten sogar eigene Detekteien. Zu dieser Gruppe zählte auch die oben erwähnte »Wahrträumerin« Minna Schmidt, deren Voraussagen im Bürgermeistermord für Schlagzeilen im gesamten Deutschen Reich sorgten.

Der Siefert-Prozess markiert damit eine Zeitenwende in der Kriminalarbeit: die Einführung ausgeklügelter forensischer Techniken, wie sie der Kriminalchemiker Doktor Popp nutzt, und die Abkehr von parapsychologische Aufklärungsversuchen wie die der »Wahrträumerin« Minna Schmidt. Trotzdem ist die Rolle von Hellsehern bei der Aufklärung von Verbrechen bis in die heutige Zeit ein beliebtes Thema in den Medien und stößt auch heute noch auf große Resonanz beim breiten Publikum.[17]

MITTWOCH, 20. JULI 1921

Die Trauerrede des Heidelberger Oberbürgermeisters

Oberbürgermeister Walz ist von Herford zurückgekommen und hat seine hiesigen Amtsgeschäfte wieder aufgenommen. Wie wir der mit Trauerrand erschienenen Sondernummer der *Herforder Zeitung* entnehmen, hat Oberbürgermeister Walz bei der dortigen Trauerfeier folgende Ansprache gehalten: »Schweren Herzens trete ich an die Bahre des Freundes, um dem treuen Verschiedenen im Namen der Heidelberger Bürgerschaft einen treuen Abschiedsgruß zu überbringen und ihm die Hand zu reichen an seinem Sarge. Wie hier in Herford die Herzen stille standen, als die schreckliche Nachricht kam, so war es auch bei uns. Ein Schrei ging durch die schönen Täler des Neckarlandes. Umso weher hat es uns in Heidelberg getan, als der liebe Verstorbene zu uns als Freund kam, um sich bei uns zu erholen. Wir wissen, was Sie in Herford verloren haben, aber auch wir haben einen lieben, treuen Freund verloren! Aus dem Munde der teuren Gattin habe ich heute erfahren dürfen, wie sehr er an unserem Heidelberg gehangen hat. Dort aber bringt man der schwer geprüften Familie und der lieben Stadt Herford allseitige Teilnahme entgegen von Jung und Alt, von Hoch und Niedrig. Lebe wohl, liebster Freund, ruhe aus in Frieden!« – Auch ein Chargierter vom Corps *Vandalia*, das in Herford die Totenwache hielt, sprach am Grabe und sagte unter anderem: »Drei Semester hat er mit uns Freud und Leid getragen

85

und uns bis zum Tod die Treue gehalten. In Detmold und Herford, immerdar blieb er uns treu. Am letzten Abend seines Lebens haben wir es noch aus seinem Munde gehöret, wie sehr er in Liebe und Anhänglichkeit mit uns verbunden war. Auch wir werden ihm diese Treue halten über das Grab hinaus!«

Untersuchungsrichter Hönl verteidigt sich

Untersuchungsrichter Hönl, der uns mit Tat und großem Verständnis für die schweren Aufgaben der Presse bei Aufklärung des Herforder Falles mit Material unterstützte, sodass wir nicht auf Mutmaßungen und Meldungen aus nicht immer zweifelsfrei Privatquellen angewiesen waren, schreibt uns: »Angesichts der begreiflichen Erregung, welche sich aus Anlass des Verschwindens des Oberbürgermeisters Wilhelm Busse und des Bürgermeisters a. D. Leopold Werner weit über das Gebiet der Stadt Heidelberg und Umgebung hinaus der weitesten Kreise der in ihrem Sicherheitsgefühl bedrohten Bevölkerung bemächtigt hat, hielt ich es, solange die Leichen der beiden Ermordeten nicht gefunden und die wichtigsten Beweisstücke nicht herbeigeschafft waren, entgegen der von mir sonst bei gerichtlichen Untersuchungen geübten Zurückhaltung für meine Pflicht, die Öffentlichkeit durch Vermittlung der Presse über die wesentlichen Ergebnisse der von mir eingeleiteten Untersuchung fortlaufend zu unterrichten. Es erschien mir dies zugleich als die einzige Möglichkeit, den in Stadt und Land umlaufenden, sich täglich mehrenden und die Erregung steigernden falschen Gerüchten wirksam zu begegnen. Nachdem es inzwischen der Untersuchungsbehörde und ihren Hilfsorganen mit dankenswerter Unterstützung durch Angehörige aller Bevölkerungskreise, nicht zuletzt auch durch die Presse, gelungen ist, das Dunkel, in welches die ganze Angelegenheit eine Zeit lang gehüllt war, einigermaßen aufzuhellen, liegt es mir ob, das vorliegende Material zu sammeln und zu sichten und auf seinen Beweiswert zu prüfen. Von dem Ergebnis dieser Prüfung werden die weiteren Maßnahmen abhängen, welche in dieser Untersuchungssache zu ergreifen sind, um eine möglichst restlose Aufklärung der Bluttat zu erzielen. Um aber eine Gefährdung dieses Zweckes der Untersuchung nach Möglichkeit zu vermeiden und vor allem zu verhindern, dass infolge Mitteilung von Einzelheiten des Untersuchungsergebnisses die öffentliche Meinung zugunsten oder zum Nachteil des Angeschuldigten vorzeitig Stellung nimmt und dadurch eine vorurteilsfreie Entscheidung der Schuldfrage durch die Geschworenen gefährdet, werde ich künftig nur solche Mitteilungen noch an die Presse gelangen lassen, welche mir durch gewichtige öffentliche Interessen geboten erscheinen oder eine besondere Förderung des Untersuchungszweckes erhoffen lassen. Für Übermittlung wichtiger, der Presse aus ihrem Leserkreise zugehenden Mitteilungen wäre ich dieser auch weiterhin zu besonderem Danke verpflichtet, ebenso über redaktionelle Hinweise auf etwaige in der Sache notwendig werdende amtliche Bekanntmachungen.«

Mithilfe der Presse

Diese Unterstützung werden wir selbstverständlich gern gewähren. Durch die ersten Mitteilungen in der Presse ist bekanntlich die Finderin des Busse-Briefes erst auf die Wichtigkeit dieses Schreibens aufmerksam gemacht worden. Hätte sie die Zeitung nicht gelesen, würde sie den Brief nicht beachtet haben und der Mörder würde sich heute vielleicht noch seiner Freiheit erfreuen. Womöglich hätten noch einige andere Wanderer inzwischen ihr Leben verloren. Leider ist ein Zusammenarbeiten zwischen Presse und Justizbehörden andernorts nicht immer so einwandfrei und reibungslos wie in Heidelberg, weil nicht jeder Beamte das richtige Einschätzungsvermögen für die Bedeutung der Presse in solchen Angelegenheiten besitzt.

Zum Brief der Wahrträumerin

, der sich bei den Gerichtsakten befindet, ist noch mitzuteilen, dass die Frankfurter Hellseherin, die mit ziemlicher Sicherheit die Mordstelle bezeichnete, noch niemals in Heidelberg war, die hiesige Gegend aus persönlichem Augenschein also nicht kennt.

Sie behauptet in ihrem Schreiben, nachts den Weg gegangen zu sein und ganz genau den Ort der Ermordung gesehen zu haben. »Ganz in der Nähe eines Gutes oder Damenstifts«, schrieb sie unter anderem. Wir möchten noch bemerken, dass sich ganz in der Nähe des *Kümmelbacherhofes* auch ein »Damenstift« befindet, nämlich Schloss Brugghalden, das große Mädchenpensionat der Frau Brugger.

Weit davon entfernt, die Sache ins Lächerliche zu ziehen, konnte der Untersuchungsrichter dennoch dem Brief keinen allzu großen Wert beilegen, da erstens dieser Art Wahrträume zunächst noch die wissenschaftliche Begründung fehlt und die immerhin noch etwas unklaren Angaben durchaus nicht einwandfrei eine gewisse Stelle des Heidelberger Waldgebiets bezeichnen. (Der Wahrträumerin sind die Ortsbezeichnungen unbekannt.) Nach Auffindung der Leichen fiel allerdings sofort auf, wie sehr der Ort mit dem von der Hellseherin genannten übereinstimmt.

Wie uns der Untersuchungsrichter noch mitteilt, hatten sich ihm zur Auffindung der Ermordeten und Mörder noch mehrere »Hellseher« zur Verfügung gestellt, einer davon machte Angaben über die noch fehlenden Sachen der beiden Bürgermeister. In diesem Falle steht es fest, dass der Mann gründlich danebengehauen hat, da sich sämtliche Gegenstände im Besitze Sieferts vorfanden, während jener einen anderen Ort angegeben hatte. Wie sagte doch Professor Hans Driesch im Vorjahre zu Beginn seiner Vorlesungen: »Wer an einer Universität über derartige Dinge lesen will, läuft Gefahr, sich lächerlich zu machen!« Es sei, wie es wolle. Immerhin wäre es interessant, wenn die Wissenschaft diesen ungeklärten Problemen nachspüren würde.

SAMSTAG, DEN 23. JULI 1921

Siefert entlarvt

Heute Morgen ging uns die außerordentlich wichtige Mitteilung zu, dass die Entlarvung Sieferts nun vollkommen gelungen ist. Seine auf dem hiesigen Gericht von den Untersuchungsbehörden vorgenommenen Fingerabdrücke sind von dem Frankfurter Gerichtschemiker Doktor Popp mit den blutigen Fingerabdrücken unter dem Mikroskop verglichen und gemessen worden, und es hat sich herausgestellt, dass die an der Brieftasche des ermordeten Bürgermeisters Werner gefundenen blutigen Fingerabdrücke in allen Einzelheiten genau mit den Fingerabdrücken Sieferts übereinstimmen. Jeder Zweifel an der Täterschaft Sieferts ist nun ausgeschlossen und seine Erzählung von den zwei unbekannten Männern ist das, was wir von Anfang an sagten und noch gestern gegenüber sensationslüsternen Artikeln in anderen Blättern hervorhoben, nämlich ein Märchen.

Wie wir weiter hören, sind auch in der Innenseite des Rockes von Siefert bisher unbemerkt gebliebene blutige Fingerabdrücke des Mörders von dem Frankfurter Gerichtschemiker festgestellt worden. Siefert hatte das geraubte Geld, das er den Banknotentaschen seiner erschlagenen Opfer entriss, mit blutiger Hand in seine Tasche gesteckt und den verräterischen Abdruck seiner Finger an das Rockfutter geschmiert.

Das gesamte Untersuchungsmaterial, das Doktor Popp

in diesen Tagen durchforschte, trifft im Laufe des heutigen Tages bei der hiesigen Untersuchungsbehörde ein.

Unseriöse Meldungen

Von Lörrach wird eine sensationell aufgebauschte Meldung verbreitet über die Verhaftung der beiden Männer, die angeblich nach dortigen Gerüchten an der Heidelberger Mordaffäre beteiligt sein sollen. Wenn auch natürlich die Stettener Kriminalpolizei den Fall genau untersuchen muss, so ist doch den fantastischen Ausschmückungen der Meldung mit großem Zweifel zu begegnen. Von hiesiger amtlicher Seite, die eine Überführung der Verhafteten nicht veranlasst hat, begegnet man der Meldung mit Misstrauen, und es ist dringend davor zu warnen, sich gefühlsmäßig von solchen Sensationsnachrichten beeinflussen zu lassen. Wir werden uns in dieser Sache daher nur auf amtliche Quellen stützen.

In Heidelberg entblödet sich zurzeit ein Kino nicht, einen Film über die Überführung des in Heidelberg ermordeten Oberbürgermeisters Busse zusammen mit einem Werbefilm kitschigster Art vorzuführen!

MITTWOCH, 27. JULI 1921

Neues im Fall Siefert

Aus einem uns vorliegenden, vertraulichen Bericht einer Zeugin M. geht hervor, dass die beiden Bürgermeister nicht von Siefert ermordet wurden. Der Mord soll vielmehr von zwei Kellnern aus Baden-Baden oder Karlsruhe verübt worden sein. Siefert habe den beiden lediglich Obdach gewährt und die Beute versteckt.

Anm. d. Red.: Der vollständige Name der Zeugin und nähere – hier nicht veröffentlichte – Informationen sind der Redaktion bekannt und an die örtliche Kriminalpolizei weitergeleitet.18

DIENSTAG, DER 20. DEZEMBER 1921

Ausbruchsversuch von Siefert
Vollzugsanstalt Heidelberg
Heidelberg 20. Dezember. 1921
E. Heyer, Anstaltsleiter

Sehr verehrter Herr Staatsanwalt Doktor Mickel,
am 19.12.21 versuchte der in U-Haft einsitzende L. Siefert, einen Kassiber über die Gefängnismauer zu werfen. Er wurde hierbei von GOW (Gendarmerieoberwachtmeister, Anmerkung des Verfassers) Hüttner beobachtet. Siefert wurde danach sofort in eine andere Zelle verlegt, um jegliche Schwierigkeiten zu vermeiden.

Als Anlage anbei der Bericht des GOW Hüttner und der Siefertsche Kassiber. Sollte Weiteres zu veranlassen sein, bitte ich um alsbaldige Mitteilung.

Hochachtungsvoll
E. Meyer
2 Anlagen

Bericht des Gendarmerieoberwachtmeisters Hüttner
19. Dezember 1921
Vollzugsanstalt Heidelberg
   19. Dez. 1921
   Gendarmerieoberwachtmeister E. Hüttner
Betr.: Ausbruchsversuch des Untersuchungshäftlings L. Siefert

Am heutigen Abend um etwa 20 Uhr hatte ich meinen Dienst in der VZA Heidelberg beendet. Beim Durchschreiten des Innenhofes, um zum Ausgang zu gelangen, hörte ich ein leichtes Geräusch. Gleichzeitig bemerkte ich einen kleinen Gegenstand, der über die Mauer flog und auf der anderen Seite aufschlug. An einem Fenster der Straße bemerkte ich zudem einen Gefangenen. Sofort informierte ich den diensthabenden Haupttürschließer. Wir gingen dann der Sache gemeinsam nach. Auf der anderen Seite der Gefängnismauer fanden wir dann einen mit Bindfaden zusammengehaltenen braunen Umschlag.

Der Kollege Meyer wickelte den Bindfaden sorgfältig auf und darin befand sich ein Brief, der mit einem Stein zusätzlich beschwert war. Am Bindfaden war ein Zettel angebracht auf dem folgendes stand: »Werfen Sie bitte diesen Brief in den Postkasten. Sie helfen einem Menschenfreund, der unschuldig hier draußen sitzen muss.« Der Brief war an Hermann Hecht in Ziegelhausen gerichtet. Wir verbrachten ihn sofort zum Anstaltsleiter, dem wir das Geschehene mitteilten.

Gez. GOW Hüttner

Anlage: handschriftlicher Kassiber von Siefert

Der Siefertsche Kassiber

Lieber Kollege Hermann,

Ich muss dir, weil ich dich für den besten meiner Freunde halte, in diesem Brief einen Wunsch mitteilen, indem ich hoffe, dass du mich nicht vergessen hast. Ein Vergessen deinerseits bedeutet meinen sicheren Untergang, ja für mich – ich mache dir keinen Spaß vor – den sicheren Tod. Ich bin in eine Falle geraten, woraus mich kein Mensch retten kann, wenn du mir nicht selber hilfst. Lege die paar Mark für mich aus für den Plan, wie ich ihn dir ausführe. Deine Auslagen gebe ich dir zurück, sobald ich gerettet bin. Vergesse einen Menschen nicht, der einen guten Charakter hat und um Ehre und Leben kämpft.

Man vermutet hinter mir den Mörder der beiden unglücklichen Menschen. O, lieber Hermann, meine Beweise genügen nicht zur Erlangung der Freiheit. Nur in Freiheit kann ich den grausamen Mord aufklären, den von den beiden Herren, von denen ich damals sprach, das ist kein Spaß, sondern die Wahrheit. Aber das Gericht glaubt es nicht, und das bedeutet für mich den Tod. Aber zum Tode vor Gericht kann ich nicht verurteilt werden, weil ich nicht aussagen kann, dass ich der Mörder bin. Aber dafür kommt die lebenslängliche Zuchthausstrafe, das ist noch schlimmer. Also, lieber Hermann, verlasse mich nicht, helfe mir. Hermann, ich wünsche mir, ich sei der Mörder und es wäre viel leichter für mich, es anzugeben und sterben will ich auch dafür.

Hermann, was du zu machen hast, um mich zu retten, kostet dir einige Mark, die ich dir später wiedergeben werde. Du läufst keine Gefahr.

Nimm einen Korb ohne jede Adresse von dir, dann zwei Weinflaschen mit langem Hals und dunkler Farbe und fülle die eine Flasche mit Apfelwein und die andere mit Wasser, das du mit schwarzer Farbe undurchsichtig machst. Du kaufst dann drei Blätter einschnittiger Sägen und steckst sie in die dunkle Flasche. Nimm einen trockenen Schwamm und stelle die Sägen darauf, damit sie in der Flasche feststecken. Du musst die Flasche gut verkorken und zupitschieren und dann ein Etikett daran machen, um Verdacht zu vermeiden. Lege mir noch ein Laib Brot dabei und ein paar Äpfel, damit es nicht auffällt. Schreibe als Absender daran: J Schäufele, weil ein solcher Mann hier ist.

Komme dann mal ans Gefängnis heran. Ich liege vorn im zweiten Stock am fünften Fenster. Rufe unauffällig Max, als wenn du in die Stadt hineinrufen wolltest, und sage dann entweder ja oder nein, damit ich weiß, ob du mir helfen willst. Ich hoffe ersteres. Das Weitere mache ich dann an einem Sonntag, wenn es regnet.

Hermann tu mir den Gefallen, dass mir Gelegenheit gegeben wird, die beiden zu suchen, die mich ins Elend gebracht, dass ich doch so dumm war und bin so hereingefallen. Also Freund Hermann, komme einmal vors Gefängnis und rufe Max. Für weiteres Fortkommen sorge ich. Erwischen kann mich die Polizei nicht mehr.

Ich sage nochmal: Verlasse mich nicht.

Mit besten Grüßen an Dich und Josef.

Dein Freund Leonhard[19]

MONTAG, 16. JANUAR 1922:
VERHANDLUNGSTAG 1

Stimmungsbild vor Prozessbeginn

Heftig heult der Wintersturm um die alten Dächer Heidelbergs und scharf stiebt der Schnee. Gedrängt stehen trotz Regen und Winterkälte vorm Gerichtsgebäude die Massen, um das Herüberführen des Angeklagten zu sehen. Ihre Hoffnung, Siefert zu sehen, wird zunichte; denn der Angeklagte ist schon in aller Frühe – gegen 7 Uhr – vom Untersuchungsgefängnis in die Zelle des Gerichtsgebäudes gebracht worden.

Starke Posten der badischen Gendarmerie halten heute Morgen Treppenhaus und Eingangstüren besetzt, in denen schon eine Stunde vor Beginn Zeugen und Zuschauer sich versammeln, und üben strenge Kontrolle, dass nicht Unberufene Einlass finden.

Gegen 8.30 Uhr wird der Zuschauerraum geöffnet. Der Gerichtssaal füllt sich mit den wenigen, denen das Geschick einer Einlasskarte in die Hände spielte.

An den weißen Zuschauerkarten prüfen die Posten genau, ob auch das Datum stimmt, da für jeden Tag der Verhandlung andere Karten Gültigkeit haben. Im Saale selbst ist Heidelberger blaue Polizei zum Schutze der Ordnung anwesend. Für die zahlreichen Pressevertreter sind rote Dauerkarten ausgegeben worden.

Der Gerichtssaal

Der nüchterne Strafkammerraum im baulich veralteten Landgerichtsgebäude, der nun als Schwurgerichtssaal dienen muss, ist für große Prozesse wenig geeignet. Es ist drangvoll eng, namentlich beim Aufruf der Geschworenen und der Zeugen. Am besten ist noch der Zuschauerraum daran; denn es sind nur so viele Karten ausgegeben worden, als Sitzplätze vorhanden sind. Man erzählt sich, dass vor einigen Tagen bei der Kartenausgabe Leute schon drei geschlagene Stunden vor dem Ausgabetermin Kette gestanden haben, um überhaupt nur berücksichtigt zu werden.

Für die Pressevertreter sind sechs Tische bereitgestellt worden, doch hat auch hier der Vorsitzende bei Weitem nicht alle Wünsche befriedigen können. Die Vertreter auswärtiger Blätter, die sich erst in den letzten Tagen um einen Ausweis bemühten, hatten daher das Nachsehen, da ihre Wünsche wegen Raummangels abgewiesen werden mussten. Von den anwesenden 14 Berichterstattern ist daher kaum einer, der nicht mindestens ein Dutzend, 30, 50, ja über 100 auswärtige Zeitungen mit Berichten zu versorgen hat. An den Pressetischen jagen heute Morgen die Bleistifte in emsigster Geschäftigkeit. Unter den Kollegen aus dem Reich befinden sich von Berlin herbeigekommene Vertreter der *Ullstein*-Blätter und der *Mosse*-Zeitungen und unter den Korrespondentenvertretern der Reiseschriftsteller Paul Schweder, der sich kein großes Prozessdrama in Deutschland – wie kürzlich den Fall Grupen – entgehen lässt, und der im Kriege unseren Lesern bekannt geworden ist durch seine anschaulichen Berichte aus Jerusalem, Bethlehem, vom Sinai und anderen Punkten der Palästinafront, die er damals als »kaiserlich osmanischer Kriegsberichterstatter« bereiste.

Auch dem Heidelberger Post- und Telegrafenamt erwächst aus dem Prozess Siefert eine nicht unerhebliche Arbeit, da unter den Hunderten von Berichten, die täglich nach auswärts verschickt werden, darunter auch an schweizerische und amerikanische Zeitungen (Neuyork, Chicago, Milwaukee und Ohio), viele Blätter alles ausführlich durch den Fernsprecher übermittelt haben wollen. Man sieht aus allem, mit welcher Spannung man in ganz Deutschland der Aufrollung der Tragödie vom Pfalzgrafenstein entgegenharrt, in der so viele eigenartige Begleitumstände eine Rolle spielen.

Anmerkungen zu den Ullstein Blättern und Mosse-Zeitungen

Der *Ullstein* Verlag wurde 1877 vom deutsch-jüdischen Verleger Leopold Ullstein (* 6. September 1826 in Fürth; † 4. Dezember 1899 in Berlin) in Berlin gegründet. Ursprünglich war er ein reiner Zeitungsverlag.

Rudolf Mosse (* 8. Mai 1843 in Grätz, Provinz Posen; † 8. September 1920 in Schenkendorf) war ein deutsch-jüdischer Verleger, Firmengründer und Geschäftsmann. Der Firmensitz seines Zeitungsimperiums war Berlin.[20]

Anmerkungen zum Fall Grupen

Der Architekt Peter Grupen (geboren 1894 in Holstein) wurde am 20. Dezember 1921 vom Schwurgericht Hirschberg (Verhandlungsbeginn 5. Dezember 1921) schuldig gesprochen, am 14. Februar 1920 die 16-jährige Dorothea Rohrbeck, Alleinerbin des Ritterguts Kleppelsdorf, und seine zwölfjährige Stieftochter Ursula Schade ermordet sowie ein Sittlichkeitsverbrechen begangen zu haben. Grupen wurde zum Tode verurteilt. Der Prozess fand starke Beachtung auch außerhalb Schlesiens.

Am 24. Februar 1922 titelt die Abendausgabe der *Vossischen Zeitung* in Berlin: »Peter Grupen entflohen«. Als »die auswärts wohnenden Gefängnisbeamten« ihren Dienst antreten wollten, fanden sie die Gefängnistür offen. »Auf einem Zettel ... entschuldigte sich Grupen in höflichem Ton, dass er [seinem Wärter] Schlafpulver gegeben habe.« Mit einem Zellengenossen habe der einarmige Mörder sich an einem Strohseil über die Mauern des Kerkers herabgelassen.

Nur wenige Tage darauf kehrt der Delinquent in den Gewahrsam zurück, da er nur ausgebrochen sei, um zu beweisen, dass er aus eigener Kraft seine Freiheit zu erlangen vermochte, und zurückgekehrt sei, um seine Unschuld darzutun. Was nutzt das? Wer glaubt ihm?

Am 3. März 1922 meldet die Abendausgabe der *Hamburger Nachrichten*: »Grupen hat sich mit seinem Hosenträger an der Zentralheizung seiner Zelle erhängt. Alle Wiederbelebungsversuche, die sofort angestellt wurden, waren vergeblich.«[21]

Beginn der Vormittagssitzung

Vorm Platz des Vorsitzenden ist ein Tisch mit den »Corpora delicti« belastet, es liegen da Abfallkupfer, zwei Winden, ein Fahrrad, ein Fahrradgestell, alles Dinge, die der Angeklagte nicht zu Recht besitzt.

Zunächst erfolgt der Aufruf der Zeugen. Den Vorsitz führt Landgerichtsrat Doktor Weindel, beisitzende Richter sind Landgerichtsrat Doktor Rupp und Oberamtsrichter Doktor Jolln. Als Vertreter der Staatsanwaltschaft fungieren Oberstaatsanwalt Doktor Sebold und Staatsanwalt Doktor Mickel. Als Verteidiger hat das Gericht den Rechtsanwalt Karg bestimmt. Gerichtsschreiber ist Oberjustizsekretär Held.

In der Eröffnungsansprache weist Doktor Weindel darauf hin, dass der Krieg eine ungeheure Verwilderung der Sitten und eine Beiseiteschiebung von Gesetz und Recht gebracht habe. Daher würden die Tagesordnungen der Schwurgerichte immer umfangreicher.

Die Geschworenen nun seien berufen, Recht zu finden gänzlich unbeeinflusst von allem Vorurteil, nur nach dem Gesetz, ihrem Eid und Gewissen.

Auftritt Sieferts

Eine sichtliche Bewegung geht darauf durch den Zuschauerraum, als Siefert in den Saal geführt wird. Es werden ihm die Ketten abgenommen und mit demselben halb verlegenen halb verschlagenen Lächeln betritt er nun die Anklagebank, das er an jenem Julinachmittag zeigte, als wir im düsteren Tannenwald des Pfalzgrafenstein die buchstäblich gesteinigten Opfer von der Last der Felstrümmer befreiten, die der Mörder über sie gewälzt hatte. Siefert trägt auch denselben Anzug wie damals, die schwarze, von seinem Kriegstruppenteil stammende Luftschifferjacke.

Die Frage des Vorsitzenden, ob er dem vom Gericht

bestimmten Offizialverteidiger Vollmacht gebe, beantwortet er mit einem »Ja«.

Darauf erfolgt die Auslosung der Geschworenen und deren Vereidigung. Vor der Vereidigung der Geschworenen mahnt der Vorsitzende nochmals die Geschworenen, nur nach dem, was hier die Beweisaufnahme ergebe, zu urteilen, unbeeinflusst von allem, was sie vorher schon durch die Presse oder durch Gerüchte über den Fall erfahren hätten.

Die Anklage

Dann beginnt die eigentliche Verhandlung. Siefert ist angeklagt 1. des Meineids, 2. des Mordversuchs und 3. des doppelten Raubmords. Raubmords, indem er den Oberbürgermeister Busse durch einen Schuss in die linke Brustseite tötete und dann durch Zertrümmern des Schädels den Bürgermeister Werner. Nach dem Mord nahm er an sich von Busse den goldenen Ehering, eine Taschenuhr aus Stahl, einen goldenen Kneifer und anderes, von Werner: goldenen Ring, goldene Uhr, goldenen Kneifer, silberne Dose und eine Brieftasche mit Inhalt.

Vorsitzender: Siefert, wollen Sie sich erheben. Sind Sie schon vorbestraft? Der Angeklagte verneint dies und gibt seine Personalien an. Er stammt aus Olfen (Hessen), ist 26 Jahre alt und unverheiratet.

Darauf kommt die Anklageschrift zur Verlesung, die Siefert stehend anhört.

Vorsitzender: Siefert, wollen Sie mir kurz sagen, ob Sie den Meineid, die Morde und den Mordversuch begangen haben?

Siefert: Nein! Die mir zur Last gelegten Verbrechen bestreite ich entschieden, begangen zu haben.

Vorsitzender: Auch den Meineid? Das haben Sie doch bisher selber zugegeben?

Siefert: Ich habe ihn nicht geleistet, insofern ich selber das Fahrrad gestohlen haben soll.

Vorsitzender: Nun, das Weitere wird sich ja im Laufe der Verhandlungen geben.

Sieferts Lebenslauf

Siefert erzählt dann weiter von seinem Lebensgang. Er sei in der Schule ein guter Schüler gewesen, bis auf die Rechtschreibung, bei der es etwas gehapert habe.

Vorsitzender: Ja, Sie schreiben allerdings furchtbar.

1911 – 1914 befand er sich in der Lehre – er lernte Schmied – und nachdem er ausgelernt hatte, blieb er im Geschäft seines Lehrmeisters. (Dieser wurde nachher als Leumundszeuge vernommen und sagte aus, Siefert sei zuerst fleißig gewesen und seiner Ansicht nach durchaus ehrlich.)

Siefert erzählt dann weiter von seiner Militärdienstzeit. 1916 sei er eingezogen worden als Infanterist und kam bald ins Feld. Verwundet wurde er nicht. Infolge Erkrankung (eine Geschlechtskrankheit; Anm. des Verfassers) wurde er in verschiedenen Lazaretten untergebracht, bis er entlassen wurde. Er fand dann Verwendung als Schmied. Aber bald wurde er erneut eingezogen und meldete sich freiwillig zu den Fliegern, bei denen er auch bis zum Zusammenbruch 1918 blieb.

Vorsitzender: Sie waren ein sehr guter Schütze! Sie haben sogar einen Schießpreis erhalten.

Siefert: Sozusagen, ja. Den Schießpreis habe ich als Rekrut in meiner Ausbildungszeit in Darmstadt erhalten. Im

Jahre 1918 habe ich mich freiwillig als Flugzeugführer zur Ersatzabteilung 9 nach Darmstadt gemeldet.

Siefert berichtet weiter, bei seiner Entlassung vom Militär habe er einen Karabiner mitgenommen. Nach seiner Entlassung war er eine Zeit lang arbeitslos, dann arbeitete er bei einem Hammerschmied, bis er schließlich in den *Maschinenwerkstätten Schwetzingen und Heidelberg* Arbeit fand. Gewohnt hat er während dieser Zeit in Ziegelhausen.

Arbeitszeugnisse

Zur Beurteilung des Vorlebens Sieferts wird als erster Zeuge der 73 Jahre alte Hammerschmied und Altbürgermeister Correll vernommen.

Zeuge Correll: Siefert, der nach dem Kriege längere Zeit bei mir arbeitete, war zu Anfang sehr fleißig und liebenswürdig. Er war einer der kräftigsten und stärksten Gehilfen, die ich je gehabt habe. Einmal fand ich zu meiner Überraschung bei ihm ein verstümmeltes Militärgewehr, einen abgeänderten Karabiner, von dem der Lauf ein Stück abgesägt worden war. Siefert ging von mir zur Bahn, wo er in der Werkstätte lohnendere Arbeit fand.

Zeuge Vertriebswerksmeisterei-Vorsteher Lang schildert Siefert als ruhigen und fleißigen Arbeiter.

Vorsitzender: Es sollen doch einige Sachen bei Siefert gefunden worden sein, die gestohlen worden sind.

Zeuge Lang: Es sind einzelne Sachen bei ihm gefunden worden, die anscheinend aus der Eisenbahnwerkstätte Schwetzingen stammen.

Vorsitzender zum Zeugen: Sehen Sie sich die Gegenstände einmal an, die auf dem Tische liegen.

Zeuge Lang: Der Gewindebohrer stammt aus der Schwetzinger Werkstätte, wo der Flaschenzug herstammt, ist mit Sicherheit nicht genau anzugeben.

MEINEID IM FAHRRADDIEBSTAHL?

Heute (Montag) wird nur die Sache wegen Meineids verhandelt.

Zur Feststellung des Tatbestandes kurz folgendes:

Am 15. Juli 1919 kam dem Hippolyt Remmelmann in Ziegelhausen bei Heidelberg aus dem Gang der *Adlerwirtschaft* ein Fahrrad abhanden. Einige Zeit später sieht er einen Bekannten (Breitenstein, Johann) mit einem Rad fahren, an dem Teile seines eigenen Fahrrades angebracht sind (Sattel und anderes), die er an besonderen Kennzeichen mit Sicherheit als die eigenen erkennt. Auf seine Anzeige hin wird gegen Breitenstein Anklage wegen Diebstahls erhoben.

Hotel Adler in Ziegelhausen[22]

Bei seiner damaligen Vernehmung gab Breitenstein an, er habe das Fahrrad von einem Heinrich Kehret, und dieser wiederum habe es von Siefert gekauft. Breitenstein aber wurde, weil das Fahrrad bei ihm gefunden worden war, des Diebstahls des Fahrrads angeklagt.

In der damaligen Hauptverhandlung vor dem Schöffengericht Heidelberg am 6. Mai 1920 wurde Breitenstein wegen mangelnder Beweise freigesprochen. Siefert, auf den durch einen anonymen Brief ebenfalls Verdacht gelenkt wurde, versicherte unter nachträglichem Eid, 1. das Rad selbst nicht gestohlen zu haben, 2. nichts das gestohlene Rad Betreffendes zu wissen.

Durch verschiedene Zeugen soll am heutigen Verhandlungstag festgestellt werden, ob Siefert zum mindestens etwas über den Sachverhalt wusste, ja vielleicht das Rad selbst entwendet hat.

Suspekte Zeugen

Zunächst wird Amtsrichter Frisch über die Verhandlung des Schöffengerichts vom 6. Mai 1920 in Sachen der Fahrraddiebstahlsgeschichte vernommen. Er erklärt, sich ganz genau zu erinnern, dass Siefert damals ganz unbefangen und sicher als Zeuge aufgetreten sei, sodass Richter und Schöffen keinerlei Bedenken gegen die Richtigkeit seiner Aussagen hegten.

Vorsitzender: Und doch waren die Angaben falsch!

Zeuge Frisch: Ja, und doch waren sie falsch.

Zeuge Johann Breitenstein erklärt, Siefert habe eines Abends an seinem (des Zeugen) Rad einen Sattel befestigt, den er mitbrachte, da er am anderen Tag das Rad gebrauchen wollte. Als dann die Anklage wegen Diebstahls gegen ihn erhoben worden sei, habe ihm Siefert 75 Mark zur Bezahlung der Anwaltskosten gegeben und auch fernerhin Entschädigung für das beschlagnahmte Rad versprochen.

Und weiter habe Siefert ihm und dem Mitarbeiter Kunz seinen Diebstahl eingestanden. Als sie ihn drängten, das Rad zurückzubringen und mit Anklage drohten, erklärte er: »Wenn ihr auch hundertmal einen Eid schwört, dass ich´s war, so bringen sie eben doch nichts raus, wenn ich schwöre, ich war´s nicht.« (Bewegung im Zuschauerraum) Siefert sagte damals weiter: »Das ist mir ganz gleich, ich gehe aufs Ganze. Wenn der Kunz, der vom Diebstahl etwas weiß, was sagt, dann ist er irgendeines schönen Tages verschwunden und es weiß niemand, wo er hingekommen ist!« (Große Bewegung im Zuschauerraum, Siefert lächelt)

Angst vor Siefert

Einen anonymen Brief habe er, Breitenstein, schreiben lassen, weil er den Verdacht auf Siefert lenken wollte und eine direkte Aussage nicht gewagt hätte, da Siefert öfters Drohungen ausgesprochen habe.

Vorsitzender: Warum teilten Sie Ihren Verdacht gegen Siefert nicht der Gendarmerie mit und warum sagten Sie es nicht in der Hauptverhandlung?

Zeuge Breitenstein: Ich hatte große Furcht, dass Siefert Rache nehmen würde.

Staatsanwalt Mickel: Hat Siefert nicht einmal geäußert, nachdem Sie zu Kunz über den Fall sprachen, er hätte solche Wut auf Sie, dass er Sie auf der Stelle umbringen könnte?

Zeuge Breitenstein: Das ist richtig, das hat er mir auf der Brücke gesagt.

Staatsanwalt, zum Zeugen: Sie gaben in der Voruntersuchung an, Sie hätten eine gewisse Furcht vor Siefert und hätten seinerzeit, als die Bekanntmachung der Staatsanwaltschaft wegen des Raubmordversuchs auf Ingenieur Link erschien, das Gefühl gehabt, dass Siefert der Täter sei. Sie hätten aber Ihren Verdacht nicht zur Anzeige gebracht, weil Sie Furcht vor Siefert hätten.

Zeuge Breitenstein: Jawohl. Als ich die Bekanntmachung in der Zeitung las, war anzunehmen, dass nur ein Täter aus Ziegelhausen oder Kleingemünd in Frage kommen konnte. Und da die Beschreibung ziemlich auf Siefert passte, glaubte ich, dass er als Täter in Frage kommen könnte; denn er war mehrmals in Urlaub in der Gegend der Tat gesehen worden.

Keine Vereidigung der Zeugen

Auch der Zeuge Wilhelm Breitenstein wird zunächst unvereidigt vernommen, da sich auch gegen ihn der Verdacht erstreckt, dass er an dem falschen Spiel vor dem Schöffengericht beteiligt gewesen war. Der Zeuge ist jetzt 20 Jahre alt und verheiratet. Siefert habe ihm damals erzählt, dass er das Rad an dem fraglichen Abend entwendet habe und dann wieder im Wirtshaus weitergetrunken habe, in dem er vor dem Diebstahl schon war. Er, Breitenstein, solle vor Gericht aussagen, von der ganzen Sache überhaupt nichts zu wissen. Siefert sagte: Wenn ich etwas verraten würde, würde ich vorher aufgeräumt werden, bevor man ihn als Täter erwischen würde. Aus diesem Grunde habe ich mich, fuhr der Zeuge fort, vor dem Gericht sehr zurückhaltend benommen.

Vorsitzender: Also Sie haben vor Gericht gelogen?

Zeuge Breitenstein: Nur aus Furcht vor meinem Leben! Ich habe mich also nur neutral gehalten.

Vorsitzender: Neutral? Sie haben doch gelogen vor Gericht? Sie konnten allerdings damals wegen Ihrer Jugend noch nicht vereidigt werden.

Zeuge Breitenstein: Ich musste so neutral sein, weil sonst mein Leben gefährdet gewesen wäre.

Der Zeuge gibt weiter an, dass Siefert gesagt habe, er würde für das beschlagnahmte Rad ein anderes besorgen.

Staatsanwalt: Was haben Sie unter »besorgen« verstanden? Kaufen oder stehlen?

Der Zeuge gibt eine ausweichende Antwort.

Der Verteidiger fragt den Zeugen, ob er ein Infanteriegewehr gehabt habe. Der Zeuge bestätigt dies. Siefert habe es ihm eines Abends in der Werkstätte abgeändert. Siefert sagte, er würde es abändern, wie er auch sein eigenes zu Hause abgeändert habe, womit er zuweilen wildern ginge.

Zeuge Breitenstein abschließend: Etwa acht Tage vor dem Morde traf ich Siefert abends auf der Neckarbrücke in Ziegelhausen, wo er sich folgendermaßen äußerte: »Über den Correll, der vom Gericht Zeugengeld bekommen hat, habe ich eine solche Wut, dass ich den Kerl umbringen könnte.«

Von einer Vereidigung der Zeugen Gebrüder Breitenstein wird auf Antrag der Verteidigung abgesehen, da die Glaubwürdigkeit der beiden sehr zweifelhaft sei, da sie ja in jenem Diebstahlsprozess lauter falsche Aussagen gemacht hätten.

Den Aussagen der Breitensteins gegenüber erzählt Siefert: Eines Abends hätte Breitenstein ihn zu sich gerufen und ihm gesagt, er möge doch seine Räder tauschen, da er im Verdacht stehe, das Rad gestohlen zu haben, was er dann gemacht habe. Die so erlangten Räder tauschte er dann seinerseits wieder mit einem Herrn in Schwetzingen.

Der Zeuge Kunz gibt an, von Siefert gehört zu haben, dass er das Rad gestohlen habe.

Verschiedene Leumundszeugen sagen aus, dass er (Siefert) immer fleißig, geschickt und auch außerordentlich stark gewesen sei, sodass er Stangen von 60 – 70 Pfund mit Leichtigkeit bearbeitete.

Ein anderer Zeuge sagt über die Zeit des Urlaubs von Siefert aus, und zufälligerweise fällt immer in den Urlaub eine der Mordtaten, so vom 25. April bis 4. Mai (am 29. April Anschlag auf Link) und 27. bis 29. Juni (der Mord an den Bürgermeistern).

Um 12.30 Uhr werden die Verhandlungen unterbrochen.

Nachmittagssitzung

Nach zweieinhalbstündiger Mittagspause wird die Verhandlung gegen Siefert wieder aufgenommen. Er soll über seine Lebensweise, seine Geldangelegenheiten et cetera Aufschluss geben.

Siefert: Gewohnt habe ich seit Dezember 1920 bei der Witwe Kratzmüller in Ziegelhausen. In der letzten Zeit vor meiner Verhaftung hatte ich monatlich durchschnittlich 1.000 Mark Lohn (Anmerkung des Verfassers: Ein großer Laib Brot [1500 Gramm] kostet 6,10 Mark.).

Vorsitzender: Was zahlten Sie für Kost und Logis?

Siefert: Zuletzt 70 Mark in der Woche. Ich bekam für das Geld Mittagessen, Abendessen, Schlafquartier und Kaffee.

Vorsitzender: Das sind 280 Mark im Monat. Was machten Sie mit dem vielen übrigen Geld? Sie standen doch allein und brauchten niemand zu unterstützen.

Siefert: Ich verbrauchte mein Geld nur für meine Lebensweise. Wenn man schwer in der Arbeit ist – ein bedrängtes Luder war ich auch (gemeint sind wohl Bordellbesuche; Anm. des Verfassers) – und Hunger habe ich immer gehabt, dann reichte das Geld gerade hin. Bei meiner Wirtin war ich allerdings stark im Rückstand. Ich hatte dort zuletzt 1.700 Mark Schulden.

Weitere 600 schuldete er Freunden.

Die Frage, ob ihn diese Schulden gedrückt hätten, verneint Siefert entschieden, da er ja gehofft habe, sie über kurz oder lang decken zu können.

Urkundenfälschung

Vorsitzender: Es ist auffällig, dass Sie Urkundenfälschung und Betrug verüben und hier dann sagen, die Schulden hätten Sie nicht gedrückt. Hatten Sie Hoffnung, Geld zu bekommen? Sie haben doch vielen Leuten Angaben darüber gemacht.

Siefert: Das war Unsinn von mir.

Vorsitzender: Sie sagten allenthalben, dass Ihre Mutter Ihnen 9.000 Mark hinterlassen hätte. Sie haben auch gesagt, Sie gingen nach Olfen, um die Erbschaft zu holen.

Siefert: Das kann ich nicht genau sagen.

Häufig im Leihhaus

Dem steht weiterhin entgegen, dass Siefert auf die verschiedenste Weise suchte, sich Geld zu verschaffen. So wollte er durch eine reiche Heirat zu Geld kommen, indem er auf eine diesbezügliche Annonce briefliche Antwort gab. Ein andermal richtete er an ein Geldinstitut das Ersuchen, ihm Geld vorzuschießen. Und als dieses einen Bürgen forderte, fälschte er einen Bürgschaftsschein, indem er den Namen eines seiner Arbeitskollegen daruntersetzte, was Siefert alles zugibt.

Weiter musste er, um seine Bedürfnisse befriedigen zu können, öfters Gegenstände (Uhr und dergleichen) im Leihhaus verpfänden. Bis heute befinden sich seine Uhr und sein Mantel im Leihhaus. Kurz, er machte große Ausgaben und war infolgedessen immer in Geldnöten.

Auf wiederholte Fragen des Vorsitzenden, was Siefert denn mit seinem Geld immer angefangen habe und ob er nicht sonntags auf Ausflügen mit Mädchen viel ausgegeben habe, antwortet Siefert, dass er sein Geld regelrecht verzehrt habe.

Vorsitzender: Sie haben verschiedene Liebschaften gehabt.

Siefert: Allerdings! Es waren mehrere Freundschaften. Ich lernte vier Mädchen nacheinander kennen.

Befragung der Vermieterin Sieferts

Als Zeugin wird sodann Frau Kratzmüller wieder aufgerufen. Sie gibt an, dass Siefert bei ihr immer anständig gelebt habe: »Ich habe geglaubt, wir hätten in den anderthalb

Jahren den besten Menschen im Hause. Unter der Woche lebte er mäßig. Als er mit seiner Miete im Rückstand blieb, wollte ich ihn mit dem Bezahlen nicht drängen, denn ich habe mir gesagt, er ist ein braver Mensch.

Nach dem Tode seiner Mutter sagte er, ich würde nun bald mein Geld auf den Pfennig bekommen, worauf ich ihm erwiderte: ›Siefert, ich drücke Sie nicht, ich nehme, wie ich es kriege.‹ Ich habe Siefert so behandelt, als ob er zu unserem Hause gehöre.

Dann habe ich mich aber doch sehr gewundert, als ich hörte, dass er zwei Tage nach dem Tode seiner Mutter im Dorfe getanzt hat. Ich sagte ihm: ›Siefert, ich verstehe nicht, dass die Trauer um Ihre Mutter nur zwei Tage gedauert hat.‹

Siefert ist abends zwar häufig ausgegangen, aber ich habe mich nicht viel darum bekümmert, denn ich hatte andere Sorgen und andere Arbeit.«

... der Tochter der Vermieterin

Zeugin Bertha Kratzmüller, die Sieferts Verhaftung seinerzeit durch die Entdeckung des Briefes herbeigeführt hat, gibt auf Befragen mit leiser Stimme an, dass Siefert zum Schluss etwa 1.700 Mark Schulden hatte. Er lebte sehr einfach.

Vorsitzender: Ihre Mutter war sehr gut zu ihm. Sie hat alles geglaubt.

Zeugin Bertha Kratzmüller: Wir haben alles geglaubt.

Vorsitzender: Haben Sie beim Ordnen des Zimmers von Siefert einmal in seinem Schrank einen eingewickelten Karabiner gefunden? Die Zeugin verneint das.

... und des Sohnes

Zeuge Konrad Kratzmüller stellt Siefert gleichfalls das Zeugnis aus, dass er wenig Geld ausgegeben habe. Siefert hat den Zeugen einmal um 100 Mark angepumpt und zahlte das Geld am Tage vor seiner Verhaftung zurück.

Verteidiger Karg: Was hat man in Ziegelhausen geglaubt, als man hörte, dass Siefert der Mörder der Bürgermeister wäre?

Zeuge Konrad Kratzmüller: Man hielt es für unglaublich.

Siefert häufig in Geldnöten

Im Weiteren werden einige frühere Freunde Sieferts vernommen. Schreiner Hermann Pecht gibt an, dass er Siefert am Stammtisch *Fidelio*, der in der Kratzmüllerschen Wirtschaft tagte, als anständigen Menschen kennengelernt habe. Er hat Siefert, der ihn wegen seiner Geldbedrängnis anpumpte, 520 Mark geliehen. Nach der Ermordung der Bürgermeister und zwei Tage vor seiner Verhaftung hat dann Siefert das ganze Geld zurückbezahlt.

Zeuge Emil Hock, ein Arbeitskollege Sieferts, sagt, dass er ihn für einen aufrechten Menschen hielt. Von Zeit zu Zeit kam Siefert in Geldverlegenheit, er zahlte aber seine Schulden immer am nächsten Zahltag zurück. Montags hatte Siefert gewöhnlich kein Geld mehr gehabt.

Vorsitzender: Montags hatte er kein Geld mehr! Haben Sie ihn nicht deshalb oft geutzt?

Zeuge Hock: Wir haben ihn montags oft gefragt: Wie steht es mit deinen Finanzen? Dann pflegte er zu sagen: Schlecht, sehr schlecht! Einmal sagte er: Entweder werde ich ein reicher Mann oder ich gehe zugrunde! Auch von einer Millionenheirat hat er gesprochen, was wir aber nicht für ernst gehalten haben. Wenn Siefert Geld hatte, war er Kavalier. (Heiterkeit.) Er gab dann Wein aus, was wir uns nicht leisten konnten, und war immer aufgelegt. Als seine Verhaftung bekannt wurde, glaubten wir es erst nicht, und ich habe gesagt: Die Wirklichkeit kommt nicht heraus, weil er ein ganz verschlagener Charakter ist. Siefert hatte in hohem Maße Energie.

Vorsitzender: Was glauben Sie, was ihn zur Tat getrieben haben kann?

Zeuge Hock: Geldverlegenheit.

Angeklagter allseits beliebt

Es wird eine Anzahl von Zeugen (unter anderem Lehrer, evangelischer Pfarrer) vernommen und über ihren Gesamteindruck über den Angeklagten befragt.

Bürgermeister Peter Heilmann (Olfen) schildert die Eltern Siefert als ehrliche, anständige Leute. Auch Leonhard Siefert war jederzeit zuvorkommend und machte einen soliden Eindruck. – Der frühere Lehrer des Angeklagten, Zeuge Peter Schütz, jetzt in Wiebelsbach, hat ihn als mittelmäßig veranlagten, braven Schüler in Erinnerung.

Pfarrer Bayer, jetzt in Offenheim (bei Friedberg), meint, Siefert sei im Konfirmanden-Unterricht nicht sehr begabt gewesen. Spezereihändler und Landwirt Jakob Körber in Olfen erzählt von einem kleinen Diebstahl, den Siefert als Schuljunge verübt hat.

Siefert: Es war eigentlich die ganze Schule daran beteiligt. Dass ich selber den Ladendiebstahl gemacht habe, kann ich mich nicht entsinnen. Ich war damals ein junger Kerl. Schmiedemeister Adam Kaufmann in Güttersbach bei Olfen schildert Siefert aus seiner Lehrzeit bei ihm als braven Arbeiter. Land- und Gastwirt Ludwig Keil erzählt von einem kleinen Diebstahl von 20 Mark, für den Siefert in Verdacht geraten war. Siefert hatte bei ihm ein Kommodenschloss repariert, bei welcher Gelegenheit das Geld abhandenkam. Als die Wirtin ihm den Diebstahl auf den Kopf zusagte, fand sie das Geld an anderer Stelle wieder. Siefert selber bestreitet, den Diebstahl verübt zu haben.

Auch die Zeugen aus Ziegelhausen geben an, er sei ein gefälliger, heiterer junger Mann, allgemein beliebt. Die Kunde, dass Siefert Raubmord begangen habe, sei in Ziegelhausen überall mit starkem Zweifel aufgenommen worden.

Wo er aber das Geld hingebracht hat, will nicht recht klar werden.

Die Liebschaften des Siefert

In der weiteren Verhandlung werden dann einige Mädchen vernommen, mit denen Siefert Verhältnisse unterhielt. Zeugin Elsa Haas sagt, dass ihr Verhältnis wegen Glaubensunterschiedes auseinandergegangen sei. Sie hat mit ihm öfters Spaziergänge unternommen. Einmal auch über den Auweg. Das ist deshalb wichtig, weil der Angeklagte bisher immer behauptete, dass er dort, wo der Mord passierte, noch nie gegangen sei.

Verteidiger: Siefert sagt mir soeben, er erinnere sich jetzt dieses Weges. Sie seien die Verlängerung des Auweges gegangen und am *Kümmelbacherhof* herausgekommen.

Vorsitzender: Ja, das ist der richtige Weg.

Zeugin Luise Weiß, 21 Jahre alt, lernte Siefert am 1. Mai vorigen Jahres kennen, kam dann fast jeden Sonntag mit ihm zusammen und hat bis morgens früh Kirchweihfeste mit ihm zusammen besucht. Große Zechen hätte er nicht gemacht. Auf Weihnachten wollte er sich mit ihr verloben.

Die 18 Jahre alte Zeugin Johanna Englert lernte Siefert erst acht Tage vor dem Morde kennen.

Vorsitzender: Sie haben Ihre abendlichen Spaziergänge sehr lange ausgedehnt und sind sehr spät nach Hause gekommen. Die Zeugin bestätigt das, Geld habe Siefert ihr nicht gegeben.

Alle Zeuginnen bekunden übereinstimmend, dass seine Ausgaben in ihrem Beisein nie übermäßige Höhe erreicht hätten und dass er sonst in seinem Benehmen sehr solid gewesen sei.

Kein Kirchgänger

Einer der Zeugen erklärt, dass Siefert die Religion verachtet habe als etwas, was nur für die Dummen passe. Siefert leugnet aber eine diesbezügliche Aussage entschieden. Wenn er auch kein Kirchspringer gewesen sei, so dürfe man ihn doch nicht als völlig gottlosen Menschen hinstellen.

Weitere Zeugen sagen betreffend die Eltern des Angeklagten aus, dass diese arme, aber durchaus ehrliche und achtbare Leute waren.

Bemerkenswert ist noch, dass er öfters Arbeitskollegen gegenüber äußerte, er werde entweder ein reicher Mann oder aber er ginge zugrunde.

Mit der Ladung einer Anzahl durch die Staatsanwaltschaft namhaft gemachter Zeugen schließt die heutige Verhandlung.

Schluss der Sitzung 18.15 Uhr.

Stimmungsbild Verhandlungstag 1

Obwohl die Verhandlungen bisher erst im weitläufigen Stadium der »Vorgeschichte« befangen sind, und die eigentlichen Kapitalverbrechen noch nicht berührt wurden, hat die Fülle der bisherigen Zeugenaussagen doch schon eine Reihe scharfer Schlaglichter auf den Charakter Sieferts geworfen. Zu dem ihm nachgewiesenen Meineid, den er nach bekannter Taktik ableugnet, kommt eine Urkundenfälschung mit Betrug, die er klipp und klar zugibt; denn die falsche Urkunde liegt auf dem Richtertisch – und so dumm ist Siefert nicht, dass er lügt, wo es gar keinen Zweck hat.

Als man ihn auf einer anderen Lüge ertappt, entsinnt er sich sogar ganz plötzlich der Wahrheit, macht also Konzessionen. Bisher behauptete er immer, er kenne die Wälder auf der linken Neckarseite nicht, den Mordweg schon ganz und gar nicht, und nun tritt eine seiner verflossenen Liebschaften auf und erzählt, dass sie mit Siefert über den Auweg einen Spaziergang am *Kümmelbacherhof* vorbei gemacht habe. Siefert – ein Freund nennt ihn, wenn er Geld hat, immer Kavalier – ist auch hier Kavalier genug, um seine ehemalige Flamme nicht Lügen zu strafen. Mit leichter Verbeugung zum Richtertisch und lächelnd das Waldmägdelein musternd, das ihn hier soeben hereingelegt hat, gibt er zu, dass er sich soeben entsinne, tatsächlich auch die berühmte Gegend durchwandert zu haben.

Mit seinen Finanzen kam er niemals aus. Montags war sein Arbeitslohn bereits verjubelt. Die ewige Geldverlegenheit, die ihn auch zum Pfandhauskunden machte, ließ ihn zu allerhand merkwürdigen Mitteln greifen. So meldete er sich auf das Heiratsgesuch einer Millionenerbin schlankweg als derjenige, welcher ... Bei den Mädchen stand er in Gunst, und die verflossenen Verhältnisse, die gestern Nachmittag als Zeuginnen aufgerufen wurden und dann ohne Eifersucht friedlich nebeneinander auf der Zeugenbank Platz nahmen, bewiesen, dass er nicht nur Geschmack, sondern auch Vorliebe für Abwechslung besaß. Die Blonde und die Braune saßen neben der Schwarzen, und die Neckische neben der Tränenschweren. Siefert, von langer Gefängnisluft etwas bleich, zeigt meist ein überlegenes Lächeln, formt, ohne zu stocken, fließende Sätze, spricht aber nachdenklich und gemessen und hat bei kniffligen Fragestellungen eine aalglatte Gewandtheit. Er lässt sich nicht festnageln. Das passt zu dem Zeugnis des allerdings unvereidigt vernommenen Gärtners Johann Breitenstein, dem Siefert gesagt haben soll: »Du kannst meinetwegen zwanzigmal einen Eid schwören, aus mir bringen sie nichts heraus!«

Für seine Gefühlskälte, seine Rohheit der Majestät des Todes gegenüber, ist es bezeichnend, dass er zwei Tage nach dem Tode seiner eigenen Mutter auf dem Tanzboden in Ziegelhausen schon wieder ein Mädel schwenkt!

DIENSTAG, 17. JANUAR 1922 – VERHANDLUNGSTAG 2: VORMITTAGSVERHANDLUNG

Corpus Delicti

Wieder morgens um 7 Uhr wurde der Angeklagte unter außerordentlich starker Bedeckung nach dem Gerichtsgebäude gebracht.

Vor dem Platz des Richters sind heute auf drei Tischen zahlreiche Gegenstände ausgebreitet, die mit dem Raubmord an den beiden Bürgermeistern in ursächlichem Zusammenhang stehen. Neben dem Schädel des unglücklichen Werner, von Kolbenhieben zerschmettert, liegt die Fotografie des riesenhaft vergrößerten Fingerabdrucks von Siefert, der im Wald gefundene Mordkarabiner mit dem abgebrochenen Schaft, in Spiritus befindliche Präparate der Leichensezierungen, darunter der abgeschnittene Ringfinger Busses, Stoffstücke aus der blutigen Kleidung Sieferts, ein Modellgewehr, das Gewehrschloss Breitensteins, ein Revolver, die Spazierstöcke der Ermordeten, der letzte Brief der unglücklichen Frau Busse an ihren Mann, dessen Besitz Siefert zum Verhängnis wurde, der aus dem Pfandhaus erhobene feldgraue Mantel Sieferts und sein Rucksack, das Frottierhandtuch Sieferts mit Blutflecken und verschiedene andere Sachen.

Hinter dem Richtertisch hängen neben einem Plan der

Umgebung Heidelbergs genaue Spezialskizzen der Tatorte am *Kümmelbacherhof* und am *Bärenbachgrund*.

Kurz nach 9 Uhr wird die Verhandlung mit dem Aufruf der Zeugen eröffnet, unter denen sich der Bruder Sieferts, Bildhauer Jakob Siefert aus Olfen, und der einem Raubmord durch seine Geistesgegenwart knapp entkommene Ingenieur Link aus Weinheim befinden.

Heute sollen zunächst die Beweise über den Waffenbesitz des Angeklagten vorgebracht werden, dann die Beweise betreffs des Raubmordversuchs an Link.

Unerlaubter Waffenbesitz

Der Angeklagte gibt an, er habe von den Fliegern ein Gewehr mitgenommen, das er umarbeitete. Bis zum Frühjahr vorigen Jahres sei es bei seiner Mutter in Olfen gewesen, bis er es, um den Streitigkeiten, die er mit seinen Angehörigen wegen der Ablieferung hatte, zu entgehen, nach Ziegelhausen mitgenommen habe.

Die Frage nach dem Zweck des umgearbeiteten Gewehrs beantwortet er ausweichend. Er habe es eben verschönert, auch um ihm das Aussehen eines Militärgewehrs zu nehmen.

Also Frühjahr 1921 während eines Urlaubs (April) nahm er das Gewehr nach Ziegelhausen. Er hatte es unter einem langen schwarzgrauen Mantel in Papier eingewickelt. Er wollte zuerst mit dem Zug fahren, aber das sei ihm zu gefährlich gewesen und so ging er bis Hirschhorn zu Fuß und fuhr von dort mit einem Nachtzug nach Ziegelhausen. Dort bewahrte er es nach seinen Angaben in seinem Schrank.

Vorsitzender: Es ist merkwürdig, am 27. April brachten Sie das Gewehr nach Ziegelhausen, und am 29. April fällt der Schuss auf Link. Wo waren Sie mit dem Gewehr an dem betreffenden Tag?

Siefert: Das weiß ich nicht. Auch hatte ich mit keiner Vertrauensperson Verkehr.

Siefert muss aber zugestehen, dass er das Gewehr auf dem Transport scharf geladen mit sich führte.

Vorsitzender: Das ist doch gegen alle Vorsicht! Man reist doch nicht mit einem scharf geladenen Gewehr.

Siefert: Da war ja nichts dabei, Herr Präsident. Dabei war keine Gefahr!

Die beiden Unbekannten

Siefert erzählt dann eine längere Geschichte von seinen Erlebnissen am 25. Juli, wo er an Unbekannte am Heidelberger Bahnhof sein Gewehr vertauscht haben will. Er glaubt aber mit Bestimmtheit, dass das im Wald gefundene Mordgewehr das seinige ist.

Die beiden Unbekannten seien Herren mit tadelloser Kleidung gewesen.

Vorsitzender: Haben Sie außer diesem Gewehr noch ein anderes besessen?

Siefert: Ich habe 1919 dem Breitenstein ein Gewehr umgeändert. Eines Morgens ging Wilhelm Breitenstein mit mir in den Wald zum Weißen Stein. Wir gaben dann 3 – 4 Schüsse im Walde ab, um das Gewehr einzuschießen.

Wir ließen das Gewehr im Walde liegen, wo es mit Laub bedeckt war. Später holte Breitenstein das Gewehr wieder ab. Ich weiß nicht, für welchen Zweck Breitenstein sich das Gewehr hat abändern lassen.

Vorsitzender: Was haben Sie denn früher über Ihr Gewehr gesagt?

Siefert: Ich habe allerdings gesagt, dass ich kein Gewehr besessen hätte. Meine Herren, ich musste so handeln. Ich konnte nicht anders handeln. Diesen Standpunkt des Leugnens musste ich vor dem Untersuchungsrichter einnehmen, sonst hätte ich einen Fehler begangen. Sonst hätte ich glatt den Kürzeren gezogen.

Vorsitzender: Sie sind am 7. Juli verhaftet worden und haben noch am 11. September bei Ihrer Vernehmung wörtlich gesagt: »Ich behaupte nach wie vor, dass ich nie und nimmer einen Karabiner besessen habe!« – Siefert, was sagen Sie nun?!

Siefert: Ich musste die Lüge gebrauchen. Sonst hätte mich alle Welt sofort für den Mörder gehalten. Ich wäre somit sofort glatt und vollständig verloren gewesen. Ich hätte verlorenes Spiel getrieben. (Bewegung im Publikum.)

Technisches Gutachten des Waffenmeisters John

Es folgt dann ein eingehendes technisches Gutachten des Waffenmeisters John. Der Sachverständige erklärt erst den Richtern und dann den Geschworenen die technischen Einzelheiten der Mordwaffe. In der Wohnung Sieferts hat man seinerzeit nach dem Mord den Zubringer des Gewehrs gefunden, während die am Tatort gefundene Mordwaffe keinen Zubringer hatte. Es lässt sich nicht mit absoluter

Sicherheit feststellen, dass der Zubringer zum Gewehr gehörte, ist aber sehr wahrscheinlich, da der Zubringer die Nummer 84, das Gewehr die Nummer 8084 hatte. Die einzelnen Gewehrteile haben immer die Endziffern der Gewehrnummer. Der Kolben des Gewehres ist mit Gewalt abgeschlagen. Das Holz ist herausgesplittert.

Vorsitzender: Wir werden auch später hören, dass im Holz, in den Splittern, auch Blut vorhanden ist.

Aussagen der Verwandten

Zeuge Jakob Siefert, Bildhauer aus Olfen, der Bruder des Mörders, macht vom Recht der Zeugenverweigerung keinen Gebrauch und wird unvereidigt vernommen. Sein Bruder sei kein gewalttätiger Mensch gewesen und habe nüchtern gelebt. Seine Mutter habe kein Vermögen hinterlassen. Die von seinem Bruder ausgesprengte Behauptung von einer Erbschaft von 9.000 Mark sei unrichtig. Zu Hause sei der Angeklagte ehrlich und anständig gewesen. Der Zeuge bestätigt, dass sein Bruder einen Karabiner in Olfen hatte. »Ich habe meinem Bruder geschrieben, wenn der Karabiner nicht sofort aus dem Hause komme, zeige ich ihn der Polizei an. Bis zum 27. oder 28. April 1921 trug mein Bruder den Karabiner fort, nachdem ich ihm vorhersagte, ich schlüge ihm sonst den Karabiner über den Kopf. Dass mein Bruder die Bluttaten begangen hat, kann ich nicht glauben.«

Sachverständiger Professor Gruhle, Heidelberg, fragt den Bruder, ob Siefert ein offener Charakter gewesen sei, ob er Zeitungen las und allgemeine Interessen neben seinen Berufsinteressen hatte, ob er über seine Schulden gesprochen habe und stets einen vernünftigen Eindruck gemacht habe.

Der Zeuge erwidert, dass Siefert über seine Schulden nicht gesprochen habe, Zeitungen habe er wenig gelesen, sonst sei er ein offener Charakter gewesen. Einen unvernünftigen Eindruck habe er nicht gemacht.

Die Frau des Zeugen und Schwägerin des Angeklagten, Katharine Siefert, sagt, dass ihr Schwager den Karabiner am 28. April abgeholt habe. (Am 29. April ereignete sich das Attentat auf Link.)

Anmerkungen zum Sachverständigen Professor Gruhle

Hans Walter Gruhle (* 7. November 1880 in Lübben; † 3. Oktober 1958 in Bonn) war ein deutscher Psychiater. Er studierte Medizin in Leipzig, Würzburg und München. Nach seiner Approbation als Arzt wechselte er 1905 an die Psychiatrische Klinik der Universität Heidelberg. Dort schloss er 1907 seine Promotion ab.

Er entwickelte sich zu einem der »maßgebenden« Ärzte der bereits weithin angesehenen Klinik, »der durch seine Kritik, Vielseitigkeit und Spontaneität alles in Bewegung hielt«. Diese Einschätzung wurde freilich von einigen Kollegen nicht geteilt.

1921 war Gruhle, inzwischen Professor, als Mit-Herausgeber der *Psychologischen Forschung* an der Gründung der im deutschsprachigen Sprachraum und darüber hinaus wohl einflussreichsten psychologischen Zeitschrift dieser Zeit beteiligt.[23]

Erneuter Auftritt der suspekten Zeugen

Zeuge Wilhelm Breitenstein äußerte sich noch einmal über sein von Siefert abgeändertes Gewehr. »Ob ich mit Siefert in den Wald gegangen bin, um dem Probeschießen beizuwohnen, weiß ich nicht mehr. Ich hatte Furcht vor dem Schießen. Siefert sagte einmal, er hätte einen Rehbock angeschossen.«

Vorsitzender: Hat er Ihnen auch gesagt, er hätte schon einmal einen Menschen angeschossen?

Zeuge Breitenstein: Er sagte, er hätte einen Jäger angeschossen, der das Reh fortholen wollte.

Staatsanwalt: Hat er Ihnen von Diebstählen beim Militär erzählt?

Zeuge Breitenstein: Er sagte, beim Waffenstillstand, wo die Schweinerei vorgekommen ist, habe er in Mainz Militärgegenstände entwendet. Ich sollte aber nichts davon sagen. Er drohte mir, wenn ich solche Stücke weitererzählen würde, wäre ich meines Lebens nicht sicher. Ich nahm aber die Drohung nicht für ernst. Er sagte auch mal, wenn ihm jemand bei einem Diebstahl in die Finger komme, werde er den Mann sofort erledigen.

Der Bruder Sieferts weiß nichts von Wildereien in der Olfener Gegend, und auch nichts von einem angeschossenen Förster.

Gegen 11 Uhr ersucht der Verteidiger, eine Pause eintreten zu lassen.

Vorsitzender: Wir wollen nur noch einen Zeugen schnell vernehmen.

Verteidiger Rechtsanwalt Karg: Nein, es muss jetzt eine Pause eintreten, ich bin durch die anstrengende Verhandlung total erschöpft und seit 4 Uhr früh nach einer schlaflosen Nacht auf den Beinen.

Es tritt darauf eine viertelstündige Pause ein.

Verhandlungstag 2: Vormittagsverhandlung (Fortsetzung)

Nach der Pause wird der 14 Jahre alte Oberrealschüler Wilhelm Schnebel aus Ziegelhausen vernommen.

Vorsitzender: Du wirst wegen deiner Jugend nicht vereidigt. Du darfst uns aber trotzdem die Wahrheit sagen.

Zeuge Schnebel berichtet sodann, wie er eines Tages Siefert mit einem Gewehr unterm Rock gesehen habe. Er fragte ihn, ob er denn das Gewehr nicht abgeben müsse. Darauf sagte Siefert, der Junge solle nichts von dem Gewehr verraten. »Ich habe mir dann gedacht«, fuhr der jugendliche Zeuge fort, »dass Siefert schon heutzutage eine Waffe haben müsse, weil es abends auf den Straßen so gefährlich ist.«

Der Mordanschlag auf Ingenieur Link vom 29. April 2021

Vorsitzender: Nun, Siefert, die Anklage wirft Ihnen vor, dass Sie am Abend des 29. April auf den Ingenieur Link, als dieser mit dem Motorrad die Ziegelhäuser Landstraße entlangfuhr, geschossen haben, in der Absicht, ihn zu ermorden und zu berauben.

Siefert: Ich habe von dieser Sache zwar aus den Zeitungen gelesen und hörte auch in der Wirtschaft darüber sprechen; ich kann aber nur sagen, dass ich der Täter nicht bin.

Vorsitzender: Wo waren Sie zur Zeit der Tat?

Siefert: Das kann ich nicht genau sagen. Jedenfalls war

ich um diese Zeit zu Hause in Ziegelhausen. Ich hatte damals noch Urlaub gehabt und war abends meistens in Gesellschaft von Freunden.

Vorsitzender: Was sagen Sie dazu, dass der Zeuge Link in der Voruntersuchung gesagt hat, dass Sie derjenige sein, der auf ihn geschossen hat?

Siefert: Ich kann nur sagen, dass der Zeuge wohl aus Zorn oder Rache mich verdächtigt hat, als ich wegen der Bürgermeister-Angelegenheit verhaftet wurde. Link hat also vielleicht gemeint, dass ich diese gemeine Tat verübt haben könnte.

Vernehmung des Zeugen Link

Großem Interesse begegnet sodann die Vernehmung des Zeugen Ingenieur Franz Link.

Er schildert ausführlich, wie er in den Abendstunden des 20. April auf seiner Motorradfahrt im Neckartal zwischen Kleingemünd und Ziegelhausen angeschossen wurde.

Vorsitzender: Erklären Sie noch einmal genau, wie Sie den Mann gesehen haben. Haben Sie sein Gesicht gesehen?

Zeuge Link: Das Gesicht habe ich nicht gesehen. Der weiße Kragen leuchtete ziemlich weit aus dem Mantel heraus. Ich hatte den Eindruck, dass der Mann gut gekleidet war. Charakteristisch war, dass der Mann eine schmale Schulter hatte und ziemlich groß gebaut war.

Auf Befragen gibt der Zeuge weiter an, dass der Täter es vermied, ihm ins Gesicht zu schauen

Vorsitzender: Sahen Sie einen zweiten Mann?

Zeuge Link: Es war sonst niemand zu beobachten, gar niemand!

Vorsitzender: Sie sollen gesagt haben, dass der Mann einen grünen Hut aufhatte. Später sprachen Sie von einem dunklen Hut.

Zeuge Link: Mit Bestimmtheit kann ich das nicht sagen; aber es war ein Hut, keine Kappe.

Vorsitzender: Der Angeklagte soll in jener Zeit einen silbergrauen Velourshut besessen haben.

Zeuge Link: Kleine Einzelheiten konnte ich selbstverständlich in diesem Moment mir nicht einprägen. Wie schon gesagt, fiel mir besonders auf der dunkle, ich meine melierte oder gestreifte Mantel und die Gestalt der schlanken großen Person.

Vorsitzender: Nun, der Angeklagte wird morgen in jener Kleidung am Tatort vorgeführt werden.

Der Zeuge, der heute denselben Rock trägt, durch den damals die Kugel schlug, beschreibt dann den Schuss und zeigt den Geschworenen die Schussöffnung seines Rockes. »Ich war etwa«, fuhr er fort, »drei Wochen in der Klinik, dann eineinhalb Wochen zu Hause und habe dann meine Tätigkeit wieder aufnehmen können. Folgen fühle ich nicht, aber die Kraft des rechten Armes ist ziemlich verloren gegangen. Als ich von der Verhaftung Sieferts hörte, nahm ich an, dass er auch in meinem Falle seine Hand im Spiel gehabt hatte. Ich fand auch am selben Abend bereits ein Telegramm zu Hause, in welchem der Staatsanwalt mich vorlud. Anderen Tages wurde mir der Angeklagte im Untersuchungsgefängnis vorgeführt. Als die Person mir entgegenkam, schaute ich zunächst das Gesicht an, konnte aber am Gesicht nichts Bekanntes feststellen. Als ich ihn aber dann in der beschriebenen Kleidung sah, sagte ich sofort, dass es zweifellos diese Person gewesen war, die mich überfallen hatte.«

Link zeigte dann mit dem Finger auf Siefert und sagte mit erhobener Stimme: »Dieser ist es gewesen! Ich habe bei der damaligen Gegenüberstellung zweifelsfrei feststellen können, dass Siefert es gewesen ist, und zwar nicht nur an den Kleidern, sondern auch an der Körperhaltung. Wenn ich auch das Gesicht nicht gesehen habe, kann ich mit aller Bestimmtheit sagen, dass dieser Mann der Täter war. Bei der zweiten Gegenüberstellung wurde Siefert mir unter viel ungünstigeren Umständen gegenübergestellt. Ich war damals im drei Stockwerke hohen Zimmer des Staatsanwaltes und musste von dort am Fenster heraus in den Gefangenenhof sehen, wo etwa 15 – 20 Mann in gleicher Sträflingskleidung sich bewegten. Ich erkannte sofort an der schlappigen Gangart denselben Mann Siefert wieder.«

Vorsitzender: Sie haben also nicht den geringsten Zweifel, dass der Angeklagte derjenige ist, der Sie angeschossen hat?

Zeuge Link: Ich habe nicht den geringsten Zweifel.

Der Verteidiger stellt sodann eine Reihe von Fragen an Link: »Was verstehen Sie darunter, dass eine Person mit geneigtem Körper durch die Bäume sah?«

Der Zeuge beschreibt den Vorgang und sagt, dass Siefert an der Baumreihe, die das Neckarufer einfasst, herausschaute.

Verteidiger: Ich bitte den Zeugen, sich über die Entfernung zu äußern, auf welche er den Täter gesehen hat.

Zeuge Link: Ich sah den Mann auf eine Entfernung von vielleicht über 100 Meter und sah ihn zuletzt auf eine Entfernung von 10 Meter.

Zweifel des Verteidigers an den Aussagen Links

Verteidiger: Ich möchte feststellen, dass Sie am 27. August 1921 die Entfernung auf 200 Meter angegeben und bei einer Vernehmung unmittelbar nach der Tat die Entfernung auf 100 Meter bezeichneten. Vielleicht gibt der Zeuge uns einmal Auskunft über die Stärke seines Augenlichtes.

Zeuge Link: So genau konnte ich die Entfernung nicht angeben. Ich habe im Allgemeinen gute Augen und kann ruhig sagen, dass ich auf diese Entfernung jede Person genau feststelle, wenn auch nicht an Einzelheiten, wie Farbe der Augen, des Bartes und so weiter. Aber ich hätte in dieser Lichtstärke, die zu jener Abendzeit noch herrschte, den Mann auch auf größere Entfernung feststellen können. Ich bin zwar im Besitze eines Augenglases, trage es aber nur zeitweise.

Verteidiger: Ich bitte, den Sachverständigen Bezirksarzt von Weinheim zu vernehmen, der gesagt hat, dass im Mittel die Sehkraft des Herrn Link herabgesetzt ist.

Staatsanwalt Mickel: Es wäre praktischer, wenn wir einen Augenarzt von Heidelberg laden, der heute Nachmittag Herrn Link untersuchen kann und dann morgen als Sachverständiger geladen wird.

Das Gericht beschließt sodann die Ladung des Augenarztes Doktor Mündler und die Untersuchung Links durch ihn.

Über den Grad der Dämmerung an jenem Abend und zu jener Zeit liegt ein Gutachten der Landessternwarte auf dem Königsstuhl vor.

Der Tatort

Untersuchungsrichter Hönl erläuterte dann als nächster Zeuge sehr eingehend die Attentatsstelle an der Hand von Kartenskizzen. Die Geschworenen verlassen die Geschworenenbank und folgen dem Vortrag an der Karte. Unter anderem bemerkt der Untersuchungsrichter, dass der Weg von der Wohnung des Angeklagten bis zur Überfallstelle, in deren Nähe sich der Wolfsbrunnen befindet, von Siefert selber einmal als sein Lieblingsspaziergang bezeichnet worden ist. Er ist dort abends oft mit seinem Mädchen hinausgegangen und hat sich dort auf einer Bank aufgehalten. Zweimal sind am Tatort Gerichtsuntersuchungen im Beisein Links erfolgt, einmal am Tage und einmal abends bei denselben Helligkeitsverhältnissen wie am Abend des Verbrechens. Der Untersuchungsrichter bestätigt, dass man auf die von Link angegebene Entfernung sehr gut die Gestalt einer Person, Mantel, weißen Kragen und so weiter hätte erkennen können, vorausgesetzt, dass man nicht ganz schwache Augen hat. Er habe, fährt er fort, bei der Haussuchung tatsächlich bei Siefert hohe Stehkragen entdeckt. Er zeigt sodann den auf dem Tisch liegenden Mantel Sieferts, den dieser damals getragen haben soll. Dieser Mantel spielt auch bei der Tragödie Busse – *Werner* eine Rolle, da man Moosspuren et cetera daran entdeckt hat. Der Untersuchungsrichter sagt dann noch, dass er jeden Bekannten sofort an seiner äußeren Gestalt bestimmt erkannt haben würde, wenn er wie Link ihn auf jene Entfernung und bei jener Dämmerungserscheinung auf der Landstraße gesehen hätte.

Nach der Tat fand man anderen Tages an der dortigen Stelle eine abgeschossene Gewehrpatrone, die der Untersuchungsrichter den Geschworenen vorzeigt.

Die Verhandlung wird sodann gegen 12.30 Uhr auf nachmittags vertagt.

Verhandlungstag 2 – Nachmittagsverhandlung

Bei Beginn der Nachmittagssitzung wird zu den Beweisstücken, die auf drei Tischen ausgelegt sind, noch eine Kassette mit den bei den ermordeten Bürgermeistern gefundenen Wertgegenständen gestellt, die bei der zweiten Haussuchung im Dachboden des Kratzmüllerschen Hauses gefunden wurden und von Siefert dort versteckt worden waren.

Nach dem Zeugenaufruf wird zunächst Sachverständiger Medizinalrat Doktor Holl vernommen. Er hat Link in der Klinik zum ersten Mal am 7. Mai gesehen und beschreibt dessen Verwundung. Der Einschuss im Rücken war pfenniggroß, der Ausschuss in der Nähe der dritten Rippe weit größer, zerfetzt und gerändert. Der derzeitige Befund zeigt nach einer kürzlichen Untersuchung eine gute Heilung. Dauernder Nachteil wird sicherlich trotz der Schwere der Verwundungen nicht zurückbleiben. Mit Sicherheit lässt sich sagen, dass der Schuss aus einer Waffe abgegeben wurde, die eine außerordentlich große Durchschlagskraft hatte. Der Sachverständige demonstriert dann den Geschworenen und Richtern am Körper des Ingenieurs Link, der seine Brust entblößt, den Schuss. (Auch Siefert sieht sich mit großem Interesse die Verwundungsstelle an.)

Zeuge Link im Kreuzverhör

Verteidiger Karg: Link hat heute Morgen gesagt, dass die Person einen schlappigen Eindruck machte, als er gemütlich über den Weg lief, während der Untersuchungsrichter sagte, er habe bei einem Probeversuch äußerst schnell über den Weg springen müssen.

Zeuge Link: Das kann am allerbesten am Mittwoch an Ort und Stelle vorgeführt werden.

Hierauf frägt der Staatsanwalt den Untersuchungsrichter: Welchen Eindruck hatten Sie bezüglich der Gewissenhaftigkeit und so weiter des Zeugen Link?

Untersuchungsrichter Hönl: Ich habe den besten Eindruck vom Zeugen Link erhalten. Er hat seine Aussagen nur nach gewissenhafter Prüfung seines Gedächtnisses gemacht. Auch habe er keinerlei Gehässigkeiten gegen den mutmaßlichen Täter gezeigt und stehe jetzt noch in geschäftlicher Beziehung mit dem Bruder des Angeklagten.

Link erschien in jeder Beziehung als fachlicher und klassischer Zeuge. Einen Vorwurf des Verteidigers, dass er seine am Vormittag gemachten Aussagen in Form eines Plädoyers gekleidet habe, weist der Untersuchungsrichter zurück. Es wird dann das Protokoll der Untersuchungen an der Überfallstelle verlesen.

Weitere Zeugen

Nächster Zeuge ist Staatsanwalt Doktor Haas. Er spricht über die erste Gegenüberstellung Links mit Siefert am Tage nach dessen Verhaftung. »Ich hatte Siefert aufgefordert, Mantel und Hut aufzusetzen. Link erkannte ihn sofort.

An Siefert war der hohe weiße Kragen über dem Mantel in der Tat besonders auffallend.«

Zeuge Gärtner Littasn hat Link am Abend seiner Verwundung gesehen. Link sagte ihm, dass der Täter ein großer schlanker Mann mit Mantel und grünem Hut gewesen sei.

Wachtmeister Steinle in Neckargemünd hat am Vormittag nach der Tat an Ort und Stelle Erhebungen gemacht, um nach Spuren des Täters zu suchen. Fußspuren waren nicht erkenntlich. Nach langer Zeit fand er drei Meter westlich von dem Gerätehäuschen, vier Meter abseits der Straße, eine Infanteriepatronenhülse, in der er noch Pulvergase bemerkt haben will. Das Äußere der Hülse war ziemlich fetthaltig. Aus der Lage der Patrone kann man, wie er auf Anfrage des Verteidigers mitteilt, nicht ersehen, wo der Standort des Schützen war.

Zeugin Frau Kratzmüller muss dann die Kleider Sieferts beschreiben, die er am 29. April getragen hat. Sie erkennt den auf dem Tisch liegenden Mantel und die dunkle Hose wieder. Er hat häufig weiße hohe Kragen getragen. Auch trug er weiße Vorhemden.

Zeuge Zeh hat gesehen, dass Siefert eines Tages seinen bisher längs gefurchten Hut mit einer Dalle an der Vorderseite versehen habe. Es wird nämlich vermutet, dass Siefert seinen Hut in der Weise abänderte, weil ein längsgefurchter Hut im Steckbrief als Kennzeichen des Schützen im Falle Link angegeben war.

Siefert verwickelt sich in Widersprüche.

Zeugin Frau Bär in Ziegelhausen, wohnhaft bei der Gelatinefabrik, hat am Tage nach dem Anschlag auf Link Siefert morgens an ihrer Wohnung vorbeilaufen sehen. Sie erzählte ihm von der Bluttat, worauf er sagte: »Das ist doch nicht so schlimm!« Dabei lächelte er.

Siefert hatte diese Aussagen der Zeugin in früheren Vernehmungen als Schwindel abgetan. Heute nun muss Siefert – zur Freude des Staatsanwalts – doch einräumen, dass die Aussagen der Zeugin wahr sind.

Der Vorsitzende zum Angeklagten: Sie haben früher die Begegnung mit der Frau Bär als Schwindel bezeichnet, während Sie die Begegnung jetzt eingestehen. Sie haben gesagt: »An dieser ganzen Darstellung ist kein wahres Wort.«

Siefert: Sehr richtig, aber ich habe damals in der Aufregung gehandelt.

Vorsitzender: Im Protokoll steht, dass Sie Folgendes damals sagten: »Ich erkläre der Zeugin ins Gesicht, dass sie eine Schwindlerin ist, ich glaube aber wohl, dass sie sich hüten wird, ihre Aussage zu beschwören.«

Siefert: Die Frau hat ausgesagt, ich hätte einen Strauß Ginster in der Hand gehabt. Der Ginster blüht aber erst im Mai.

Die Zeugin Frau Bär bekundet darauf noch einmal: »Sie hatten einen blühenden Ginsterstrauß in der Hand und setzten sich neben meinem Küchenfenster auf einen Stein. Ich weiß ganz gut, was ich Ihnen damals sagte. Ich sagte: ›Siefert, wissen Sie nicht, was gestern war?‹ Wir waren ja alle in der größten Aufregung und ich vergesse mein Leben lang nicht dieses furchtbare Hilfegeschrei des Herrn Link.«

Verteidiger: Am 29. April blüht kein Ginster.

Siefert: Ich habe nicht gesagt, dass die Frau mich nicht gesehen hat, das kam öfter vor, aber ich betone ausdrücklich, dass ich an diesem Tage nicht dort war.

Vorsitzender: Dass die Frau die Art des Straußes verwechselt, ist möglich; aber, dass sie das Gespräch verwechselt, ist doch unmöglich.

Siefert: Meine Herren, Sie haben gehört, dass die Frau sagte, ich hätte ein Strauß Ginster gehabt. Da der Ginster noch nicht blühte, kann ich also nicht der Täter gewesen sein.

Diffuse Zeugenaussagen

Zeugin Witwe Weinand hat Siefert einige Zeit nach dem Mordanschlag morgens zwischen 4 und 5 Uhr hinter der Gelatinefabrik gesehen, kann aber das Datum nicht mehr angeben. Zeuge Forstwart Gerhäuser sagt unter anderem, dass der Besenginster gewöhnlich in der Pfingstzeit blüht.

Vorsitzender: Pfingsten war 14 Tage später.

Der Verteidiger richtet an Frau Kratzmüller, die Vermieterin des Angeklagten, die Frage, ob Siefert manchmal die Nächte von Hause fortgeblieben sei.

Zeugin Kratzmüller: Das kann ich nicht sagen, da er seinen eigenen Eingang hatte, aber wenn ich ihn morgens gegen 6 Uhr weckte, war er immer da.

Vorsitzender: Haben Sie ihn kommen und gehen hören, hat er Gummiabsätze getragen?

Zeugin Kratzmüller: Die hat er gehabt, ja.

Damit schließt die Beweisaufnahme im Falle Link.

Antrag auf Ablehnung des Sachverständigen Doktor Popp

Vorsitzender: Ich gehe nun zum Raubmord an Busse und Werner über. Geladen sind als Gerichtschemiker Doktor Popp, Frankfurt, und Geheimrat Doktor Heindl aus Berlin.

Verteidiger Rechtsanwalt Karg: Ich muss den Antrag stellen, den Sachverständigen Doktor Popp abzulehnen. Der Herr Untersuchungsrichter musste in einem Schreiben vom 28. Juli Veranlassung nehmen, dem Herrn Sachverständigen folgende Mitteilung zu machen: »Aus der Tagespresse habe ich ersehen, dass das Ergebnis der Fingerabdrücke von Ihnen stammt. Ich bitte Sie, dafür Sorge zu tragen, dass die Ergebnisse der dortigen Untersuchung nicht unmittelbar an die Presse gelangen, weil dadurch der Untersuchungszweck gefährdet werden könnte. Es ist nämlich in der Heidelberger Tagespresse, ohne dass der Staatsanwalt oder Untersuchungsrichter schon Kenntnis hatte, bereits die Feststellung von dem Ergebnis der Fingerabdrücke gemacht worden.«

Doktor Popp hat in einem Antwortschreiben zugegeben, dass er durch das Telefon eine Besprechung mit der Redaktion des *Heidelberger Tagesblatts* hatte und dem Redakteur gegenüber Angaben über die Feststellung wegen der Fingerabdrücke machte. Ich halte das für ein unzulässiges Verfahren.

Ferner hat Herr Doktor Popp in seinem Unterricht Teile des Gutachtens an Studenten bekannt gegeben. Von dieser Tatsache ist durch den Studenten Hof, dessen Vater hier als Geschworener sitzt, eine Mitteilung hier nach Heidelberg gekommen. Auch das ist unzulässig.

Es ist überhaupt tief traurig, wie durch Veröffentlichung

eine Vergiftung der Atmosphäre erfolgt ist. Ich stelle daher den Antrag, den Sachverständigen wegen Befangenheit abzulehnen.

Stellungnahme von Doktor Popp

Sachverständiger Doktor Popp: Ich habe vom *Heidelberger Tageblatt* damals einen telefonischen Anruf bekommen, ob die Untersuchung wegen der Fingerabdrücke abgeschlossen sei. Darauf sagte ich, sie sei abgeschlossen und die Redaktion möchte sich auch noch an den Untersuchungsrichter Hönl wenden. Weiteres habe ich an die Presse nicht mitgeteilt.

(Die Redaktion hat sich damals sofort nach der Unterredung mit Popp mit dem Gericht in Verbindung gesetzt und wiederholt den Untersuchungsrichter verlangt, doch war Herr Untersuchungsrichter Hönl an jenem Tage verreist, sodass er uns die Angaben des Sachverständigen aus dem am gleichen Morgen für ihn hier eingetroffenen Schreiben des Herrn Doktor Popp nicht weiter ergänzen konnte. Da Herr Doktor Popp uns bestimmte Angaben über die Fingerabdruckuntersuchungen gemacht hatte und damals Stadt und Land auf dieses Ergebnis warteten, lag keinerlei Veranlassung vor, von dieser Mitteilung des Sachverständigen keinen Gebrauch zu machen. Die Öffentlichkeit hatte selbstverständlich ein großes Interesse daran, zuverlässige Mitteilungen zu erfahren. *Anmerkung der Redaktion*)

Doktor Popp berichtet weiter, dass er seine Vorlesungen an der Frankfurter Universität über Naturwissenschaftliche Kriminalistik nicht nur mit Beweisen aus der Literatur belegt, sondern mit praktischen Objekten seiner

Untersuchungen. Im vorliegenden Falle habe er zur Technik der Daktyloskopie auch Untersuchungsergebnisse dieses Prozesses verwendet. Er habe zeigen wollen, dass man nicht immer mit ganzen Mustern, sondern auch mit Teilabdrücken etwas leisten könne. Wenn der Studiosus Hof mehr daraus entnommen hat, als er mit seinen Darlegungen annehmen konnte, so begründe es sich daher, dass Student Hof über den Heidelberger Mord genau informiert war. »Meine Festlegungen sind«, wie der Sachverständige schließt, »rein objektiv wissenschaftlich gewesen.«

Oberstaatsanwalt Doktor Sebold: Es ist über jeden Zweifel klargestellt, dass von einer Befangenheit des Herrn Doktor Popp gar keine Rede sein kann und dass er seine Pflichten in keiner Weise verletzt hat.

Ablehnung von Doktor Popp abgewiesen

Nach längerer Beratung verkündete der Gerichtshof, dass der Antrag des Verteidigers auf Ablehnung des Sachverständigen abgelehnt werde. Er erachte als festgestellt, dass Herr Doktor Popp der Redaktion des *Heidelberger Tageblatts* mitgeteilt habe, dass das Ergebnis der Untersuchung positiv gewesen sei. In seinen Vorlesungen habe er nicht zur Schuldfrage Stellung genommen. Deshalb war die Besorgnis der Befangenheit ausgeschlossen.

Siefert schildert seine Plaisirreise

Vorsitzender zu Siefert: Sie haben jetzt Gelegenheit, sich zu der ungeheuren Beschuldigung zu äußern wegen der

Ermordung der Bürgermeister. Sie selber haben ja in Ihrer Korrespondenz die schärfsten Urteile über die Tat gefällt.

Siefert erzählt dann die bekannte Geschichte von den beiden unbekannten Männern, denen er am Samstag vor der Tat am Heidelberger Bahnhof sein Gewehr für 800 Mark verkauft haben will, mit denen er sich in Eberbach treffen wollte.

Bahnhof Eberbach – nur die Elektrifizierung war damals noch nicht vorhanden[24]

»Ich habe oben schon von dem Verkauf meines Gewehres an zwei Unbekannte im Bahnhof berichtet. Nach dem Verkauf nun wollte ich nach Hause fahren, doch die Käufer suchten mich zu bereden, eine kleine Vergnügungsreise zu machen, und sie nach drei Tagen wieder in Eberbach zu treffen. Ich hatte wenig Lust zu der Sache und suchte nur um Urlaub nach, um in meine Heimat zu fahren, wo ich meinem Bruder helfen sollte, einen Grabstein zu setzen.

Mittlerweile dachte ich, eine kleine Freude kannst du dir doch leisten, und fuhr dann am Montag nach Offenau, wo gerade eine Festlichkeit (Turnfest) abgehalten wurde, an der ich teilnahm. Da nun abends kein Quartier mehr aufzutreiben war, so ließ ich mich über den Neckar setzen und nächtigte dort im Wald, da es ja in jenen Tagen des Juni sehr warm war. Am Dienstag wanderte ich nach Heinsheim und Rappenau. Doch kam ich erst abends in Rappenau an, weil ich unterwegs »schlapp machte«. Ich kaufte mir dort Brot – ich kann jetzt noch den Schrank zeigen, aus dem das Brot genommen wurde. In der Nacht von Dienstag auf Mittwoch, am 29. Juni, (der Tag des Doppelmordes) habe ich wieder im Freien übernachtet, und zwar hinter einem Baum in einem Getreidefeld. Morgens gegen 3 Uhr ging ich bis vor Wimpfen weiter, sodass ich dort mit Tagesanbruch ankam. Da ich müde war, ruhte ich auf einer Wiese und schlief bis abends 16 Uhr. Da schon Mittwoch war, ließ ich mich wieder über den Neckar setzen, um nach Hause zu fahren. Zunächst fuhr ich nur nach Neckarelz.

Dort hatte ich Aufenthalt, besuchte eine Kantine und fuhr dann mit dem D-Zug nach Heidelberg. In Eberbach wollte ich aussteigen, sah aber dort die beiden Unbekannten, die zu mir in den Zug stiegen. Sie hatten Fahrkarten zweiter Klasse und nahmen mich mit in ihr Abteil. Ich habe dann gefragt, was sie eigentlich von mir wollen. Nach der ersten Station hinter Eberbach schlief ich ein und wachte erst in Heidelberg wieder auf. Meine Begleiter waren verschwunden, ich selbst vermisste meinen Hut, packte meinen Rucksack und begab mich nach Hause. Ich fuhr mit der letzten Elektrischen vom Karlstor nach Ziegelhausen zurück und kam dort um 23.30 Uhr an.

Siefert bezahlt seine Schulden

Fräulein Kratzmüller – die Tochter meiner Wirtin – brachte mir einen kleinen Imbiss und dann legte ich mich zur Ruhe.

Vorsitzender: Ja und was sagten Sie zu Fräulein Kratzmüller?

Siefert: Ich sagte ihr da, ich sei sehr froh, dass ich jetzt meine Schulden bezahlen könne.

Vorsitzender: Mit was denn? Hatten Sie denn Geld?

Siefert: Natürlich. Die 800 Mark und 200 Mark Lohn.

Am anderen Morgen schrieb ich zunächst einen Brief und erklärte dann Fräulein Kratzmüller, dass ich meine Schulden jetzt bezahlen könnte.

Vorsitzender: 1.800 Mark Schulden!

Siefert: Ich hatte 800 Mark für das Gewehr bekommen und etwa 200 Mark von meinem Lohn. Als ich mich an diesem Morgen auf meinem Zimmer waschen wollte, suchte ich in meinem Rucksack nach Seife und dann fand ich die Sachen, die Sie bei mir beschlagnahmt haben. Allerdings habe ich den Fehler begangen, dass ich diese Wertsachen behalten habe, anstatt sie der Polizei zu übergeben. Es waren zwei Uhren, ein Brillantring, ein Ehering, ein Siegelring, die Brieftasche, Uhrketten und so weiter.

Vorsitzender: Sie haben einen Brief gehabt, den Sie in Ihre blaue Mappe taten (der Vorsitzende hält die blaue Mappe in der Hand).

Siefert: Von dem Brief weiß ich nichts.

Wie gelangte Siefert zu den Wertsachen der Ermordeten?

Der Vorsitzende zeigt dann dem Angeklagten die einzelnen Wertsachen der Ermordeten.

Siefert: In der Brieftasche fand ich dann noch 800 Mark.

Vorsitzender: Und alle diese Wertsachen staken in Ihrem Rucksack? Was macht da jeder vernünftige Mensch, wenn er so etwas findet? Glauben Sie, dass es jemanden gebe, der das behalten hätte?

Siefert: Das weiß ich nicht.

Vorsitzender: Das können Sie nicht sagen, wenn es wahr wäre, was Sie uns erzählen.

Siefert: Das ist wahr, Herr Präsident.

Vorsitzender: Ihre Geschichte von den beiden Unbekannten ist eine so ungeheuerliche Konstruktion, dass ein Glaubensvermögen dazu gehört, wenn ein vernünftiger Mensch das begreifen soll. Sie sitzen da im Bahnhofsrestaurant, treffen zwei Unbekannte, verkaufen ihnen Ihren Karabiner für 800 Mark – ein außerordentlich hoher Preis – und dann bekommen Sie einen mysteriösen Auftrag. Was ist denn dieser Auftrag?

Siefert: Es war weiter kein Auftrag, als dass ich mich am Mittwoch mit den Männern in Eberbach wieder treffen sollte.

Vorsitzender: Dann muss doch die Begegnung irgendeinen Zweck haben.

Siefert: Was die Männer von mir gewollt haben, das sehe ich heute ein. Sie wollten mich hereinlegen.

Vorsitzender: Was? Sie wollten Sie hereinlegen? Ja, wussten die denn schon am Samstag, als Sie das Gewehr von Ihnen kauften, dass Sie am Mittwoch einen Mord verüben würden, um Ihnen dann die Wertsachen der Ermordeten zuzustecken? Als unbekannte Menschen, das ist doch sehr seltsam.

Siefert: Ich kann nur sagen, was ich weiß.

Vorsitzender: Sie konstruieren sich das jetzt zusammen.

Siefert Opfer einer unglaublichen Intrige?

Siefert: Die Herren legten mich insofern herein, als sie mich den Mörder spielen ließen.

Vorsitzender: Nach Ihrer Aussage haben die beiden Unbekannten also schon am Samstag gewusst, wen sie umbringen wollen. Die Leute wollten also einen ermorden, nur zu dem Zweck, um Sie zu bereichern oder Sie um Ihren Kopf zu bringen. Ich kann mir dies nicht zusammenreimen. Sie machen falsche Rückschlüsse. Und nun halte ich Ihnen vor, dass das, was Sie jetzt von Ihrer Reise erzählt haben, in wesentlichen Punkten der Beweisaufnahme widerlegt wird. Die ganze Erzählung wird sich nicht halten lassen. Wollen Sie sie trotzdem aufrechterhalten? Wissen Sie uns nichts Vernünftigeres vorzutragen? Denn, was Sie von den Unbekannten erzählen, ist eine der größten Schuldbeweise gegen Sie.

Siefert: Ich kann nur sagen, was ich schon ursprünglich angegeben habe.

Vorsitzender: Nein, nein, ursprünglich haben Sie geleugnet!

Siefert: Das stimmt allerdings; am Anfang habe ich gar nichts zugegeben.

Vorsitzender: Von Stück zu Stück haben Sie geleugnet, dass Sie die Beweisstücke zu Hause haben, bis wir sie gefunden haben. Sie haben dann einem Mitgefangenen und merkwürdigerweise nicht dem Untersuchungsrichter zuerst von den Beweisstücken erzählt, die Sie noch in

Ihrer Wohnung hatten, und haben ihn gefragt, ob er nicht Mittel und Wege wüsste, wie man die Sachen verschwinden lassen könnte. Nun halte ich Ihnen vor: Am Tatort liegt Ihr Karabiner, Ihr Anzug ist mit Blut verschmiert und Ihre Handschrift, einen Fingerabdruck, haben Sie nach der Anklage am Tatort zurückgelassen! Waren Sie trotzdem nicht am Tatort? Können Sie das noch länger bestreiten?

Siefert: Jawohl, das kann mein Fingerabdruck nicht gewesen sein, das bestreite ich voll und ganz.

Vorsitzender: Ich halte Ihnen weiter vor, dass man an Ihren Kleidern Moos und Tannennadeln gefunden hat, wie Sie sich in dem Heckenschützenstand befanden.

Siefert: Ich habe ja in den betreffenden Nächten im Wald geschlafen.

Vorsitzender: Wagen Sie noch immer, uns diese Geschichte zu erzählen?

Siefert: Ich bleibe bei meinen Aussagen.

Aussagen der Haushälterin Werners und des Kriminalschutzmanns Farrenkopf

Zeugin Luise Niermann, früher die Haushälterin des Bürgermeister Werner in Heidelberg, jetzt in Herford wohnhaft, schildert den Besuch Busses und das Fortgehen der beiden zu dem verhängnisvollen Spaziergang. Als die Bürgermeister damals nicht zurückkehrten, hat sie am zweiten Tage Anzeige bei der Polizei gemacht. Sie bezeugt dann, dass die bei Siefert gefundenen Wertsachen teilweise Werner gehören, so vor allem die Brieftasche, die bei der Leiche mit den Fingerabdrücken Sieferts gefunden wurde, und ein Schlüsselbund, der bei ihm beschlagnahmt wurde. Einige Tage nach

dem Verschwinden ihres Herrn hört die Zeugin an der Haus-
türe Schlüssel klirren wie wenn Schlüssel probiert würden.
Sie macht Licht und darauf hört sie jemanden weglaufen.

Kriminalschutzmann Farrenkopf berichtet über seine
ersten Feststellungen in der Mordsache. Er hat in Erfahrung gebracht, dass die Bürgermeister um 5 Uhr die Bergbahn auf den Königsstuhl verließen.

Bericht über die Verhaftung Sieferts

»Als wir Siefert verhafteten, war Siefert beim Essen. Er
war gefasst und zeigte sich nicht überrascht. Es wurde
bei ihm zunächst eine blutige Uhrkette gefunden.« Am
nächsten Tage fand der Zeuge bei dem Juwelier Keilbauer
den Brillantring in Reparatur. Siefert hatte den Brillant
für 2.350 Mark verkauft und den Juwelier aufgefordert,
den Ring mit einem unechten Stein zu versehen und enger
machen zu lassen. Er sollte dann als Geschenk für Johanna
Englert dienen, mit der er ein Liebesverhältnis hatte. Siefert
gab den Ring unter dem Namen »Werner, Ziegelhausen« ab.

Vorsitzender: (betonend) Werner!!

Auch der Ehering Busses war unter dem Namen »Karl
Werner, Neckargemünd« von Siefert für 1.000 Mark verkauft worden. Später fand der Beamte in seiner Wohnung
den Zubringer des Karabiners.

Bericht über den Leichenfund

Kriminalwachtmeister Kniffel: Ich leitete die Streife durch
das Waldgebiet beim *Kümmelbacherhof* an dem Tage, wo

die Leichen gefunden wurden. Die Leichen selbst waren mit Steinen bedeckt. Als ich an die Leiche des Bürgermeisters Werner kam, hatten bereits die Studenten den großen Stein von der Leiche weggewälzt. Sofort habe ich angeordnet, dass an den Leichen, an der Mordstelle und an dem Lager des Täters nichts berührt wird, bis die Gerichtskommission zur Stelle war. Die Lage der Leichen brachte mich zur Überzeugung, dass der Täter diese von der Mordstelle zur Stelle, wo sie aufgefunden wurden, geschleift hatte.

Der Verteidiger stellt an den Zeugen die Frage, was er zu sagen hat zu der schriftlichen Feststellung des Sachverständigen Doktor Popp, dass die Leichname selbst keine Verletzungen aufwiesen, die auf Schleifen zurückzuführen sind.

Zeuge Kniffel: Als wir die Leichen der beiden Bürgermeister fanden, haben wir vom Tatort bis zur Fundstelle deutlich sichtbare Schleifspuren festgestellt. Die Leichen wurden nach meiner Ansicht und der Teilnehmer der Streife nicht getragen, sondern geschleift.

Zeuge Streifenmeister Mühlfeld (von der dritten Hundertschaft) hat bei der Streife die Waffe in der Nähe des Tatortes unter einem Stein gefunden.

Untersuchungsrichter Hönl erklärt an Hand der Karten, die im Gerichtssaal aufgehängt sind, die Stelle, an der die beiden Bürgermeister ermordet und gefunden wurden.

Der Vorsitzende gibt sodann bekannt, dass morgen früh 9 Uhr eine Lokalbesichtigung stattfindet. Zuerst wird die Mordstelle beim *Kümmelbacherhof*, sodann die Wohnung Sieferts in Ziegelhausen und zuletzt der Ort, an dem Ingenieur Link angeschossen wurde, besichtigt. Hierauf wird die Nachmittagssitzung geschlossen.

MITTWOCH, 18. JANUAR 1922:
VERHANDLUNGSTAG 3

Stimmungsbild

Am heutigen Mittwochvormittag erfolgt eine Besichtigung der Tatorte beim *Kümmelbacherhof* und auf der Landstraße Ziegelhausen – Kleingemünd, sowie des Hauses Kratzmüller durch das Schwurgericht. Heute Nachmittag um 15.30 Uhr werden dann die Verhandlungen im Schwurgericht wieder aufgenommen.

Der gestrige Vormittag brachte eine sehr bedeutsame Sensation, die vielleicht für den weiteren Verlauf der Verhandlung von großer Wichtigkeit ist. Siefert gestand, dass er vor dem Untersuchungsrichter gelogen hatte. Seine bisher mit so großer Bestimmtheit gemachte Aussage, er habe »nie und nimmer einen Karabiner besessen« stellt sich als falsch heraus, und nun gesteht er, den Untersuchungsrichter belogen zu haben: »Ich musste die Lüge gebrauchen. Ich wäre sonst sofort glatt und vollständig verloren gewesen. Ich hätte verlorenes Spiel getrieben.«

Eine gewisse Überraschung brachte der gestrige Nachmittag insofern, als der Verteidiger den Antrag stellte, den Sachverständigen Zeugen Doktor Popp »wegen Befangenheit« abzulehnen, und zwar begründete er es damit, dass Popp seinerzeit unserem Blatt von dem ersten Ergebnis der Fingerabdruckuntersuchungen Mitteilung machte, ehe der Untersuchungsrichter selber im Ergebnis benachrichtigt war. Der Grund lag wohl darin, dass der Untersuchungsrichter an jenem Tage verreist war, sodass er durch Zufall von der amtlichen Mitteilung des Sachverständigen später unterrichtet wurde als wir. Wenn der Verteidiger weiterhin die Bemerkung machte, dass ganz allgemein durch die Presse eine Vergiftung der Atmosphäre geschaffen sei, so müssen wir diesen Vorwurf mit Entschiedenheit zurückweisen. Wenn die Presse nicht nur von Herrn Doktor Popp, sondern überhaupt von Staatsanwaltschaft und Untersuchungsbehörden in dankenswerter Weise Aufschlüsse bekam, so war das im Interesse einer objektiven Berichterstattung und im Interesse der Öffentlichkeit nur zu begrüßen. Wir wollen dabei bemerken, dass es gerade durch die eingehenden Veröffentlichungen und durch das Hand-in-Hand-Arbeiten von Behörden und Presse erst gelungen ist, die Verhaftung Sieferts zu ermöglichen; denn wenn die Wirtstochter in Ziegelhausen den Namen Busses nicht aus der Zeitung gekannt hätte, würde sie den bei Siefert gefundenen bedeutungsschweren Brief der Frau Oberbürgermeister Busse, der den Schlüsselpunkt der ganzen Verhandlung bildet, gar keine Bedeutung beigelegt haben. Ob dann Siefert heute hinter Schloss und Riegel säße, ist eine Frage, die hiermit an gewisse Herren zur Beantwortung gerichtet sei!

Vormittag: Besichtigung der Tatorte

Wie die grausigen Mordtaten am Pfalzgrafenstein und der Mordversuch in der Nähe der Gelatinefabrik ausgeführt wurden, kann man erst richtig beurteilen, wenn die betreffenden Örtlichkeiten selbst bekannt sind. Heute Morgen um 9.30 Uhr kamen der Gerichtshof, eine Anzahl Zeugen, eine Hundertschaft Sicherheitspolizei sowie Pressevertreter mit Autos an der Stelle an, wo die beiden Bürgermeister Busse und Werner ermordet aufgefunden worden sind.

Siefert kam ebenfalls auf einem kleinen Lastkraftwagen, auf dem sich zahlreiche Kriminalbeamte befanden. Der Angeklagte trug einen braunen Jackettenanzug, den er auch am Tage des Überfalls auf die Bürgermeister getragen haben soll, und eine blaue Tuchmütze, die er verwegen auf den Kopf gedrückt hatte. Er schien in guter Stimmung zu sein, lächelte fast dauernd und lachte auch gelegentlich, wenn er oder ein anderer bei der Glätte auf den steilen Hängen ausglitt. Anscheinend war er sehr zufrieden mit seinen Aussagen und freute sich des schönen Ausfluges, den ihm das Gericht kostenlos verschaffte. Vielleicht ist aber seine lächelnde Miene nur gekünstelt und soll die wahren Gedanken verschleiern.

Tatort Pfalzgrafenstein

Zunächst zur Mordstelle der Bürgermeister. Es handelt sich um die Kreuzungsstelle des Fahrweges von der Au nach dem Linsenteicheck und des Fußweges Kümmelbacherhof – Pfalzgrafenstein – Königstuhl.

Der Ort bietet eine wunderbare Aussicht ins Neckartal. Jedenfalls hielt an dieser Stelle Herr Bürgermeister Busse inne, als er mit seinem Freunde, Herrn Bürgermeister Werner, vom Königstuhl nach dem *Kümmelbacherhof* einen Spaziergang machte, um den schönen Ausblick zu genießen. Aus irgendeinem Grunde schaut er auch zurück, und im gleichen Augenblick trifft ihn der tödliche Schuss.

Der Vorsitzende betonte, es sei merkwürdig, dass Busse, der sicherlich durch den zuerst abgegebenen Schuss getötet worden sei, nicht in den Rücken getroffen wurde, wie man als am meisten wahrscheinlich nach der Lage des Platzes annehmen könnte, sondern dass ihn die tödliche Kugel von vorn traf. Dafür könnten natürlich mancherlei Gründe maßgeblich sein. Busse könne sich zum Beispiel zufällig beim Bewundern des schönen Landschaftsbildes umgedreht, könne vielleicht auch hinter sich von der Stellung des Wegelagerers her ein Geräusch gehört haben.

Nach Aufnahme der Verhandlungen gab der Sachverständige, Gerichtschemiker Doktor Popp, an Hand von fotografischen Aufnahmen über die Lage der Leichen der Bürgermeister Busse und Werner Aufklärung.

An der Stelle, wo Bürgermeister Werner gefunden wurde, gab Doktor Popp unter anderem bekannt, dass nach seiner Ansicht der zerschmetterte Kolben des gefundenen Gewehres nicht von dem Schlag auf den Kopf des Bürgermeisters Werner, sondern vermutlich daher rührt, dass der Mörder mit Hilfe des Gewehrkolbens den Stein auf die Leiche des Ermordeten wälzte. Außerdem zeigte die rechte Brustseite des Bürgermeisters Werner Verletzungen, die nicht von einem Schlag herrühren, sondern vermutlich von den spitzen Felsen herbeigeführt worden sind.

Darauf schilderte der Zeuge Kniffel, der an dem Tage, als man die Leichen fand, die Streife leitete, wie man im Walde die Schleifspuren festgestellt hat. Der Zeuge ist der Meinung, dass der Mörder die Leiche vom Fußweg nach dem Platz geschleift hat, wo man sie aufgefunden hat. Der Verteidiger stellte die Frage, ob ein Mann die Leiche von dem Fußweg nach dem Platze tragen könne. Gerichtschemiker Doktor Popp gibt an, dass er keine Schleifspuren gesehen habe, weil inzwischen verschiedene Personen an der Stelle waren, wo man die Leiche gefunden hatte. Es steht auch nicht fest, dass Werner direkt auf dem Wege durch die Schläge auf den Kopf getötet worden ist, sondern es ist die Möglichkeit, dass er erst im Gelände vollständig getötet wurde.

An den Kleidern konnte Doktor Popp keine Beschädigungen finden, die auf Schleifspuren zurückzuführen sind. Weiters wurden noch vernommen der Streifenmeister Mühlfeld, der an dem Tage nach der Auffindung der Leichen das Gewehr und die Brieftasche fand.

Der Schützenstand

Direkt über dem Fahrweg ist Felsgeröll, und zwischen drinnen befindet sich der mit Moos gepolsterte Schützenstand. Man muss nur staunen, mit welcher Raffiniertheit hier an dem schönen Aussichtspunkt ein Überfall vorbereitet war.

Der Schützenstand befindet sich etwa zwei Meter über dem Fahrweg zwischen Felsen mit Moos gut ausgepolstert, und bot einem Mann hinlänglich Platz. Kniet der Mann in der Vertiefung, so ist von der Straße aus auch nicht das Geringste zu bemerken, selbst wenn dieser den Karabiner schussbereit auf einen Auswuchs des danebenstehenden Baumes gestützt in Anschlag legt.

Etwa vier Schritte seitwärts von diesem Schützenstand befand sich das Lager des Raubmörders. Er hatte auch da mit Moos und Laub den Boden gepolstert und dann das Lager mit einem Dach aus Zweigen und Laub versehen, sodass – wie eine fotografische Aufnahme zeigt – ein Vorübergehender, der zufällig da hinaufschaut, nie vermutet hätte, dass unter dem grünen Blätterdach auch nur eine einfache Lagerstätte zu finden wäre.

In dem Lager wurden Eierschalen und Reste einer Bierflasche gefunden.

Im Gebiet der Lagerstätte sind übrigens schon größere Veränderungen dadurch vorgenommen worden, dass das Wirtschaftsamt Steine für Straßenbau hier herausholen ließ. Als der Untersuchungsrichter hiervon erfuhr, untersagte er sofort die weitere Verwendung des Steinmaterials bis zum Abschluss des Falles Siefert. Dadurch, dass seit der Tat Tausende aus Neugier diese Gegend aufgesucht und im Anfang auch noch nach Fundstücken herumgesucht haben, sind übrigens auch an den Leichenfundstätten mancherlei Veränderungen vorgekommen. Mehrfach sind dort auch junge Fichten gefällt worden, die im Juli vorigen Jahres noch standen.

Siefert folgte allen Vorgängen mit großem Interesse, und man konnte meinen, es handle sich um jemanden, der das alles zum ersten Mal vernehme. Gelegentlich versuchte er mit den Kriminalbeamten, die ihn an Handschellen hielten, in ein kleines Gespräch zu kommen. Als einer von diesen an einer Stelle sagte, man wolle nun wieder gehen, da meinte er: »Ich hab die Sach schon lang satt!«

Nachdem nun noch an einer neben dem Fußweg stehenden Fichte die Stelle gezeigt wurde, wo sie eine durch Zweige von ihrem Ziel abgelenkte Kugel traf, begibt sich das Gericht zur Kratzmüllerschen Wirtschaft, um den Fundort der Wertsachen in der Wohnung des Angeklagten zu besichtigen.

Sieferts Zimmer in Ziegelhausen

Hunderte von Menschen umsäumten dort den Platz, als die Autos in langer Reihe vorfuhren. Auf einem Lastauto befand sich mit Kriminalbeamten der gefesselte Siefert und auf einem weiteren Auto waren etwa 50 Schupoleute untergebracht. Siefert hatte immer behauptet, dass er seinen Karabiner in seinem Zimmer in der oberen Schrankschublade in Verwahr gehabt hätte. Nun stellte sich heraus, dass man trotz aller Bemühungen den Karabiner überhaupt nicht in der kleinen Schublade unterbringen konnte. Der lange Lauf ragte ein ganzes Stück heraus. Trotzdem behauptete Siefert, er hätte ihn doch in der Schublade gehabt. Es sei dabei noch bemerkt, dass er bei seinem Eintritt in das Zimmer die Tochter seiner früheren Wirtin lächelnd mit »Guten Morgen« begrüßte.

Die Räumlichkeiten waren hier so eng, dass die Richter, Geschworenen, Zeugen und so weiter nur in kleinen Abteilungen in das Haus geführt werden konnten. Da es keine andere Möglichkeit gab, musste der Vorsitzende wohl oder übel diesen außergewöhnlichen Weg für eine gerichtliche »Sitzung« wählen.

Tatort Ziegelhäuser Landstraße

Von besonderem Interesse war dann die Inaugenscheinnahme der Attentatsstelle an der Ziegelhäuser Landstraße, wo der Vorgang der Tat dem Gericht genau dargestellt wurde. Link selbst steuerte wieder sein Motorrad, freilich nicht mit der damals mutmaßlich gehabten Geschwindigkeit von etwa 60 Kilometern, sondern heute wegen der Schneeglätte nur mit etwa 40 Kilometern. Ein Kriminalbeamter demonstrierte, wie er hinter den Bäumen hervorschauend den Motorradfahrer herankommen sah und lief dann in langsamen langen Sätzen, so wie Link den Überfall schildert, nach der schräg gegenüberliegenden kleinen schwarzen Holzhütte (Wegwartshütte, Geräteschuppen) an der Straße, wo der Täter sich damals an einem Gegenstand, vermutlich einem Gewehr, zu schaffen machte. Der vorbeifahrende Link zeigte dann in einer weiteren Entfernung von etwa 180 Metern durch Hochheben der Hand die Stelle an, wo er den Schuss empfing. Siefert musste sodann seinen gestreiften schwarzen Mantel und einen hellen Hut aufsetzen. Link behauptet bekanntlich, dass der Täter, den er zuletzt aus wenigen Metern Entfernung gesehen hatte, einen dunkel gestreiften Mantel getragen hätte. Es bestätigt sich, dass man aus einer Entfernung von etwa zehn Metern die Streifen des Mantels gut erkennen konnte. Siefert sagte, als er den schwarz gestreiften Mantel angelegt hatte und Ingenieur Link erklärte, dass dieses der Mantel sei: »Ich habe wochentags nur meinen feldgrauen Mantel und nicht diesen Mantel getragen.«

Zeuge Link: Sie haben allerdings zwei Mäntel. Für mich kommt nur dieser Mantel in Frage.

Siefert: Ich kann nur wiederholen, verehrter Herr Zeuge, dass ich wochentags meinen feldgrauen Mantel trage.

Zeuge Link: Sie werden das ja am besten wissen.

Siefert: Das muss ich mir verbitten, mein lieber Zeuge.

Vorsitzender: Sie haben sich nichts zu verbitten.

Gegen 13 Uhr mittags war die Besichtigung an den beiden Tatorten abgeschlossen und das Gericht begab sich wieder nach Heidelberg zurück. Wegen der langen Inaugenscheinnahme der Tatorte beginnt die Verhandlung erst um ein 16.30 Uhr.

Verhandlungstag 3 – Nachmittagsverhandlung

Gegen 16.30 Uhr beginnt im Schwurgerichtssaal die Nach-
mittagssitzung. Als Sachverständige sind Doktor Popp –
Frankfurt, Geheimer Legationsrat Professor Heindl, Berlin,
Professor Gruhle, Heidelberg, Medizinalrat Doktor Holl,
Heidelberg und Waffenmeister John erschienen.

Das Amtsgericht Beerfelden hat das Protokoll über die
Vernehmung der Frau Johanna Keil – Beerfelden einge-
schickt. Aus dem Protokoll geht hervor, dass Frau Keil
ihre Behauptung aufrechterhält, dass sie Siefert für den
Dieb des bei ihr gestohlenen Geldscheins hält. Sie hat den
Angeklagten einmal zu ungewöhnlicher Zeit, als sonst niemand anwesend war, im Nebenzimmer ihrer Wirtschaft
angetroffen, wobei er nur mit Strümpfen bekleidet war.
Als er ertappt wurde, war er sehr betroffen.

Siefert selbst bestreitet den Diebstahl.

Sachverständiger Augenarzt Doktor Mündler, Heidelberg, äußert sich über die Sehschärfe Links. Link habe normale Sehschärfe bei Tageslicht und bei Dämmerung. Der
Sachverständige hat am Vormittag bei der Ortsbesichti-
gung des Gerichts mit Link an Ort und Stelle Augenprü-
fung vorgenommen, die die normale Sehschärfe bestätigten.

Zeuge Obersteuersekretär Wilhelm Meier, Neckargemünd, hat am 16. Juli – also vier Tage nach Auffinden der
Leichen durch die Suchtrupps – mit seiner Frau die Mordstelle besichtigt und fand im Moos den Ladestreifen der
Mordwaffe.

Aussagen von Zellengenossen

Zeuge Jakob Weiß, Neulußheim, war zu Anfang im Untersuchungsgefängnis mit dem Angeklagten zusammen. Er hat bei der Einlieferung erst getobt und geschimpft. In Gesprächen mit ihm hat Siefert dann später verraten, dass er die Gegenstände der Ermordeten zu Hause hat. Er hat dem Zeugen in den Zellengesprächen auch die Geschichte mit den beiden Unbekannten erzählt.

Vorsitzender: Er hat Ihnen doch gesagt, er hätte 800 Mark für eine Plaisirreise bekommen.

Der Zeuge bestätigt das, weiß aber nicht mehr, ob Siefert ihm gesagt hat, woher er das Geld hat. Siefert beschrieb ihm, dass in der Kiste im Speicher des Kratzmüllerschen Hauses unter altem Gerümpel der Goldschmuck liege.

Vorsitzender: Hat Siefert gesagt: Mir kann nur jemand helfen, der mir diese Sachen wegschafft?

Zeuge Weiß: Ja, so ähnlich hat er sich ausgedrückt.

Zeuge Karl Lenz war gleichfalls im Gefängnis mit dem Angeklagten zusammen und gibt Zellengeheimnisse bekannt. Siefert hat ihm ähnliche Dinge erzählt wie dem Vorzeugen. Unter anderem erzählte er ihm auch von dem Brillantring, dessen Stein er an einen Heidelberger Juwelier für 2.350 Mark verkauft hat. Auf die Geschichte von den beiden Unbekannten, die Siefert auch diesem Zeugen mitteilte, sagte Zeuge Lenz damals im Gefängnis dem Siefert: »Das glaubt doch kein Mensch im Odenwald, was du mir da erzählst!« Siefert hat ihm weiterhin auch das Goldversteck im Kratzmüllerschen Hause verraten.

Unheimliche Begegnungen im Wald

Zeuge Alfred Maier: Am 29. Juni ging ich mit einem Freund und seiner Schwester spazieren. Wir sahen auf dem ganzen Wege vom Königsstuhl bis Hohes Kreuz (auf der Höhe des Rückens, an dessen Abhang die Tat geschah) niemanden im Walde. Gegen 18 Uhr erblickten wir dann plötzlich im Walde eine Person mit einem Gewehr. Als wir uns nach dem Weg erkundigten, nahm er die Hand vom Riemen des umgehängten Gewehrs und zeigte uns den Weg. Während er uns Bescheid gab, betrachtete er uns sehr scharf. Als wir dann zum *Kümmelbacherhof* weitergingen, hörten wir gegen 18.30 Uhr zwei Schüsse fallen. Ich sagte noch zu meinem Freund, weil ich an ein Jagderlebnis glaubte: Der hat einen guten Schuss gemacht! Die Gesichtsfarbe des Mannes war etwas sonnenverbrannt, der Anzug dunkel. Der Zeuge kann sich an den braunen Anzug Sieferts, der vor dem Richtertisch liegt, ziemlich genau erinnern.

Vorsitzender: Der Täter soll einen hellen Hut getragen haben. (Dem Zeugen wird auch der helle Hut Sieferts vorgelegt.)

Zeuge Maier: Ja, ein solcher Hut war es. Im Gesicht kann ich Siefert als Täter nicht bestimmt wiedererkennen. (Er betrachtet einige Zeit Siefert, der sich erhebt und den Blick lauernd erwidert.) Die Person im Walde war von großer Gestalt und hat uns damals scharf fixiert.

Siefert: Ich kenne das Hohe Kreuz überhaupt nicht und war noch nie dort.

Zeuge Albert Beck, Heidelberg: Ich ging am 29. April (gemeint ist Juni, Anm. des Verfassers) mit meiner Schwester und einem Freund am Hohen Kreuz spazieren und wir sahen plötzlich im Walde einen Mann, der uns lauernd betrachtete und der ein Gewehr umgehängt hatte. Er zeigte uns den Weg zum Hohen Kreuz, blickte uns aber so scharf an, dass wir ihn kaum ansehen konnten. Es war ein großer Mann, etwa 25 Jahre alt. Er hatte einen dunklen Anzug und hellen Hut und trug an der Schulter ein Gewehr mit kurzem Lauf.

Vorsitzender: Haben Sie Angst gehabt vor dieser Person?

Zeuge Beck: Es war uns unheimlich in dieser Gegend. Ich sagte ihm für die Auskunft »Danke schön«, aber ich konnte ihn nicht ansehen.

Der Vorsitzende, auf Siefert zeigend: Ist der Mann der Täter?

Zeuge Beck: Ich erkenne ihn nicht mehr, die Gestalt war so ähnlich. Wir hörten später gegen 18.30 Uhr zwei Schüsse fallen.

Vorsitzender: Kennen Sie den Mann an der Stimme?

Zeuge: Der Herr hatte uns die Antwort nur gebrummt.

Zeugin Telegrafenassistentin Johanna Beck: Ich bin mit meinem Bruder an jenem Tage auf dem Kohlhofweg zum *Kümmelbacherhof* gegangen und wir sahen auf dem Weg zum Hohen Kreuz plötzlich einen Mann mit einem Gewehr über der Schulter auftauchen. Er hatte ein sehr unheimliches Aussehen, sodass wir ihn nicht richtig anzusehen wagten. Wir suchten das Hohe Kreuz, worauf er, ohne dass wir ihn fragten, sagte: Hier ist das Hohe Kreuz! Wir gingen weiter, und ich drehte mich noch einmal um, um zu sehen, ob der Mann uns nachkomme, weil er uns so unheimlich angeschaut hatte.

Vorsitzender: Kennen Sie den Angeklagten wieder?

Die Zeugin betrachtete ihn sehr eingehend und sagte dann: »Die Größe könnte stimmen. Auf das Gesicht entsinne ich mich aber nicht mehr.«

Ohrenzeugen

Zeugin Frau Sch. Büttner ging am 29. Juni vom *Kümmelbacherhof* mit einer Begleiterin den Auweg herauf, um etwas im Walde zu lagern, als sie plötzlich zwei scharfe Schüsse hörte. Sie sagte sofort zu ihrer Freundin: »Hier ist es nicht geheuer, das war kein Jäger.« Die Frau ist öfter mit ihrem Manne auf der Jagd gewesen und kennt den Ton der Jagdflinte ganz genau.

Zeuge Doktor Mener-Allstädt, Heidelberg, befand sich am 29. Juni auf dem Rückweg von Waldhilsbach und hörte am Pfalzgrafenstein einen Schuss. Dann hörte er lautes Sprechen, kein Schreien, und dann fiel der zweite Schuss. Die Schüsse fielen in der Zeit zwischen 18.10 Uhr bis 18.20 Uhr abends.

Zeuge Doktor F. Maier, Heidelberg, fuhr mit seiner Familie an jenem Abend mit einem Boot den Neckar abwärts und hörte auf einmal einen scharfen Schuss. »Meine Frau fuhr im Boot sofort auf und sagte: ›Wer schießt denn‹, da sagte ich: ›Das war wohl ein Jäger‹, worauf sie erwiderte: ›Wenn zu dieser Zeit am *Kümmelbacherhof* ein Jäger schießt, ist es dort aber sehr gemütlich, dann möchte ich nicht dort sein!‹«

Es tritt dann eine Pause von 15 Minuten ein.

NACHMITTAGSVERHANDLUNG FORTSETZUNG

Das Gutachten Doktor Popps

Nach der Pause erteilt der Vorsitzende dem Sachverstän-
digengerichtschemiker Doktor Popp das Wort zu seinem
Gutachten, soweit es sich zunächst auf die Fingerabdrücke bezieht.

Doktor Popp gibt einleitend die Erklärung ab, dass
er sich seit über 20 Jahren mit der Fingerabdruckkunde,
der sogenannten Daktyloskopie, befasst. In der Nähe der
Leiche des Werner wurde seinerzeit unter einem Stein die
Brieftasche gefunden, die nach dem Inhalt dem getöteten
Bürgermeister Werner gehörte. Diese schwarze Brieftasche
(Doktor Popp hält sie in der Hand) war bei der Auffindung
zwar schon etwas durch Schimmel vermodert, aber man
konnte noch erkennen, dass sie ringsherum stark blutig
war, was man auch heute noch sehen kann. In der Tasche
lagen Briefe, Postkarten und so weiter, aber in der Geld-
taschenabteilung fehlte das Geld. Derjenige, der das Geld
herausgenommen hat, musste sich blutige Finger machen,
und es ist zu ersehen, dass der Mann auch den blutigen
Fingerrücken daran abstreifte.

Der Vorsitzende unterbricht den Sachverständigen:
Angeklagter Siefert, können Sie den Vortrag des Sachverständigen hören?

Siefert: Jawohl!

Doktor Popp (fortfahrend): In dieser Tasche lagen also
verschiedene Briefe, die an Bürgermeister Werner gerichtet

waren. »Mein lieber Bruder« und so weiter. Sie sehen (den Geschworenen die Briefe zeigend) diese Briefsachen, die alle mehr oder weniger mit Blut durchtränkt sind. Als wir seinerzeit nach der Auffindung der Leichen zum *Kümmelbacherhof* gegangen waren, wo auch der Untersuchungsrichter sich befand, wurden uns die Brieftasche sowie das Gewehr als nachträglicher Fund nachgetragen. Dort fand ich bei flüchtiger Prüfung blutige Fingerabdrücke vor, und zwar auf der Rückseite dieser Bergbahnkarte und auf dieser Postkarte. Die Postkarte hat links einen Blutkranz und in der Mitte einen blutigen Fingerabdruck. (Der Sachverständige gibt den Geschworenen Vergrößerungsgläser, um sich die Sache anzusehen.) Diese Blutspuren wurden dann eingehend im Laboratorium untersucht, und wir fanden eine ganze Reihe von Papillarien (Hautlinien). Da die Postkarte von gelblicher Farbe war und der Blutabdruck inzwischen auch gelblich geworden war, war anfänglich die Unterscheidung schlecht. Ich gebrauchte deshalb ein Verfahren, um das Blut wieder rot zu machen. Ich setzte die Karte der Feuchtigkeit aus und dann ließ ich Sauerstoff daran, wodurch sich wieder rotes Oxohämoglobin bildete. In diesem Zustand ließen sich die Fingerabdrücke leicht fotografieren.

Blutige Fingerabdrücke

Der Sachverständige zeigt dann starke fotografische Vergrößerungen der Postkarte und der Bergbahnkarte, auf denen die Fingerabdrücke sehr deutlich hervortreten. Es fand sich unter anderen Spuren ein Fingerabdruck, der wohl 27 Linien zeigt, die ausreichend waren zur Identifizierung. Es wurden dann bei Siefert Fingerabdruckproben gemacht, um die Vergleiche führen zu können. Jeder Mensch besitzt an den Händen und Füßen diese feinen Hautleisten.

Während dieser Ausführungen betrachtet Siefert sich mit großem Interesse die Fingerabdruckfotografien, unterhält sich darüber mit dem Untersuchungsrichter Hönl und zieht einen Bleistift aus der Tasche, um auf Einzelheiten auf den Bildern zu zeigen.

Vorsitzender: Angeklagter, wollen Sie Ihre Äußerungen laut machen, dass wir Sie alle verstehen können. Haben Sie verstanden, was die Bilder darstellen?

Siefert: Jawohl, das weiß ich wohl, was sie darstellen!

Einführungen in die Daktyloskopie

Doktor Popp fortfahrend: Im Polizeidienst benutzt man diese Fingerabdrücke zur Personalfeststellung, weil diese Erscheinung für jede Person individuell ist. Die eigenartigen Windungen und Fixpunkte sind alle Unika, da sie alle nur einmal vorkommen. Ich habe in meiner langen Praxis mehrere Tausend Fingerabdrücke und zahllose Teile von Fingerabdrücken untersuchen müssen und habe festgestellt, dass man die Identität einer bestimmten Persönlichkeit genau daraus feststellen kann.

Der Sachverständige zeigt dann den Fingerabdruck in 144-facher Vergrößerung und daneben in derselben Vergrößerung einen Abdruck des rechten Mittelfingers von Siefert. Wenn man die einzelnen Linien der Bilder genau vergleicht, sieht man, dass beide genau in allen Einzelheiten und zwar nicht nur in den Linien, sondern auch in den Poren übereinstimmen. Auch in der Anordnung der Poren gibt es große Verschiedenheiten. Manche Leute haben Poren wie Perlenschnüre, teils sind sie rund, teils elliptisch, halbmondförmig, verkümmert, verwaschen und so weiter. Nun gibt es in der Natur nirgends eine genaue Wiederholung in der Anordnung lebender Zellen. Kein Blatt ist dem anderen gleich. So ist es auch hier.

Der Sachverständige erklärt dann den Geschworenen eingehend Linie für Linie.

Bei Siefert ist es auffällig, dass bei einem Mann, der Schlosser ist und dessen Hände abgearbeitet sind, die Poren so deutlich zum Abdruck kommen wie auf den Bildern. Die Poren des Fingers von Siefert stimmen in Lage und Größe ganz genau überein mit den Poren des Abdrucks, der an der Mordstelle lag.

Der Sachverständige zeigt dann zwei sehr interessante Diapositive (Fotografien auf Glasscheiben). Der Fingerabdruck aus dem Walde ist in starker Vergrößerung auf rotem Glas und der Siefertsche Abdruck auf blauem Glas. Legt man nun diese beiden Glasscheiben aufeinander und hält sie gegen das Licht, so verschmilzt Fingerlinie mit Fingerlinie und Pore mit Pore. Es sind 57 Poren bemerkt worden, die übereinstimmen.

Doktor Popp weiter: Meine Herren, es ist also meines Erachtens und nach meiner langjährigen Erfahrung zweifellos, dass dieser Abdruck aus dem Walde von dem rechten Mittelfinger des Angeklagten Siefert verursacht worden ist! (Bewegung im Saal)

Die anderen Abdrücke auf der Bergbahnkarte und Postkarte sind nur Fingerkuppen, die ähnliche Leistenbildungen und ähnliche Kurven wie bei Siefert haben. Es ist nicht anzunehmen, dass sie von anderer Seite als von Siefert herrühren, also dass eine zweite Person in die Brieftasche gefasst hat.

Vorsitzender: Da die Beweiskraft des Daktyloskopieverfahrens den Herren Geschworenen vielleicht nicht allgemein bekannt ist, und da sich der Angeklagte gegen diese Beweise sehr skeptisch verhält, haben wir eine erste Autorität auf diesem Gebiete, Herrn Geheimer Rat Heindl, Berlin, geladen, der Ihnen über die Fingerabdruckkunde weitere Aufschlüsse geben wird.

Anmerkungen zum Sachverständigen Geheimer Rat Heindl

Robert Heindl (* 24. Juli 1883 in München; † 25. September 1958 in Irschenhausen) war Jurist und Kriminologe. Er war maßgeblich daran beteiligt, die »Daktyloskopie«, also die Personenidentifizierung mittels Fingerabdrücken, bei den deutschen Polizeibehörden einzuführen.

Vor dem Ersten Weltkrieg verfolgte Heindl laut *Ickinger Arbeitskreis* auch die Idee, »Schwerverbrecher« in die Kolonien zu deportieren. Zudem führte er das Konzept des »Berufsverbrechers« in die kriminalpolitische Diskussion ein, für die er »Sonderbestimmungen« und »Sicherheitsverwahrung« forderte. Damit festigte er die Vorstellung, dass der Typus des »Berufsverbrechers« nicht zu rehabilitieren sei. Er sprach sich für eine vorbeugende Sicherungsverwahrung der von ihm als »Berufsverbrecher« identifizierten Menschen durch die Polizei ohne Hinzuziehen der Justiz aus. Damit bereitete er das Prinzip der »Schutzhaft« vor, welche die Nationalsozialisten später radikal verwirklichen sollten.

1912 leitete Heindl die Kriminalpolizei Dresden, wurde Polizeidezernent im sächsischen Innenministerium, schließlich im Jahr 1919 für einige Monate Wirklicher Legationsrat im Auswärtigen Amt. Mit der Leitung der Fachzeitschrift *Archiv für Kriminologie* beeinflusste er auch die moderne Kriminalistik wesentlich.

Ausgerechnet der Kriminologe hat bei seiner Titelführung offenbar gelogen. Zwar war er Legationsrat, niemals aber Geheimrat. Sogar auf seinem Grabstein findet sich dieser Titel, den er jedoch nie besaß.[25]

Sachverständiger Wirklicher Geheimer Legationsrat Professor Heindl, Berlin, hält eine Vorlesung

»Ich erstatte mein Gutachten nur über Allgemeines zur Daktyloskopie ohne Sonderstellungnahme zum Falle Siefert.« (Er reicht dann eine Reihe von Heften mit Fingerabdruckbildern den Geschworenen, Richtern und dem Angeklagten zu, die besonders charakteristische Bilder enthalten.)

»Es ist richtig, dass jeder Mensch an seinen Fingern ein anderes Papillarienbild trägt. Es sind zwei Fragen zu beantworten: erstens, ob das Papilliensystem eines Menschen sich ändern kann, und zweitens, ob sich ein Papillarienbild bei verschiedenen Menschen genau wiederholt. Zur ersten Frage ist zu sagen, dass ich zahlreiche Untersuchungen an Embryos vorgenommen habe. Ein Kind im sechsten Monat im Mutterleibe hat schon genau das Fingerliniensystem, das es als erwachsener Mensch trägt, und das ihn bis zum Grabe unverändert begleiten wird. Bei dreimonatigen Embryos ist die Haut noch glatt, aber im vierten

Monat bereits bilden sich diese Linien. In der Polizeipraxis hat man noch niemals den Fall erlebt, dass ein Papillarienbild eines Menschen geändert werden könnte.«

Der Sachverständige war lange Zeit der Leiter des Fingerabdruckdienstes des Polizeipräsidiums Dresden und kann aus dieser Praxis heraus versichern, dass niemals ein und derselbe Mensch ein verschiedenes Papillarienbild zeigt.

»Im Dresdner Erkennungsdienst wurden vielleicht zehn Millionen einzelne Fingerabdrücke gesammelt und untersucht. Ebenso befinden sich große Sammlungen in Stuttgart, Berlin, London, Paris und so weiter. Man hat also ein Beobachtungsmaterial von vielen Millionen Einzelfällen. Ein Fingerabdruck kann im Laufe der Jahre, wenn sich der Mensch im Wachstum befindet, größer werden, aber die Zahl der Linien und der Poren – also das Bild – bleibt absolut gleich.

Auch die Richtigkeit des zweiten Satzes ist durch lange Erfahrungen bewiesen. In Deutschland ist die Fingerabdruckkunde allerdings erst seit 20 Jahren eingeführt, andere Völker haben sie aber schon seit Jahrhunderten erprobt, wie die alten Chinesen und die Inder. Vor zehn Jahren habe ich in China und Indien den Fragen der Daktyloskopie besondere Aufmerksamkeit gewidmet und bin auf die große Zahl von Beweisen der Existenz der Fingerabdruckkunde in alter Zeit gestoßen.«

Der Sachverständige legt eine chinesische Urkunde vom Jahre 1887 über ein Handelsgeschäft vor, das anstelle einer Unterschrift mit einem Fingerabdruck besiegelt ist, und fährt fort:

»Die ältesten Urkunden solcher Art, die ich ausfindig machen konnte, stammen aus dem Jahre 782 und 786. Die Chinesen haben also schon vor mehr als 1100 Jahren gewusst, dass jeder Mensch andere Fingerabdrücke hat; denn, dass die Verwendung auf wichtigen Urkunden sich bis heute erhalten hat, ist ein Beweis, dass die Chinesen niemals auf den Fall gestoßen sind, dass zwei Personen dasselbe Papillarienmuster haben. Dass die Chinesen diese Fragen genau studiert haben, konnte ich aus einem von mir aufgestöberten Buch aus dem Jahre 650 feststellen, in dem bereits die Fingerabdruckkunde eingehend erörtert wird. Es gibt wenig wissenschaftliche Lehrsätze, die so viele Jahrhunderte lang auf ihre Richtigkeit geprüft sind und ihre Prüfung so gut bestanden haben, wie diese beiden Sätze, dass die Linien eines Menschen sich niemals verändern, und dass kein Mensch dieselben Linien hat wie ein anderer. Ich kann unter meinem Eid versichern, dass mir niemals ein Fall bekannt geworden ist, dass zwei Menschen denselben Fingerabdruck geliefert haben. Selbst Zwillinge liefern ein vollkommen verschiedenes Bild!

Ich beschäftige mich 20 Jahre mit dieser Wissenschaft.

Es wird Sie interessieren, wie die Gerichte und Geschworenen sich zur Beweiskraft dieser Wissenschaft schon verhalten haben. Seit 1903 sind in Deutschland mehrere Hundert Verurteilungen nur aufgrund von Fingerabdruckuntersuchungen erfolgt. Nur ein paar Fälle seien herausgehoben: Bei der ersten Verurteilung vor dem Landgericht Zittau hatte der Täter hartnäckig geleugnet. Nachdem er aber seine Strafe verbüßt hatte, gab er die Tat zu. In einer Mordsache leugnete der Angeklagte ganz energisch, und vier Zeugen, die mit dem Angeklagten ein Schlafzimmer teilten, sagten vor Gericht, dass der Angeklagte die Tat unmöglich habe ausführen können, weil er in der Mordnacht bei ihnen im Zimmer gewesen sei und im Bett gelegen habe. Der Verteidiger hatte also einen glänzenden Alibibe-

weis. Trotzdem wurde der Angeklagte wegen eines verräterischen Fingerabdrucks zum Tode verurteilt. Aus meiner
Praxis kann ich von zwei Morden berichten, bei denen ohne
sonstigen Beweis die Fingerabdrücke zur Folge hatten, dass
in beiden Fällen Todesurteile ergingen. Die Poroskopie
betrifft die wissenschaftliche Würdigung der Porenbilder.
Wenn bei einer daktyloskopischen oder poroskopischen
Untersuchung festgestellt wurde, dass der Fingerabdruck
an einem bestimmten Gegenstand mit dem Papillarienbild
einer bestimmten Person übereinstimmt, so ist damit der
absolute, zuverlässige Beweis erbracht, dass dieser Fingerabdruck nur von dieser einen Person herrühren kann.«

Vorsitzender: Wenn nur ein Teil eines Fingerabdrucks
vorhanden ist, kann man auch dann Schlüsse ziehen und
ist dann das Resultat dasselbe?

Sachverständiger: Ja. In der Praxis ist ein vollständiger
Fingerabdruck überhaupt nicht möglich. Die Praxis besteht
nur aus Teilen der Fingerabdrücke. Ich habe einen Fall mit-
gemacht, wo eine Verurteilung erfolgte, bei der der Fingerabdruck mindestens nicht größer war als im vorliegenden
Fall. Ein Handtaschenräuber wurde dadurch ermittelt, dass
an dem kleinen Metallknöpfchen am Bügel der Handta-
sche sich ein winziger Fingerabdruck befand, also nur ein
Bruchteilchen eines Fingerabdrucks.

Siefert bekundet Zweifel an den Gutachtenbildern.

Siefert (der sich bei Erstattung dieses Gutachtens mehrmals
den Schweiß von der Stirne wischt) meldet sich zum Wort.

Der Verteidiger einfallend: Ich will für Siefert die Erklärung abgeben. Zum Gutachten des Herrn Geheimen Rat

Heindl habe ich selbstverständlich keine Erklärung abzugeben. Dagegen wünsche ich, dass morgen bei besserer Beleuchtung die Gutachtenbilder des Herrn Doktor Popp noch einmal gezeigt werden. Ich behalte mir dann das Wort vor.

Gutachten zur vermeintlichen Mordwaffe

Der Sachverständige John führt die Handhabung, das Laden und das Tragen des Karabiners mit einem Riemen vor. Auf die Frage des Vorsitzenden, wie viel man den Karabiner verkürzen müsse, damit dieser in den Schrank ging, in dem nach Angabe des Angeklagten der Karabiner immer aufbewahrt gewesen sei, teilte der Sachverständige mit, dass dann der Karabiner um mindestens zehn Zentimeter abgenommen werden müsste. Die Zielsicherheit würde durch die Verkürzung des Karabiners wohl erschwert, aber man könne damit schießen. Ebenso ist eine Patrone von einem Karabiner und von einem Gewehrmodell 9 ein und dieselbe. Hierauf schließt der Vorsitzende um 19.45 Uhr die Beweisaufnahme der Nachmittagsverhandlung. Vor dem Gericht hatten sich in den Abendstunden Hunderte von Neugierigen angesammelt.

DONNERSTAG, DEN 19. JANUAR 1922: VERHANDLUNGSTAG 4

Stimmungsbild

Einen dramatischen Höhepunkt erreichten die Verhandlungen gestern Nachmittag, als der bekannte Frankfurter Gerichtschemiker Doktor Popp zu beweisen suchte, dass der Fingerabdruck, der an der Mordstelle auf einer Postkarte des Bürgermeisters Werner gefunden wurde, Linie für Linie und Pore für Pore mit dem Abdruck des rechten Mittelfingers Sieferts übereinstimmt. Der Sachverständige zeigte nicht nur riesenhafte Fotografien der Abdrücke, sondern er legte eine rote und eine blaue Glasplatte übereinander, auf denen in 144-facher Vergrößerung beide Fingerbilder übertragen waren. Die aufeinander gelegten Glasplatten ließen erkennen, dass Linien und Poren sich deckten! Siefert nahm in dieser für sein Schicksal so gewaltigen Stunde lächelnd die Fotografien in die Hand, zog einen Bleistift aus der Westentasche und tuschelte dem Untersuchungsrichter über die Einzelheiten der Bilder in die Ohren. Der Sachverständige sagte, dass es für ihn nach seiner langjährigen Erfahrung zweifellos sei, dass der Abdruck aus dem Walde von dem rechten Mittelfinger des Angeklagten Siefert verursacht worden ist.

Diese fundamentale Erklärung wurde noch unterstützt durch die wissenschaftliche Vorlesung einer europäischen Autorität ersten Ranges. Der Geschworenensaal verwandelte sich in einen wissenschaftlichen Hörsaal, als der Sachverständige Wirklicher Geheimer Legationsrat Professor Heindl unter gespanntester Aufmerksamkeit die wissenschaftlichen Ergebnisse der Fingerabdruckkunde und der Porenkunde darlegte und sagte, dass schon das Kind im Mutterleibe genau das Fingerliniensystem hat, das es als erwachsener Mensch trägt und bis zum Grabe unverändert behält, und dass andererseits trotz der vielen Millionen im Polizeidienst der Großstädte gesammelten Fingerabdrücke es noch niemals vorgekommen sei, dass irgend ein Mensch dasselbe Abdruckbild besitzt wie ein anderer! Siefert wurde nun sehr aufmerksam, und als der Sachverständige von den vielen Hundert Verurteilungen sprach, die nur aufgrund eines Fingerabdruckes erfolgten, ja, dass trotz der besten Gegenzeugen ein Fingerabdruck genügte, um Menschen zum Tode zu verurteilen, zog Siefert sein Taschentuch und wischte sich wiederholt den Schweiß von der Stirne.

Heute Vormittag werden voraussichtlich weitere Gutachten erstattet.

Vormittagsverhandlung: Fälschung der Fingerabdruck-Fotografien?

Kurz nach 9 Uhr wird Siefert wieder gekettet in den Saal geführt und die Verhandlungen werden mit dem Aufruf der Zeugen begonnen.

Vorsitzender Landgerichtsrat Weindel: Nun, Angeklagter, Sie haben gestern erklären lassen, dass Sie Ihre Entgegnung auf die Feststellung der Gleichheit der Fingerabdrücke bekanntgeben wollen. Tun Sie das.

Siefert: Es ist mir gelungen, aufgrund von Tatsachen, dass die Fingerabdrücke nicht mit den meinen übereinstimmen können, Feststellungen zu machen. Mir wurde kurz nach dem 29. Juli, wo diese Fingerabdrücke in dem Zeitungsartikel »Siefert entlarvt« öffentlich bekannt gegeben worden sind, die Fotografien gezeigt. Ich fasste sie ganz besonders ins Auge, weil ich mich selbstverständlich sehr dafür interessierte. Ich ließ dann die Sache ruhen, bis Dezember. Dann sah ich beim Untersuchungsrichter die Bilder wieder, und es fielen mir sichtbare Erhöhungen auf, die ich für fotografierte Staubteile halten musste. Dann sah ich auch gelblich schimmernde Linien auf der Fotografie, die aufgetragen waren und mit meinem Fingerabdruck nichts zu tun hatten. Als ich gestern Abend hier im Gerichtssaal die Bilder sah, merkte ich, dass die gelben Linien verschwunden waren. Mein Verdacht ist nun noch größer geworden, dass wegen der Differenzierung der Fingerabdrücke an den Bildern etwas vorgenommen ist.

Vorsitzender: Sie stellen also die Behauptung auf, dass die Fingerabdruck-Fotografien gefälscht sind?

Siefert: Ja, es ist etwas daran nicht im Reinen.

Vorsitzender: Sie glauben also, dass dem Gericht jetzt etwa andere Bilder vorgelegt werden, als man sie Ihnen seinerzeit gezeigt hat?

Siefert: Jawohl. Ich stelle den Antrag, dass mir ein Gelbstift gegeben wird, damit ich Ihnen auf den Bildern die Sache demonstrieren kann.

Vorsitzender: Diese gelbe Farbe, die auf den Bildern aufgetragen ist, ist ja noch vorhanden, das sieht ja ein jeder. Die Poren sind gelb ausgefüllt und stärker kenntlich gemacht.

Gegenargumente

Zeuge Untersuchungsrichter Hönl: Die Behauptungen Sieferts sind sehr einfach zu widerlegen. Die damals gezeigten Bilder, die bei 27 Hautleisten, 12 daktyloskopischen Fixpunkten und 57 Hautporen übereinstimmten, liegen auch heute den Richtern und Geschworenen vor.

Sachverständiger Doktor Popp gibt längere Erklärung zu den Behauptungen Sieferts ab: »Siefert hat subjektiv richtig beobachtet, aber da er Laie ist auf dem Gebiet dieser Wissenschaft, hat er nicht wissen können, dass am Rand der Bilder winzige Nummerierungen waren mit feinen Pfeillinien quer über das Bild zu den einzelnen Poren, um sie besser zu bezeichnen. Aber auf den gleichfalls vorliegenden Schwarz-Weiß-Bildern, die ohne irgendwelche Retusche sind, ist die Übereinstimmung der Abdrücke ja ebenfalls völlig klar. Zu meiner eigenen Beruhigung kann ich sagen, dass ich in zahlreichen Fällen durch Fingerabdruckbilder Angeklagte ›aus den Klauen des Gerichts‹ habe retten können. Es gewährt mir eine viel größere Befriedigung, einen Angeklagten zu retten, als ihn zu belasten. Ich bin aber als Sachverständiger lediglich zur Erforschung der Wahrheit hier! Aber wenn ich wie in diesem Falle ganz klar erkenne, dass die Fingerabdrücke übereinstimmen, muss ich diese stummen Zeugen der Tat auch hier vor dem Forum des Gerichts zum Reden bringen. Zur weiteren Beruhigung der Geschworenen sei übrigens noch mitgeteilt, dass ich nicht nur einmal, sondern zweimal von Siefert habe Fingerabdrücke herstellen lassen, und dass in beiden Fällen die Prüfung einwandfrei das Ergebnis hatte, dass Sieferts Abdrücke mit den Abdrücken an der Mordstelle identisch sind.«

Geschworene machen sich ein genaues Bild.

Die Geschworenen verlassen dann die Geschworenenbank und Doktor Popp erklärt ihnen sehr eingehend
die Fixpunkte (geometrisch feststellbare Messpunkte an
Gabelpunkten oder Endpunkten der Hautlinien), ferner
die Übereinstimmung der Poren und Hautleisten. Er hält
weiter auf Antrag der Verteidigung die übereinandergeleg-
ten Glasbilder gegen das Tageslicht, um die Übereinstimmung zu beweisen.

Die Geschworenen geben eine Reihe von den 27 bezeichneten Hautlinien an, damit der Sachverständige an jeder
einzelnen Linie und Pore die Übereinstimmung zeigt.
Genaue Zirkelmessungen der Linienabstände, Krümmun-
gen, Porenentfernungen geben die Gleichheit der Abdrücke vollständig und zweifelsfrei wieder. Jeder einzelne
Geschworene tritt dann mit den beiden Glasbildern ans
Fenster, um die Übereinstimmung gewissenhaft zu prüfen.

Diese eingehenden Prüfungen der Fotografien und Diapositive ziehen sich über eine Stunde lang hin und werden
auch mit der Lupe von den Geschworenen vorgenommen.

Sodann nimmt Siefert nochmals das Wort: Ich bin mir
absolut im Klaren über die Fingerabdrücke und weiß wohl,
dass sie übereinstimmen, aber es fehlen die Staubteile und
die Linien, die ich damals gesehen habe. Auch stand die
Schrift auf dem Bilde schief, während sie heute gerade steht.
Es liegen hier also falsche Bilder vor.

Weitere Argumente gegen die Manipulation der Fingerabdrücke

Zeuge Hönl: Ich kann nur sagen, dass ich vom 29. Juni bis 3. Dezember während der Untersuchung keine anderen Bilder besessen habe, als die hier heute vorliegen. Jedem menschlichen Ermessen nach ist es ausgeschlossen, dass an den Bildern etwas vorgenommen worden ist.

Sachverständiger Doktor Popp: Und ich kann unter meinem Eid sagen, dass ich keine anderen Fotografien gemacht habe, als wie sie hier vorliegen.

Zeugin Fräulein Pflüger, Diätarin am Gericht, beschwört, dass sie an den Bildern, als sie sie zum Untersuchungsrichter bringen musste, nichts vorgenommen habe. Der Untersuchungsrichter nahm die Bilder unter Verschluss.

Zeuge Kriminalsekretär Aßmann hat die Fingerabdrücke Sieferts gemacht. Er erkennt die ihm vorgelegten Original-Fingerabdrücke, die Siefert mit eigenem Namen unterschrieben hat, wieder und führt dann den Geschworenen den in der Polizeitechnik gebrauchten Apparat zur Abnahme von Fingerabdrücken vor. Der Apparat besteht im Wesentlichen aus einer Zinkplatte, auf der in bestimmter dünner Schicht mit einer Gummiwalze Druckerschwärze aufgetragen wird. Von dieser Platte werden die Finger eingeschwärzt und auf weißes Papier abgedrückt.

Es werden dann Proben vorgeführt und Sachverständiger Doktor Popp greift mit weiteren Erläuterungen, die längere Zeit in Anspruch nehmen, ein.

Protokoll zur Auffindung der Leichen

Vorsitzender: Es ist beantragt, das Augenscheinprotokoll der Auffindung der Leichen zu verlesen. Wird auf die Verlesung des ganzen Protokolls bestanden?

Verteidiger: Jawohl. Es haben sich bei der gestrigen Besichtigung der Leichenfundstellen Abweichungen ergeben.

Vorsitzender Landgerichtsrat Weindel verliest dann das Protokoll.

Vorsitzender: Siefert, Sie waren doch beim Augenschein dabei?

Siefert: Jawohl!

Vorsitzender: Da hat der Untersuchungsrichter Sie gefragt, was Sie angesichts der Leichen denken. Sie sagten, Sie seien auch niemals hier gewesen. Sie hätten die Tat nicht geschafft und wenn die ganze Welt es glaubt.

Siefert: Ja, so ähnlich habe ich mich geäußert.

Zeuge Kriminalkommissar Kniffel beschreibt die Größe des Steins auf der Leiche Werners; der Stein war einen Meter 45 lang, 57 Zentimeter. hoch.

Sezierung der Leichen

Sachverständiger Medizinalrat Holl, Bezirksarzt in Heidelberg, spricht sodann über die Leichenöffnung der Ermordeten im pathologischen Institut. Bei der Öffnung Busses, der ein ein Meter 85, also weit über das Mittelmaß großer kräftiger Mann war, fand man den Schusskanal, der den Eingang oben an der Brust und den Ausgang am Rücken hatte. Man sah weiter Verletzungen, die noch innerhalb des

Lebens erfolgt sein müssen. Die große Körperschlagader und die große Lungenschlagader waren förmlich abgerissen. Die Verletzungen waren absolut tödlich, die Besinnungslosigkeit muss im selben Moment eingetreten sein.

Der Sachverständige zeigt dann den in Formollösung aufbewahrten abgeschnittenen Ringfinger des Oberbürgermeisters. Er ist ganz glatt abgeschnitten worden. Das ist ein sicherer Beweis, dass der Finger mit einem scharfen Instrument abgeschnitten worden ist. Der Schuss war von einer Waffe mit außerordentlicher Durchschlagskraft erfolgt, der Schütze muss über seinem Opfer im Winkel von etwa 45 Grad gestanden haben, als der Schuss erfolgte.

Nun zeigt noch Herr Doktor Holl die Löcher des Schusses beziehungsweise Stiches an den Kleidern.

Hierauf folgt eine kurze Pause.

VORMITTAGSVERHANDLUNG – (FORTSETZUNG)

Brutale Details zur Ermordung der Bürgermeister

In der Fortsetzung seines Gutachtens führte Medizinalrat Doktor Holl weiter aus, dass der Befund bei der Sezierung Werners eine große Verletzung des Schädeldaches ergab, wobei auch ein großer Knochensplitter ins Gehirn eingedrungen sein muss. Weiter wurde eine Verletzung an der Brustseite und eine Schlagverletzung am Unterarm festgestellt, der eine ganz kleine Wunde aufwies. Werner ist mit einem stumpfen Gegenstand, der aber scharfe Ecken und Kanten hatte, durch die Schläge auf den Kopf gestorben. Ein zur Beurteilung des Falles unwesentlicher Nebenbefund ergab, dass der Verstorbene in den letzten Jahren schwer herzleidend war.

Vorsitzender: Kann ein Karabiner das Schlaginstrument gewesen sein?

Sachverständiger Doktor Holl: Daran habe ich gar keinen Zweifel.

Vorsitzender: Der Angeklagte hat früher angegeben, dass das Blut auf seinem Anzug von Nasenbluten herrührte.

Sachverständiger Doktor Holl: Ich habe Siefert nach seiner Verhaftung am 14. Juli untersucht und habe weiter nichts gefunden, als vor dem rechten Ohr eine bereits abgeheilte geringe Schürfung, so ähnlich wie man sie vielleicht im Walde durch ein vorstehendes Ästchen oder einen Dorn bekommen kann. Dann fand ich auf dem Rücken der Finger kleine Hautschürfungen, wie sie aber bei Arbeitern außerordentlich häufig zu sein pflegen.

Verteidiger: Waren bei der Leiche Schleifspuren festzustellen?

Sachverständiger Doktor Holl: Das ließ sich bei der fort-
geschrittenen Fäulnis der Toten überhaupt nicht mehr feststellen.

Ergänzungen durch Doktor Popp

Sachverständiger Doktor Popp ergänzt die vorstehenden
Äußerungen, indem er mitteilt, dass er während der Sezierung den Kleidern der Ermordeten seine Aufmerksamkeit
widmete. Er hat auch Kleiderstückchen aufgeschnitten, aus
denen der Schuss bei Busse zu ersehen ist, und zeigt diese
in Formallösung ausgewaschenen Präparate den Geschworenen. Die Leiche Busses muss einige Zeit auf dem Rücken
gelegen haben, weil die Kleider dort mit Blut durchtränkt
waren. Den Schuss hat Busse bekanntlich von vorn empfangen. Bei der Kleideruntersuchung hat Doktor Popp seinerzeit auch den Finger Busses in der Hosentasche gefunden.

Vorsitzender: Das war doch der Ringfinger; was schließen Sie daraus?

Sachverständiger: Er wurde abgeschnitten, um den Ring
zu entwenden, und zwar den Ehering, der ja dann bei Siefert gefunden wurde. Man konnte in der Gravierung der
Innenseite noch deutlich Blut nachweisen. Schleifspuren
ließen sich nicht an den Kleidern sehen.

Die Leiche Werners muss mit dem Oberkörper eine
Zeit lang gesessen haben, denn es war vom Kopf das Blut
direkt in die Tasche heruntergelaufen. Er muss einige Zeit
in einer Lage schräg aufwärts und etwas vornübergebeugt
sich befunden haben. Ich ziehe daraus den Schluss, dass

er vielleicht an einen Felsen gelehnt kauerte und vielleicht erst später, nachdem die Leiche Busses von der gefährdeten Stelle des Weges weggezogen war, verscharrt wurde. Bei Werner wurde nur noch ein silbernes Taschenfeuerzeug mit eingravierter Widmung gefunden.

Der Karabiner

Der Vorsitzende fragt sodann den Sachverständigen Waffentechniker John, ob es möglich sei, dass eine Schädelverletzung bei Werner durch einen Karabiner erfolgen könne. Waffenmeister John erklärt hierauf, die Risse am Kopf Werners könnten sehr wohl durch einen Karabiner verursacht sein. Denn man weiß erfahrungsgemäß, dass der Karabinerkolben durch solche Schläge zersplittert, und dann wären eben die Risse durch den übrigbleibenden eisernen Lauf verursacht. (Sieferts Karabiner wurde am Tatort unter Felsen mit zersplittertem Kolben gefunden.)

Der Sachverständige meint, dass, nachdem der Kolben zerschmettert war, er noch Schläge mit dem Gewehrschloss empfangen hat. Die große Armverletzung mit der kleinen offenen Wunde darin sei daher wohl zu erklären, dass Werner einen flachen Kolbenschlag empfing und der Stempel des Kolbens die pfenniggroße Verletzung verursachte.

Hierauf folgt eine kurze Pause.

VORMITTAGSVERHANDLUNG – (FORTSETZUNG)

Weitere Zeugenaussagen zur Rückkehr Sieferts von seiner Plaisirreise

Nach viertelstündiger Pause wurde eine Reihe von Zeugen vernommen, über die Rückkunft des Angeklagten am Peter- und Paulstage – dem Mordtage – abends nach Ziegelhausen, sowie über die folgenden Tage bis zu der am 7. Juli erfolgten Verhaftung.

Zeuge Konrad Kratzmüller glaubt, dass die Heimkehr zwischen 22 und 23 Uhr erfolgt sei. Bei einer früheren Vernehmung hatte er gemeint, es sei erst 22 Uhr gewesen. Siefert kam von der Brücke ins Dorf und traf den Zeugen mit einigen Freunden vor der Kirche, wo sie sich begrüßten. Er sagte, er sei zu Hause in Olfen gewesen.

Vorsitzender: Hat er denn nichts von seiner Plaisirreise nach Offenau, Jagstfeld und so weiter gesagt?

Zeuge Kratzmüller: Nein, gar nichts. Der Zeuge erzählt dann weiter, dass er anderen Tages bei Siefert eine Brieftasche und einen goldenen Fingerring bemerkte. Siefert riss auf einem Spaziergang diese fremde Brieftasche aus der Tasche und nahm ein Heftpflaster heraus, das er auf eine kleine Fingerwunde klebte.

Auf eine Frage des Vorsitzenden, ob der Zeuge gesehen habe, dass Siefert anderen Tages seinen braunen Anzug gebügelt habe, an dem später die Blutspuren entdeckt wurden, antwortete der Zeuge, dass er das gesehen habe. Siefert pflegte sonntags seinen Anzug zu bügeln. Er tat es in seinem Zimmer, nicht in der Küche.

Vorsitzender: Haben Sie vielleicht auch ein Frottierhandtuch bei Siefert gesehen, als er den Anzug bügelte? (Das Tuch liegt vor dem Richtertisch.) An diesem Frottiertuch ist nämlich ebenfalls Blut festgestellt worden. Hat er mit diesem Tuch an dem Anzug gewischt?

Zeuge Kratzmüller: Daran kann ich mich nicht erinnern.

Vorsitzender: Ist es möglich, dass Siefert nachts in sein Zimmer kommen kann, ohne dass man ihn bemerkt? Sie schlafen ja im Nebenzimmer.

Zeuge Kratzmüller: Wenn ich schlafe, höre ich nichts.

Vorsitzender: Ist Ihnen der Angeklagte auffallend sonnenverbrannt vorgekommen, als er zurückkehrte?

Zeuge Kratzmüller: Das stimmt; er war stark sonnenverbrannt.

Vorsitzender: Wie war Siefert an jenem Abend?

Zeuge Kratzmüller: Sein Wesen war wie immer gleich, gleich gut aufgeräumt.

Zeuge Ludwig Buhl von Ziegelhausen sah Siefert ebenfalls am Mordabend heimkommen. Er schätzt die Zeit auf 21.30 bis 22.15 Uhr. »Siefert kam ohne Hut und trug einen Rucksack. Als ich ihn fragte, ob er im Rucksack Eier und Butter habe, sagte er: ›Es sind nur meine Kleider darin.‹ Am folgenden Tage sah ich Siefert mit einer Brieftasche am Neckar stehen. Er zog aus der Tasche Briefe heraus und warf sie in den Neckar.« Auf eine Frage des Vorsitzenden, ob Siefert vielleicht doch später gekommen sei, und zwar mit der letzten Elektrischen, die 23.15 Uhr erst eintrifft, sagt der Zeuge: »O was, ausgeschlossen!«

Der Verteidiger fragt, ob der Zeuge an den Kleidern feuchte Stellen bemerkt habe, und wie der seelische Zustand war. Dem Zeugen sind wegen der Dunkelheit besondere Merkmale an den Kleidern nicht aufgefallen; Siefert war wie immer lustig.

Ähnliche Aussagen macht der Zeuge Haarmann in Ziegelhausen, der ihn auch zwischen 22 und 23 Uhr gesehen haben will.

Frau Kratzmüller erzählt: »Als Siefert abends in die Wirtschaft kam, habe ich leicht geschlafen. Ich hörte aber, wie einer sagte: ›Die Frau Kratzmüller ist ja eingeschlafen.‹ Ich habe mir dann nichts merken lassen und habe weiter genickt, bis plötzlich ein Gast sagte: ›Eben kommt der Siefert.‹ Ich habe aber nicht aufgeschaut und weitergeschlafen. Es störte mich aber ein lautes Lachen, sodass ich meine Tochter fragte, ob Siefert betrunken gewesen sei. Meine Tochter antwortete, er habe nur etwas Bier getrunken und Abendbrot gegessen und sehe so sonnenverbrannt aus, als habe er Heu gemacht. Wir gingen gegen 23 Uhr ins Bett; es musste also Siefert früher gekommen sein. Da er uns Eier mitbringen wollte, sagte er uns, er brächte sie uns am anderen Morgen, was er dann auch erst am nächsten Tage tat.

Grabsteine gesetzt

Zeugin Berta Kratzmüller macht ähnliche Angaben. Sie fragte Siefert, was er in Olfen gemacht habe, weil sie meinte, er sei dort gewesen. Siefert sagte: »Wir haben Grabsteine gesetzt.«

Vorsitzender mit Betonung: Grabsteine gesetzt!

Zeugin Kratzmüller: Siefert sagte weiter: Morgen vormittags rechnen wir gleich ab. Ich habe mich immer geschämt, dass ich Euch meine Schulden nicht bezahlen kann. Am nächsten Morgen bezahlte er dann von seinen Schulden von 1.830 Mark 1.200 Mark ab. 115 Mark zogen wir ab für die 50 Eier, die er mitbringen wollte und die er am nächsten Tage auch brachte. 500 Mark bezahlte er dann noch im Laufe der Woche.

Vorsitzender: Hat er seinen grauen Militärmantel getragen?

Zeugin Kratzmüller: Nein, seit der Beerdigung seiner Mutter hatte er nur den dunklen Mantel zu Hause. Den anderen wollte er in Olfen gelassen haben.

Im weiteren Verlauf der Zeugeneinvernahme gibt Bahnarbeiter Oscar Reiß an, dass er glaube, Siefert schon gegen 21 Uhr abends gesehen zu haben, da er gegen 22 Uhr aus der Wirtschaft zu gehen pflegte, weil er immer früh schlafen ging.

Zeuge Friedrich Birnstiel, der Siefert am selben Abend auch gesprochen hat, war schon zu Hause, als er später die letzte Elektrische kommen hörte.

Kriminalsekretär Schindler hat seinerzeit den Straßenbahnschaffner des letzten Straßenbahnwagens, der am Peter- und Paulstage nach Ziegelhausen herausfuhr, zweimal vernommen. Siefert hat bekanntlich behauptet, dass er nach seiner Eisenbahnfahrt mit den beiden Unbekannten am Karlstor in die letzte Elektrische gestiegen sei und auf der vorderen Plattform gestanden habe. Der Schaffner gibt an, dass die Plattform überfüllt war. Er hoffte, dass am Bahnhof Schlierbach, also an der Ziegelhäuserbrücke, Luft werde. Es ist aber von der vorderen Plattform niemand ausgestiegen.

Vorsitzender: Angeklagter, sind Sie immer noch mit dem Spätwagen gefahren?

Siefert: Jawohl, ich weiß, dass ich mit dem Spätwagen gefahren bin.

Vorsitzender: Das behaupten Sie immer noch, nachdem jetzt beinahe zehn Zeugen das Gegenteil gesagt haben?

Siefert: Ich kann nichts dafür, wenn die Zeugen solche Aussagen machen. (Heiterkeit im Zuschauerraum)

Vorsitzender mit erhobener Stimme: Es hat absolute Ruhe zu sein.

Es tritt darauf gegen 12.45 Uhr die Mittagspause ein.

NACHMITTAGSVERHANDLUNG

Siefert verstrickt sich in Widersprüche

Gegen 15.30 Uhr wird die Nachmittagssitzung eröffnet.

Zeuge Kriminalbeamter Farrenkopf sagt aus: Der Angeklagte hatte gegenüber Berta Kratzmüller am Abend des Mordtages erwähnt, er habe Eier aus seiner Heimat mitgebracht, er habe sie aber in Heidelberg stehen lassen. Anderen Tages brachte er auch einen Karton Eier. Diese Eier stammten aber nicht aus Olfen, sondern von dem Spezereihändler Ueberle aus Heidelberg, wo er sie zu einer Mark 65 das Stück gekauft hat, während er sie seiner Wirtin zu einer Mark abgab. Siefert leugnete erst dem Kriminalbeamten gegenüber, bis er schließlich zugeben musste, dass die Eier nicht aus Olfen stammten, nachdem der Beamte den Kaufmann vorher hatte ermitteln können.

Vorsitzender zum Angeklagten: Weshalb wollten Sie die Fiktion aufrechterhalten, als ob Sie zu Hause gewesen wären? Weshalb sagten Sie nicht, dass Sie auf einer »Plaisirreise« waren, wie Sie später vor dem Untersuchungsrichter behaupteten?

Siefert gibt eine ausweichende Antwort.

Der Kriminalbeamte hat ferner nach der Festnahme bei Siefert den Schlüsselbund des Bürgermeisters Werner gefunden und bei dem Juwelier Keilbauer den Brillantring ermittelt, dessen Stein Siefert bekanntlich für 2.350 Mark verkauft hatte. Den Ehering Busses hat Siefert für 90 Mark verkauft.

Siefert: Ich habe den Ehering verkauft. Mir waren nur 90 Mark geboten, was ich sehr niedrig fand.

Vorsitzender: Sie verkauften den Ring unter dem Namen »Werner«. Nun sagen Sie mir, Siefert, wie kommen Sie zum Namen Werner?

Der Vorsitzende buchstabiert: W-E-R-N-E-R?

Siefert: Jedenfalls, wenn ich eine Ahnung von dem Morde gehabt hätte, hätte ich den Namen Werner nicht gebraucht. Ich nahm den Namen von einem Arbeitskollegen, der so hieß.

Vorsitzender: Es könnte auch so sein, dass Sie den Namen Werner sich aus der Brieftasche des ermordeten Werner eingeprägt haben!

Siefert: Absolut nicht. Es war ja gar kein Name darin vorhanden.

Vorsitzender: Warum haben Sie denn Ihren Namen nicht angegeben? Sie heißen doch Siefert! Wenn man bei einem Juwelier eine Reparatur bestellt, gibt man doch keinen falschen Namen an.

Siefert: Das allerdings.

Vorsitzender: Haben Sie die erste Notiz in den Zeitungen gelesen über das Verschwinden der Bürgermeister? Die Notiz erschien am 4. Juli und die ganze Stadt sprach davon.

Siefert: Leider habe ich das nicht gelesen. Ich wäre dann wenigstens so schlau gewesen und hätte die Sachen bei der Polizei abgegeben.

Vorsitzender: Es kann auch so sein, dass ein Mörder sich so sicher fühlt, dass er Dummheiten macht.

Siefert: Das weiß ich nicht.

Vorsitzender: Meist macht er Dummheiten! Ihre ganze Erzählung geht darauf hinaus, dass Sie Hehlerei begangen haben.

Siefert: Nein, absolut nicht.

Die Ringe der Mordopfer

Frühere Arbeitskollegen von Siefert, die als Zeugen geladen sind, haben Wertsachen bei ihm gesehen. Einmal sagte Siefert zu ihnen, als sie über den Mord am Pfalzgrafenstein sprachen: Ich wundere mich darüber, dass man den Mörder noch nicht erwischt hat.

Zeugin Johanna Englert: Siefert ist am Donnerstagabend, dem 30. Juni, gegen 20.30 Uhr gekommen. Er sagte aber, er müsse bald wieder fort zur Singstunde. Um 22.30 Uhr kam er wieder zu mir. Ich sagte: Was hast du für einen schönen Ring an? Er sagte: Du bekommst auch einen. Ich habe ihn von meinem Stiefbruder aus Amerika bekommen. Siefert sagte mir, der Ring hat einen solchen Wert, dass man eine kleine Hochzeit davon feiern könnte! Am Sonntag sah ich auch eine goldene Uhr und Kette bei ihm.

Auf die Vernehmung des Zeugen Keilhauer verzichtet die Staatsanwaltschaft, da aufgrund des Paragrafen 56 wegen eventueller Hehlerei ein Eid nicht gewünscht werde. Da der Verteidiger auf die Vernehmung besteht, zieht sich der Gerichtshof zu einer viertelstündigen Beratung zurück.

Der Vorsitzende verkündet dem Zeugen Keilhauer dann folgenden Beschluss: Sie sind verdächtig, hinsichtlich der Tat als Hehler aufgrund des Paragrafen 56, Ziffer 3, da Sie zwei Ringe zu auffallend billigen Preisen angekauft haben, obwohl Sie annehmen mussten, dass der Verkäufer sie durch irgendeine strafbare Handlung erlangt hat. Die Vereidigung gilt nicht als erfolgt.

Der Zeuge gibt auf Befragen des Verteidigers an, dass er dem Angeklagten keine Quittung über den Verkauf ausgestellt habe, was Siefert behauptet.

Siefert spielt bei seiner Verhaftung den wilden Mann.

Zeuge Staatsanwalt Haas gibt Auskunft darüber, welchen Eindruck Siefert nach der Verhaftung machte: Während der ersten Durchsuchung des Zimmers hielt ich ihm die sofort gefundene silberne Uhrkette vor. Siefert sagte: »Die Kette gehört nicht mir, die habe ich nie gehabt!« Als ich ihm sagte, dass die Kette soeben in seinem Zimmer gefunden worden sei, erwiderte er: »Das ist unmöglich!« Auch späterhin verlegte er sich zunächst auf völliges Leugnen, obwohl ich ihn darauf aufmerksam machte, wie wichtig die Angaben der ersten Vernehmungen seien. Als ich ihm vorhielt, dass er plötzlich seine großen Schulden habe bezahlen können, ließ er durchblicken, man könne heute auf alle mögliche Weise Geld verdienen. Er wollte damit andeuten, dass er Schiebergeschäfte gemacht habe. Dann versuchte er auf einmal, den wilden Mann zu spielen. Er schrie mich an: »Reichen Sie mir ein Messer, ich will mich richten! Ich lasse mich von niemandem richten. Wer mein Blut vergießt, dessen Blut kommt über mich!«

Ich sagte darauf zu Siefert: »Lassen Sie solche Mätzchen gefälligst bleiben, das wirkt nicht auf mich.« Als Siefert merkte, dass er mit dem Wilden-Mann-Spielen keinen Eindruck machen konnte, stellte Siefert seine Taktik wieder um und bestätigte, dass er zurechnungsfähig sei, aber er habe die Tat nicht begangen. Er bestritt auch zunächst alles. Auch stritt Siefert ab, dass der Herforder Brief in seiner blauen Mappe gefunden worden sei. Weiter sagt der Zeuge Staatsanwalt Haas, dass Siefert anfänglich erklärte, dass er am Mordtage schon abends um 20.30 Uhr in Heidelberg angekommen sei, während er später in seinem »gewaltigen Alibibeweis« angibt, er sei mit dem Schnellzug gekommen und mit der letzten Elektrischen nach Hause gefahren.

Sachverständiger Professor Gruhle wünscht zu hören, ob Siefert außer der einen Szene, wo er den wilden Mann spielte, auch sonst vielleicht die Selbstbesinnung verlor und so patzige Redensarten machte.

Zeuge Staatsanwalt Haas: Er blieb immer vollständig ruhig. Die eine Szene war nur reines Theater.

Berichte über die Voruntersuchung

Zeuge Untersuchungsrichter Hönl: Siefert gab mir in der Voruntersuchung zunächst an, dass ihm ein Landwirt in der Nähe von Jagstfeld 2.000 Mark gegeben habe, als ich ihn fragte, wie der Mann heiße, sagte Siefert: »Das sage ich unter keinen Umständen. Ich betrachte das als eine Ehrensache.« Als ich ihn auf das Blut hinwies, das er auf den Kleidern habe, konnte er sich zunächst nicht erklären, wo es herkomme. Dann gab er an, er hätte Nasenbluten gehabt. Dabei war aber merkwürdig, dass dann das Blut in großen Flecken gerade unten an die Hosen kam. Siefert hat auch anfänglich jeden Besitz von Schusswaffen energisch bestritten. Er habe seit seiner Entlassung vom Militär keine Schusswaffe mehr in der Hand gehabt. Diese Behauptungen setzte er fort, bis ich ihm ganz bestimmte Zeugen entgegenstellen konnte. Er wurde dann offensichtlich blass. Ich bemerkte, wie seine Schlagader hämmerte und er gab dann zu, dass er eine Waffe gehabt hat.

Vorsitzender: Haben Sie in der ersten Voruntersuchung den Siefert nicht gefragt, wo die Leichen sich befinden?

Zeuge Hönl: Ich sagte zu ihm: »Ich weiß nicht, ob Sie der

Täter sind, aber Sie müssen mir zugeben, dass der äußere Schein gegen Sie spricht. Beherzigen Sie, dass die Angehörigen der Ermordeten hier sind, die Schwester Werners, Frau Oberrealschuldirektor Richter aus Schlesien und der Schwager des Oberbürgermeisters Busse, dessen Frau einen schweren Nervenschock bekam. Sie wissen, Siefert«, sagte ich ihm, »was es für die Angehörigen bedeutet, nicht zu wissen, wo die Toten sind. Sie werden unter folgenden Umständen zu überlegen haben, ob Sie nicht vor Gott und den Menschen hierüber die Wahrheit sagen können.« Siefert sagte: »Ich bin nicht der Täter, wenn ich es wüsste, so würde ich als Mensch, der ein Herz im Leibe hat, die Stelle angeben. Wer Derartiges tut, ist überhaupt kein Mensch mehr.« Als die Leichen gefunden wurden, habe ich die Verwandten in meinem Büro empfangen und bin mit ihnen in die Gefängniszelle Sieferts gegangen, weil es möglich hätte sein können, dass Siefert sich nun äußern würde. Die Schwester Werners war tief erschüttert und weinte. Die Antwort Siefert war genau dieselbe.

Vorsitzender: Angeklagter, wollen Sie jetzt etwas hierzu erklären?

Siefert: Nein!

Überprüfung der Vergnügungsreise

Der Zeuge Untersuchungsrichter Hönl tat im Weiteren die Unwahrheit von Einzelheiten der von Siefert erzählten Geschichte seiner Reise nach Jagstfeld dar, die der Angeklagte erzählt hat, um nachzuweisen, dass er am Mordtage im oberen Neckartal war. Siefert selbst hatte sich von dieser Reise die allergrößten Hoffnungen gemacht und zum

Gefängniswärter geäußert: »Wenn ich einmal in die Lage komme, dort überall hingeführt zu werden, weiß man, dass ich nicht der Mörder bin.«

Der Untersuchungsrichter Hönl hat mit dem Angeklagten am 19. August im Auto die ganze Reise wiederholt. Er ist an all jene Orte gefahren und hatte sich an Ort und Stelle bemüht festzustellen, ob der Angeklagte wirklich überall war, wo und wann er angibt. Er hat dort die in Betracht kommenden Zeugen vernommen und ging dabei jeder Spur nach.

Er berichtet:

Es war schon vorher sicher festgestellt, dass Siefert am Montagmorgen eine Fahrkarte nach Jagstfeld löste (die Fahrkarte liegt vor), aber in Offenau ausstieg. (Bis hierher stimmen die Aussagen Sieferts.) Nun will Siefert dort Quartier gesucht haben. Ich ließ mir vom Angeklagten die Wirtschaften zeigen, in denen er war. In der einen der bezeichneten Wirtschaften ist überhaupt keine Quartiergelegenheit. Wirt, Wirtin und sonstige Angehörige sind aber auch dann nicht um Nachtlager gefragt worden. In der zweiten vom Angeklagten bezeichneten Wirtschaft, in der er gefragt haben will, ist Gelegenheit zum Übernachten (fünf Betten). Wegen der Festlichkeit am Sonntag waren die Betten von Sonntag auf Montag alle belegt, aber in der Nacht von Montag auf Dienstag – und um die handelt es sich – waren alle leer. Folglich hat der Angeklagte, wenn er sagte, er habe kein Quartier bekommen können, die Unwahrheit gesagt.

Siefert ließ sich nun nach seinen Angaben über den Neckar übersetzen und nächtigte im Wald. Am nächsten Tage will er dann nach Rappenau gekommen sein und Brot gekauft haben. Die Untersuchung dort verläuft ohne Ergebnis.

Er will alsdann am Mittwoch vom gleichen Fährmann

wieder auf das andere Ufer nach Offenau übergesetzt worden sein.

»Ich stellte nun Siefert dem Fährmann Schott gegenüber. Dieser erinnerte sich sofort wieder daran, dass er Siefert übergesetzt habe von Offenau nach dem anderen Ufer, als Siefert ihm das Gespräch wiederholte, das er damals mit ihm führte. Siefert hatte nämlich zu ihm auf die Wagen des Karussells deutend gesagt: »Die sind der Untergang der jungen Leute. Sie schmeißen da ihr Geld hinaus und haben nichts davon.« Schott gab zur Antwort: »Ja, und die haben das meiste Geld verdient.«

Schott sagte mir damals, er habe Siefert für einen Studenten oder Künstler gehalten. Allein die näheren Feststellungen ergeben, dass sich Schott nur an eine Überfahrt Sieferts erinnert. Und zwar behauptet er, sie habe montags nach dem Fest stattgefunden.

Der Angeklagte will aber obiges Gespräch erst bei der Rücküberfahrt am Mittwoch geführt haben. Allein dem steht entgegen, dass er auf die Wagen des Karussells deutete, nach eigenen Angaben, – die aber erwiesenermaßen mittwochs früh 4 Uhr weggeführt wurden, und so abends nicht mehr da sein konnten.«

Wo also der Angeklagte am Mittwoch war, ließ sich nicht feststellen.

Denn es steht weiter fest, dass

1) keine Fahrkarte 3. Klasse Personenzug von Offenau nach Neckarelz,

2) keine Fahrkarte 3. Klasse Schnellzug Neckarelz – Heidelberg,

3) keine Fahrkarte 2. Klasse Schnellzug Eberbach – Heidelberg an dem fraglichen Abend gekauft wurden (alles nach Ermittlungen des Untersuchungsrichters).

Eine Anzahl Zeugenaussagen erhärtet diese Feststellungen.

Und schließlich hat auch der Schaffner, der den einzigen Wagen 2. Klasse des Schnellzuges, der in Heidelberg 22.35 Uhr eintrifft, kontrollierte, nichts von Siefert bemerkt.

Da der Angeklagte noch behauptet, am Mittwochabend in der Kantine in Neckarelz gewesen zu sein, wird auch die damalige Kellnerin der Kantine vernommen. Auch sie hat nichts von Siefert bemerkt. (In der Kantine werden nur Getränke an Post- und Bahnbeamte abgegeben!) Jeder Zivilist muss sich ausweisen, sodass Siefert als Zivilist ihr gewiss aufgefallen wäre.

Kurz, der Alibibeweis des Angeklagten ist missglückt. Es ist gänzlich unbekannt, wo er am Mittwoch war, und droben an der Mordstelle findet man Fingerabdrücke von ihm.

Um 19.15 Uhr wird die Verhandlung auf Freitagvormittag vertagt. Am Samstag soll ein Ruhetag eingelegt werden, und am Sonntag erfolgen die Plädoyers.

FREITAG, 20. JANUAR 1922:
VERHANDLUNGSTAG 5

Stimmungsbild

Schon über 90 Zeugen sind vernommen, aber noch gibt sich der Anklagevertreter nicht zufrieden. Noch mehr sollen die Behauptungen des Angeklagten widerlegt werden, und wieder sind heute am fünften Verhandlungstag 16 Zeugen geladen.

Stück um Stück brach gestern das Kartenhaus zusammen, das Siefert aufgerichtet hatte, um zu beweisen, dass er am Mordtage – dem berühmten Peter- und Paulstage – sich im oberen Neckartal aufgehalten habe und erst spät abends mit dem Neckarelzer Schnellzug hier eingetroffen sei. Siefert selber hatte auf diese Geschichte die größten Hoffnungen gesetzt und wiederholt zu seinen Gefängniswärtern geäußert: »Wenn man mich nur einmal hinbringen würde, dann würde ich durch Zeugen beweisen, dass ich tatsächlich in Offenau und Heinsheim gewesen bin!« Der Untersuchungsrichter hat sich dann die Mühe genommen und ist mit Siefert in der Gegend herumgefahren, um Stück für Stück allen Spuren nachzugehen. Und es hat sich tatsächlich herausgestellt, dass Siefert dort gewesen ist. Das Wesentliche der Untersuchung ergab aber, dass Siefert von seinem dreitägigen Urlaub zwei Tage tatsächlich in der Gegend von Offenau war, wo er aber am dritten Tage, dem Tage des Bürgermeistermordes, war, darüber gab es keinen Anhalt.

Zeuge um Zeuge marschierte gestern in den Saal, um das Kartenhaus Sieferts einzureißen. Der Ackersknecht, der in der Feldscheune der Gutsverwaltung Heinsheim von Siefert seinerzeit nach dem Wege gefragt wurde, entsinnt sich noch des Gespräches und kennt den Angeklagten sofort wieder, aber er sagt: »Es war nicht an Peter und Paul; denn an Peter und Paul arbeiten wir nicht in der Scheune.«

Auch der alte weißhaarige Fährmann von Offenau, zu dem Siefert auf der Überfahrt gesagt haben will, dass die vom Turnfest noch am Neckar stehende Schiffsschaukel »das Verderben der jungen Leute« sei, kennt Siefert wieder und entsinnt sich dieses Gesprächs, nicht aber des Tages.

Aber der nächste Zeuge, ein Fuhrmann, gibt aufgrund seiner Notizbucheintragung genau an, dass er am Peter- und Paulstage schon morgens in aller Frühe um 4 Uhr die Schiffsschaukel in vier Wagen verladen zur Bahn gebracht hat! Sie hat also nachmittags gar nicht mehr gestanden.

Weiter tritt der Eisenbahnschaffner auf, der im Wagen 2. Klasse des Neckarelzer Schnellzuges am 29. Juni die Kartenkontrolle hatte. Mit aller Bestimmtheit weist er Sieferts Angaben zurück, dass die beiden Unbekannten mit drei Karten 2. Klasse in Eberbach eingestiegen seien und dem Siefert, der ab Neckarelz 3. Klasse gefahren war, die Karte 2. Klasse gegeben hätten. »Das müsste mir doch aufgefallen sein«, sagte er. »So was merkt man sich doch. Die dritte Fahrkarte war doch an der Sperre noch nicht durchlocht und ich hätte Siefert die Anschlusskarte 3. Klasse abverlangen müssen! Es ist auch unmöglich, dass am Bahnsteig für zwei Reisende drei Karten durchlocht werden, weil ein Beamter dann sofort merkt, dass irgendein Schmuggel geplant ist.«

Eine ganze Reihe von Zeugen hatte schon in den Vormittagsstunden bewiesen, dass Siefert schon am Mordabend früher in Ziegelhausen gesehen worden ist, als wie der Neckarelzer Zug in Heidelberg eintraf.

Am heutigen Freitagvormittag findet voraussichtlich die Zeugeneinvernahme ihr Ende und heute Nachmittag werden die letzten Sachverständigen-Gutachten erstattet, darunter das Gutachten über den Geisteszustand des Angeklagten. Die Verhandlungen werden heute noch nicht zu Ende gehen, wie anfänglich vorgesehen war. Der morgige Samstag dient als Ruhetag.

Am Montag erfolgen die Plädoyers und die Urteilsverkündung.

Beginn Vormittagsverhandlung

In der heutigen Vormittagssitzung wird die letzte Reihe der etwa 100 Zeugen, die zu diesem gewaltigen Prozess aufgeboten worden sind, vernommen. Um 9.15 Uhr wird der Angeklagte in den Saal geführt.

Der Verteidiger stellt einen Antrag zum Fall Link: Wenn man mit einer Stundengeschwindigkeit von 60 Kilometern fährt, wie Link es getan haben will, bekommt ein Motorfahrer ohne Schutzbrille tränende Augen, ist also in seiner Sehfähigkeit beeinträchtigt. Bei der Vorführung der Szene vor dem Gericht auf der Ziegelhäuser Landstraße ist der Kriminalkommissar Aßmann, der die Bewegung des Täters vorführen sollte, mit einer Geschwindigkeit von 20 Sekunden über den Weg gelaufen. Ein Schnellläufer macht pro Sekunde sechs Komma fünf Meter, ein Mann im Laufschritt drei Meter. Unter Zugrundelegung der Angaben des Link, dass er 60-Kilometer-Geschwindigkeit hatte, brauchte er zur Zurücklegung der letzten 130 Meter der Wegstrecke neun Sekunden. Also müsste er die »in langsamer, schlapper Gangart über den Weg springende Person« zweifellos eher überholt haben, als diese die andere Straßenseite erreicht haben konnte.

Staatsanwalt Mickel: Zum ersten Teil des Antrages schlage ich die Ladung des Sachverständigen Mappes, Heidelberg, vor. Zur zweiten Frage wüsste ich keinen Sachverständigen.

Der Verteidiger bittet um Ladung eines solchen Sachverständigen. Der Verteidiger bittet dann weiter, dass ihm am Samstag ein Ruhetag gewährt werde und die Plädoyers auf Montag verlegt werden.

Das Gericht zieht sich dann zu längerer Beratung zurück und der Vorsitzende verkündet dann folgenden Beschluss:

1. Die Ladung des Kraftwagenhändlers Mappes wird auf heute Nachmittag angeordnet.

2. Der Antrag auf Ladung eines Gutachters über den Aufwand an Zeit wird abgelehnt, da das Gericht die Angaben des Verteidigers als richtig unterstellt.

Ich verkünde gleichzeitig, dass das Gericht die Absicht hat, dass, wenn heute die Beweisaufnahme fertig wird, am Samstag ein Ruhetag eintritt und am Montag die Plädoyers, die Fragestellung und die Rechtsbelehrung erfolgen. Für den 23. Januar werden an das Publikum neue Tageskarten ausgegeben. Die Ausgabe erfolgt nachmittags 13 Uhr in nur beschränktem Maße, da die Dauerkarten Gültigkeit behalten.

Der Vorsitzende wendet sich dann an die Geschworenen: Falls Ihnen, meine Herren, in diesen Tagen Briefe zugehen oder Leute an Sie herantreten sollten, die Sie im Sinne der Urteilsbildung zu beeinflussen versuchen, so wenden Sie sich vertrauensvoll an das Gericht.

Was tat Siefert nach der Mordtat?

Es werden dann Zeugen vernommen, die darüber aussagen sollen, was Siefert am Morgen nach dem Morde gemacht haben soll. Sein Dienst begann erst, wie Zeuge Kriminalsekretär Vetter bekundet, 11 Uhr.

Zeuge Steinbaecher mit seiner Frau sah anderen Morgens in aller Frühe auf dem Wege zur Mordstelle einen Mann in den Wald gehen, den er für einen Touristen hielt und mit dem er ein kurzes Gespräch führte. Der Mann sagte, obwohl es geregnet hatte und alles nass war, er wolle Himbeeren suchen. Nach der Verhaftung Sieferts ist dem Zeugen der Verdacht gekommen, dass der unbekannte Mann Siefert hätte sein können, da die Steckbrief-Beschreibung passte, und er meldete dem Untersuchungsrichter seine Angaben. Bei der Gegenüberstellung im Gefängnis glaubte er mit Bestimmtheit, Siefert als den fremden Touristen wiederzuerkennen. Die Begegnung war im Walde eine Viertelstunde von der Mordstelle entfernt und der Fremde hatte die Richtung dorthin. Der Mann trug einen braunen Anzug und keine Kopfbedeckung.

Siefert: Es ist merkwürdig, dass der Mann mich im braunen Anzug gesehen haben will. Es war doch Werktag, da trug ich doch nicht meinen Sonntagsanzug.

Die Ehefrau des Zeugen, Zeugin Frau Steinbaecher, die bei der Begegnung zugegen war, ist Siefert ebenfalls im Gefängnis gegenübergestellt worden. Sie sagt unter Eid: Ich glaube sicher, dass Siefert es war!

Verteidiger: Zu welcher Uhrzeit haben Sie den Mann gesehen?

Zeugin Steinbaecher: Wir hatten keine Uhr bei uns. Der Tourist hatte uns auf Befragen gesagt, es sei 6.30 Uhr.

Der Zeuge Steinbaecher bekundet, als sie ins Dorf zurückkamen, die Kirchturmuhr in Ziegelhausen acht Minuten vor 7 Uhr zeigte.

Zeuge Nikolaus Johann, Kaufmann in Ziegelhausen, traf Siefert im Dorf am Freitag gegen 10 Uhr vormittags.

Vorsitzender: Hatten Sie den Eindruck, dass er aus dem Walde kam?

Zeuge Johann: Ich meinte, er sei von seinem Haus gekommen.

Vorsitzender: War er gut gekleidet?

Zeuge Johann: Er hatte einen weißen Kragen an und schien mir gut gekleidet. Später hat mir Siefert einen Ring gezeigt, den er aus einer Erbschaft empfangen haben wollte. (Der Zeuge kennt den ihm vorgehaltenen Ring Werners als jenen »Erbschaftsring« wieder.) Einige Tage später traf ich Siefert zeitunglesend in der Kratzmüllerschen Wirtschaft. Wir unterhielten uns über die Mordtat, und Siefert sagte weiter, dass er jetzt seine Schulden bezahlen und wohl noch etwas auf die Sparkasse bringen könne. Auf einem Ausflug am Sonntag nach der Tat war Siefert ungewöhnlich lustig, doch machte diese Lustigkeit auf den Zeugen einen etwas gezwungenen Eindruck.

Zeugin Frau Wohlfahrt ging am Tage vor der Verhaftung mit ihrem Töchterchen am Pfalzgrafenstein in der Nähe der Mordstelle zwischen 15.30 und 16.30 Uhr spazieren. Plötzlich schrie das Töchterchen auf, in dem dunklen Tannendickicht sei jemand. Die Frau sagte: »Beruhige dich, Kind, es wird wohl ein Eichhörnchen sein.« Auf einmal kam ein Mann aus dem Tannengebüsch heraus. Er warf uns einen schauerlichen Blick zu. »Mutti, Mutti, sieh, das ist er!«, schrie mein Töchterchen. Es war so erschrocken, dass es sich später übergeben musste.

Später sahen wir weiter unten auf der Waldwiese einen jungen Menschen in schlappigem Gang herspringen. Einige Leute, die stehen blieben und ihn musterten, sprach der Mann an, und zwar machte er einen Bettelversuch.

Vorsitzender, auf den Angeklagten zeigend: Ist dieses der Mann, den Sie im Walde gesehen haben?

Zeugin Wohlfahrt: Ja, bestimmt!

Verteidiger: Was hatte der Mann damals für eine Kleidung?

Zeugin Wohlfahrt: Einen dunklen Anzug.

Verteidiger: Ist dieser der Anzug (auf den braunen Anzug zeigend)?

Zeugin Wohlfahrt: Das tut mir leid, das weiß ich nicht; der Mann war mir so unheimlich und schaute mich von unten herauf an, dass ich auf die Kleider nicht so achtete.

Vorsitzender zu Siefert: Schauen Sie einmal die Zeugin von unten herauf an.

Siefert sieht sie lächelnd und freundlich grinsend von unten an.

Zeugin Wohlfahrt: Er hat damals nicht so gelächelt. Er sah unheimlich aus und war sehr blass.

Weitere Zeugen erkennen Siefert

Frau Rittmüller war mit ihrem Sohn und einer Bekannten am Mittwoch, dem 29. Juni (Peter und Paul) in aller Frühe die Aue aufwärts gegangen, als sie plötzlich auf dem Feldweg einen Mann sieht. Da es sehr früh ist, und sie allein sind, beobachtet sie den Mann genau, der aber weiterging. Der Mann hatte dunklen Anzug, gestelltes Haar und war eine hohe Gestalt. (Alles bei Siefert der Fall.) Sie glaubt auch, in dem Angeklagten den Mann wiederzuerkennen.

Der Sohn der Zeugin, ein aufgeweckter Junge, blieb stehen, als sie den Mann bemerkten und gab Acht, was er mache.

Auch er hat einen braunen Anzug, gestelltes Haar bemerkt. Der Mann war von ihm etwa 30 Meter entfernt.

Der Verteidiger fragt ihn, ob er denn als Schüler der dritten Klasse schon so genau schätzen könne. Er möchte doch mal die Länge des Sitzungsraumes schätzen.

Der Junge schätzt den Saal auf 25 Meter. (Wie die Bauinspektion auf Befragen des Staatsanwalts mitteilt, ist der Saal 14,2 Meter lang.)

Der Junge erklärt bestimmt, Siefert ist der Mann.

Untersuchungsrichter Hönl teilt mit, man habe dem Jungen ein Bild Sieferts gezeigt, und sofort habe er gesagt: »Ja, das ist er!«

Zeugin Frau Meuter hat am Peter- und Paulstage gleichfalls einen Mann in braunem Anzug am Auweg gesehen. Er sah so ähnlich aus wie Siefert, sie erkennt ihn aber nicht genau wieder.

Zeugin Witwe Glormann (Schlierbach) ging am Peter- und Paulstage zum Himbeersuchen in den Wald und sah einen großen Mann ohne Hut und im braunen Anzug auf eine Entfernung von 20 Metern im Gebüsch. »Ich hab´ gedenkt, alleweil kann mer Angscht krieche!« Die Zeugin kann aber heute nicht mit Bestimmtheit Siefert wiedererkennen.

Zeuge Untersuchungsrichter Hönl teilt mit, wie er die Zeugen bei der Voruntersuchung in den Gefängnishof führte, wo etwa ein Dutzend Gefangene in Sträflingskleidern herumspazierten. Die Zeugen haben sofort unter all den Gefangenen den Siefert herausgefunden. »Ich habe dann den Siefert so kleiden lassen, wie der Mann im Walde bekleidet war. Man erkannte ihn dann erst recht ganz sicher wieder. Es ist lächerlich, dass Siefert glatt alles ableugnete.«

Der kleine Volksschüler Rittmüller machte seine Aussagen am bestimmtesten.

Vorsitzender zum kleinen Rittmüller: Hast du Siefert schon vorher gekannt oder gesehen?

Der kleine Rittmüller: Ich kann ihn gesehen haben, gekannt habe ich ihn nicht.

Siefert: Den Jungen habe ich hundertmal am Sportplatz gesehen. Deshalb muss er mich doch erkannt haben.

Der kleine Rittmüller: Nein, das stimmt nicht! Ich komme nicht auf den Sportplatz! (Bewegung im Zuschauerraum)

Zeugin Frau Wetzel hat Siefert am Peter- und Paulstage nachmittags in Ziegelhausen gesehen, und zwar traf sie ihn mit dem Dienstmädchen Englert in ungebührlicher Weise auf einer Bank sitzen. Sie hat ihn, da er ihr vorher unbekannt war, im Gefängnis sofort an den Gesichtszügen genau wiedererkannt.

Zeugin Dienstmädchen Johanna Englert: Ich war nachmittags am Peter- und Paulstage nicht mit Siefert zusammen, das war erst am Abend.

Zeugin Sophie Oehler ist mit ihrer Freundin Englert zusammen von der Frau Wetzel am Peter- und Paulstage, beide im Dirndlkleid, mit Siefert gesehen worden; das Mädchen weiß nicht, ob es am Peter- und Paulstage war.

Zeugin Lina Lehn, 15 Jahre alt, will Siefert ebenfalls am Peter- und Paulstage mit der Englert in Ziegelhausen gesehen haben. Das Mädel hatte ein rotes Dirndlkleid an. Es war bestimmt ein Feiertag, denn sie arbeitete an dem Tag nicht.

Siefert: Es ist bestimmt eine Verwechslung; denn Fräulein Englert sagt ja selber, dass ich nicht bei ihr war.

Ausbruchsversuch Sieferts

Zeuge Gendarmerieoberwachtmeister Büttner machte dann sehr interessante Aussagen über einen Versuch Sieferts, einen Brief aus dem Gefängnis herauszuschmuggeln. Siefert warf den Brief aus dem Zellenfenster heraus. Er fiel aber nicht auf die Straße, sondern auf den Gefängnishof und wurde von dem Zeugen gefunden. Der Brief war an einen Freund geschrieben und war mit Briefmarken freigemacht. Auf dem angehängten Zettel, auf dem die Portomarken hingen, stand darauf: »Werfen Sie bitte diesen Brief in den Postkasten. Sie helfen einem Menschenfreund, der unschuldig hier draußen sitzen muss.«

Während der Verlesung dieses Briefes zieht Siefert gerührt sein Taschentuch hervor und putzt sich die Tränen ab.

Intime Geheimnisse

Sodann wird eines der Siefertschen Verhältnisse, Zeugin Fräulein Emma Wanner, vernommen. Wegen Gefährdung der Sittlichkeit wird die Öffentlichkeit ausgeschlossen. Siefert hatte mit der Zeugin Geschlechtsverkehr und behauptet, die Blutspuren an seiner Kleidung seien darauf zurückzuführen, dass die Zeugin ihre Tage hatte.

In der nichtöffentlichen Sitzung erstattet auch der Sachverständige, Medizinalrat Doktor Holl, ein Teilgutachten.

Damit schließt die Vormittagssitzung.

NACHMITTAGSVERHANDLUNG

Gutachten eines Kraftwagenhändlers

Um 15.15 Uhr wird die Nachmittagssitzung eröffnet.

Kraftwagenhändler Mappes erstattet zunächst sein Gutachten darüber, ob ein Motorradfahrer, der in einer Geschwindigkeit von 50 – 60 Kilometern fährt, in der Lage ist, ohne Schutzbrille einen Menschen genau zu sehen. Der Gutachter bestätigt das. Er selber fahre seit 23 Jahren und fahre lieber ohne als mit Schutzbrille. Wenn auch ein Auge tränt, bei frischer Luft blieben trotzdem die Augen selbst ganz klar und ich sehe auf 20 Meter Entfernung jeden Stein. Auch bei 60 Kilometer-Geschwindigkeit fährt kein Motorradfahrer leichtsinnig, er muss alle Sinne angestrengt halten, Augen und Gehör. Ich halte daher die Aussagen Links nicht nur für wahrscheinlich, sondern, wenn er es sagt, für sicher. Ein Motorradfahrer fährt viel vorsichtiger als jeder andere Fahrer.

Vorsitzender: Glauben Sie, dass man einen raschen Blick nach der Seite während solch raschen Fahrens auf einen Menschen werfen kann?

Sachverständiger Mappes: Das kann man im Bruchteil einer Sekunde! Ich selber habe einen schweren Unfall erlitten, als ein Bauer plötzlich hinter seinem Fuhrwerk in meine Maschine sprang. Trotz des Sekundenbruchteils war mir die ganze Szene sofort bildhaft klar vor Augen.

Gutachten zum Karabiner

Gerichtschemiker Doktor Popp erstattet dann seine Gutachten über die Waffen:

»Die bei der Leiche Werners gefundene Waffe ist am Schaft abgebrochen und außerdem zeigt die Waffe eine ganze Reihe von Verbeulungen und eine ganze Anzahl Kratzer. Es sind eine Reihe ganz kleiner sprühregenartiger Blutspritzer gefunden worden. Dadurch ist bewiesen, dass der Kolben schon abgebrochen war, während die letzten Schläge der Waffe noch auf den Kopf des Niedergeschlagenen gefallen sind. Es ist anzunehmen, dass die Verbeulungen und Kratzer daher rühren, dass mit dieser Waffe Felsstücke bewegt worden sind, indem sie als Hebel benutzt wurde. Die Waffe zeigt den Stempel »Erfurt: 1917«.

An der Waffe befand sich eine große Anzahl bräunlicher Haare, die ich sammelte. Ich schnitt von den Leichen Busses und Werners, sowie von Siefert Haare ab und stellte fest, dass die Haare am Gewehr von Bürgermeister Werner stammten. Im Wildschützenstand fand man eine Patrone liegen, woraus zu entnehmen ist, dass der Repetiermechanismus dieses Karabiners nicht in Ordnung war, sonst hätte sich der Täter seine Patrone nicht einzeln zurecht zu legen brauchen. Daraus lässt sich mit ziemlicher Sicherheit der Schluss ziehen, dass die Waffe nur als Einzellader benutzt werden konnte. Nun wurde in der Wohnung des Angeklagten die Zubringerfeder gefunden, die dazu dient, die Patronen bei Repetieren hochzuschieben, um die Selbstladung zu ermöglichen. Wenn solcher Mechanismus am Gewehr fehlt, ist also die Waffe nur als Einzellader zu benutzen.«

Der Sachverständige erbringt weiter den Nachweis, dass die Zubringerfeder zu dem Mordgewehr gehört hat. Er

hat die Stempel, die sich auf der Waffe befinden, vergrößert und in den Einzelheiten genauer geprüft. Die Waffe
hat bekanntlich die Nr. 8084 und die Zubringerfeder 84.
Die Nummern der Stempel hatten in beiden Fällen dieselbe Stanzung, und die Ausführung der Ziffer acht und
der Ziffer vier stimmte genau überein. Es spricht alles dafür
und nichts dagegen, dass die Stempel von derselben Fabrik stammen. Der Sachverständige zeigt dann die vergrößerten Fotografien der Zahlenstempel den Geschworenen.

Sachverständiger Oestreich von den *Deutschen Wer-
ken* in Erfurt, langjähriger Waffenrevisor und früher Waffenmeister bei *Krupp*, hat durch Lupenuntersuchung festgestellt, dass die Mordwaffe und die Zubringerfeder den
Erfurter Stempel tragen. Soweit er gesehen hat, gehört der
Zubringer Sieferts zur Mordwaffe. In Erfurt ist nur ein
langjähriger Graveur, der die Ziffern so sticht wie auf diesen beiden Teilen. Der Sachverständige nimmt an, dass Siefert den Zubringer aus dem Grunde der Waffe entnommen hat, um ihr den Charakter als Militärwaffe zu nehmen.

Staatsanwalt Mickel: Ich nehme an, dass der Sachverständige auch mit der Lupe die Patrone aus dem Heckenschützenstand mit der Patronenhülse verglichen hat, die
bei der Attentatsstelle Link gefunden wurde.

Sachverständiger: Jawohl, beide tragen den Buchstaben
S, das ist die *Waffenfabrik Siegburg*.

Gutachten Doktor Popps

Doktor Popp führt sodann sein Gutachten über die vorliegenden Beweisstücke fort.

»Ein S-Geschoss kann sehr leicht aus seiner Richtung

abgedrängt werden, wenn es auf irgendeinen Gegenstand, eine Zweigspitze oder dergleichen, aufstößt. Bei der Inaugenscheinnahme der Mordstelle fanden wir an einer Fichte eine Baumverletzung, die ich herausgeschnitten und untersucht habe. Die Verletzung ist genau so, dass ein Querschläger darauf passt.

Ich wende mich jetzt zu den Blutspuren an den Kleidern Sieferts. Man konnte an den Kleidern sofort bei der Beschlagnahme einen rötlichen Schimmer sehen, der aber nicht ohne Weiteres erkennen ließ, dass es Blut war. Wenn man Wasserstoffsuperoxyd auf Blut einwirken lässt, so wird sofort ein Teil des Sauerstoffs entbunden, und zwar mit solcher Heftigkeit, dass sich ein Schaum entwickelt, der so dick ist wie Rasierschaum. Es gibt aber noch feinere Reaktionen, die ebenfalls angewandt wurden.«

Einsatz der Spektralanalyse

»Wir wandten die Spektralanalyse an. Der rote Blutfarbstoff absorbiert nämlich im Spektrum einen Teil des Lichtes. Auf den Regenbogenfarben des Spektrums erscheinen bei Blutuntersuchungen ganz bestimmte dunkle Farbbänder, die zwischen Gelb und Rot liegen und nur vom Prohämoglobin herrühren können. Weiter musste festgestellt werden, ob es sich nicht um tierisches Blut handeln könne. (Der Sachverständige bezog deshalb, vom Reichsgesundheitsamt Menschenblut-Antiserum.)

Mit diesem Serum kann man schon bei einer Blutlösung von 1: 20.000 Menschenblut nachweisen, und ich konnte an dem Anzug Sieferts feststellen, dass nur Menschenblut in Frage kam. Es wurde der Anzug ferner genau mit einem

Binokular-Mikroskop untersucht und man konnte zwischen den Fasern Blut feststellen. Dieses Blut reagierte bedeutend stärker als die verwaschenen Blutstellen, die mit bloßem Auge sichtbar waren, weil diese anscheinend mit Wasser vorher behandelt waren, wodurch der Blutfarbstoff ausgelaugt war. Das Blut-Eiweiß war auch an diesen verwaschenen Stellen vermutlich durch ein heißes Bügeleisen zersetzt worden; denn ein Bügeleisen hat im Durchschnitt eine Temperatur von etwa 70 Grad, und bei 71 Grad gerinnt das Eiweiß.«

Die Blutspuren an Sieferts Kleidung

»Am Rock, wo anscheinend zuerst gebügelt wurde und das Bügeleisen noch heißer war, war die Blutzerstörung stärker als an der Hose, wo das Eisen nicht mehr die volle Hitze hat. Um an dem Anzug ganz feine Blutspritzerchen zu ermitteln, wurde mit einem Spritzapparat derselbe mit Wasserstoff-Superoxydlösung abgesprüht.

Überall, wo ein Schäumchen auftrat, wurde das entdeckte Blutfleckchen vom Anzug entfernt und mikrochemisch untersucht. Es waren feine Spritzerchen, wie sie entstehen, wenn man mit einem harten Gegenstand einen bereits blutenden Menschen auf die verletzte Stelle schlägt.

Wie gesagt, wurde das Blut also nicht nur in den verwaschenen Stellen, sondern auch sprühartig an Sieferts Anzug entdeckt. Das entspricht durchaus dem Vorgang, wie er stattfindet, wenn ein Mann mit blutendem Kopf am Boden liegt und auf den Kopf noch weitere Schläge empfängt, sodass dann das Blut nach allen Seiten auseinanderspritzt, und den Angreifer übersprüht.

Aber damit nicht genug! Ich fand auch in der linken inneren Brusttasche des Rockes von Siefert eine Blutabstreifung, die die Behauptung des Angeklagten widerlegt, dass die Blutspuren an seinen Kleidern jene Ursache haben, wie er in der nicht-öffentlichen Sitzung angegeben hat.«

... und Blutspuren an Frottierhandtüchern

»Im Besitz des Angeklagten wurden nun zwei Frottierhandtücher gefunden, die außer verschiedenen rötlichen Stellen unter dem Mikroskop erkennbare feine Wollfasern enthielten. Diese Wollhärchen wurden gesammelt und mit dem Anzug Sieferts verglichen und es stellte sich heraus, dass sie von seinem Rock und seiner Hose stammten.

Daraus ziehe ich den Schluss, dass mit diesen Frottiertüchern die Reinigung der Kleider des Angeklagten von Blut vorgenommen wurde. Ferner fand sich im Besitz des Angeklagten ein Taschentuch, mit einem W gezeichnet, das außer Blutspuren einen dunklen Farbstoff enthielt. Dieser Farbstoff stellte sich als *Nitrofin* heraus. Das ist der schwarze Farbstoff, der zur Herstellung von Schuhwichse dient.

Daraus lässt sich die Möglichkeit herleiten, dass der Angeklagte mit diesem Taschentuch von seinen Schuhen die Blutspuren abgewischt hat. (Doktor Popp zeigt die Schuhe den Geschworenen.) An den Absätzen und dem Oberleder wurden verschiedene Verletzungen und Kratzer festgestellt, die dadurch entstehen, dass der Träger derselben durch ein schwieriges Gelände sich bewegt hat.«

Verteidiger: Können die Kratzer nicht auch schon früher entstanden sein?

Sachverständiger: Selbstverständlich!

Doktor Popp fortfahrend: An dem Rucksack des Angeklagten wurden keine Blutspuren entdeckt, wohl aber fri-
sche Eiweißreste. Auch an Manschetten des Angeklagten
waren Blutspritzer.

Blutige Geldscheine der Opfer

Der Sachverständige wendet sich dann den Effekten der
beiden Opfer zu, die bei dem Angeklagten gefunden worden sind. Von den Geldscheinen hatte nur einer, und zwar
ein Fünfmarkschein, einen Blutflecken.

Verteidiger, einfallend: Kann dieser Fleck nicht auch von
anderen Personen verursacht worden sein?

Sachverständiger: Das ist möglich, aber der Blutfleck war
noch krustig und der Schein konnte infolgedessen noch
nicht lange in solchem Zustand in Verkehr gewesen sein.

Am Tatort wurden fettige Papiere eingesammelt, in
denen vielleicht Butterbrote eingewickelt gewesen waren.
Hier konnte kein Fingerabdruck festgestellt werden, weil
sie auf dem fettigen Papier leicht verlaufen.

Ich sammelte auch an der Mordstelle eine Reihe von
Eierschalen, auf denen gleichfalls keine deutlichen Fingerabdrücke ermittelt werden konnten.

Schnittstellen an Zweigen

»Das Räuberlager war mit Moos schön ausgepolstert und
mit Fichtenzweigen umsteckt. Ich nahm die Schnittstellen
der Zweige mit und fand auch in der Umgegend die betreffenden Bäume, von denen die Zweige abgeschnitten waren.

Auch hier entfernte ich die Schnittflächen. Von jeder Schnittfläche wurden stark vergrößerte Fotografien gemacht und alle Schnittflächen zeigen eine deutliche Scharte.«

Der Sachverständige zeigt die Fotografien und die Originalholzschnitte der Geschworenenbank und fährt fort: »Nun wurden bei dem Angeklagten drei Messer erhoben. Um festzustellen, ob an einem der Messer die gleiche Scharte gefunden werden könne. Die Untersuchung ergab, dass von diesen Messern keines zu den Scharten passte. Es muss ein sehr schartiges, schlechtes Messer gewesen sein.

Vorsitzender zu Siefert: Haben Sie nicht lange Zeit ein sehr schlechtes, schartiges Messer gehabt, das oben einen Sprung hatte?

Siefert: Ich hatte ein ähnliches Messer nicht. Ich machte mir meine Messer mit feststehender Klinge selber und hatte ein Messer, das einen Sprung am Rücken hatte, nicht aber an der Schneide und auch keine Scharte.

Sachverständiger Doktor Popp: Es ist festgestellt worden, dass der Angeklagte zurzeit seiner Verhaftung sich ein neues Messer angeschafft hat.

Verteidiger: Siefert, wo ist das letzte Messer hingekommen?

Siefert: Das alte Messer war mir durchgebrochen, da habe ich es auf meiner Arbeitsstelle weggeworfen.

Es tritt sodann eine Pause ein.

Weiteres Beweismaterial

Nach der Pause fährt Doktor Popp in seinem Gutachten fort und macht außerordentlich interessante Mitteilungen über weiteres Belastungsmaterial gegen Siefert.

»Die Seite des Pfalzgrafensteines, wo der Mord passierte, ist ein Schattenhang, wo der Moosbewuchs auffällig üppig gedeiht. Selbst in dem sehr trockenen und heißen Sommer vorigen Jahres hatte der Waldboden hier eine gewisse Bodenfeuchtigkeit, in der das Moos üppig wachsen konnte. Der Hang auf der anderen Neckarseite bei Ziegelhausen und in der Nähe des Tatortes Link hat dagegen unter der Einwirkung der heißen Sommersonne nur eine ganz geringe Moosvegetation in winzigen Kümmerformen hervorgebracht. Es war dort der Boden zu trocken, um diesen kleinen Lebewesen der Pflanzenwelt ein gutes Fortkommen zu ermöglichen.

Nun haben wir gesehen, dass das sogenannte Räuberlager mit Moos dicht und schön ausgepolstert war, und bei der Geländebesichtigung konnte man sehen, dass nur eine Person darin gelagert hatte. Auch im Wildschützenstand, einige Meter vom Räuberlager entfernt, war nur für eine Person eine Knieauflage geschaffen, die mit Moos gut gepolstert war. Ich sagte mir sofort, als ich bei der Auffindung der Leichen das Lager besichtigte: Wer auf dem Mooslager liegt, der muss auch von den Moosspuren in den Kleidern haben! Ich fand auch dort vermoderte Blattreste verschiedener Baumarten sowie Tannennadeln von zwei verschiedenen Längen, sammelte alles und nahm es mit zur Untersuchung. Im Laufe der weiteren Untersuchung hielt ich es für notwendig, mir die Flora des ganzen Hanges am Pfalzgrafenstein noch einmal gründlicher anzusehen. Ich machte also eine Spezialexkursion, um zu botanisieren. Ich habe zwar selber früher eifrig Botanik getrieben, hielt es aber für notwendig, noch einen Spezialsachverständigen, den Botaniker der Frankfurter Universität Geheimrat Moebius, zu diesem Ausflug einzuladen, der mir gleichzeitig auch noch einen Assistenten mitgab als besonderen Spezialisten für Laubmoose.

Anmerkungen zum Geheimrat Möbius

Martin Möbius (* 7. Dezember 1859 in Leipzig; † 25. Januar 1946 in Frankfurt am Main) war ein deutscher Botaniker und von 1891 bis 1893 außerordentlicher Professor für Botanik an der Universität Heidelberg. 1893 wurde er Dozent für Botanik und Direktor des Gartens der Doktor Senckenbergischen Stiftung. Von 1914 bis 1928 war er der erste Institutsleiter des Botanischen Instituts der Johann Wolfgang Goethe-Universität Frankfurt am Main und in Personalunion Direktor des Botanischen Gartens Frankfurt am Main.[26]

Laubmoose in der Kleidung des Angeklagten

»Wir kamen zu folgendem Ergebnis: Es wurde festgestellt, dass in dem Räuberlager und in der Umgebung desselben sechs verschiedene Laubmoosarten vorhanden waren. (Der Sachverständige zeigt auf großen Herbarienblättern die dort gesammelten Moose und Blätter, darunter Blätter von Rotbuche, Weißbuche, Kastanie, Eiche, Birke und Haselnuss sowie Nadeln zweier verschiedener Fichtenarten, die an der Mordstelle vorkommen.)

Nun, meine Herren, hat die Untersuchung der Kleider des Angeklagten ergeben, dass an diesen Kleidern die ganze Flora des Pfalzgrafenhanges vertreten war, und zwar hauptsächlich auf dem Überzieher, dessen Wolle allerhand

Moosspuren enthielt. (Die Moosrestchen, vermoderten Blattteilchen und Tannennadeln, die an den Kleidern Sieferts, hauptsächlich auch in den Ecken der Rocktaschen gefunden wurden, zeigt der Sachverständige sodann auf besonderen Blättern und stark vergrößerten Fotografien der Geschworenenbank.)

Eine genaue mikrofotografische Untersuchung ergab, dass von den sechs Moosarten des Pfalzgrafenhanges vier Arten an dem Anzug des Siefert vertreten waren. Diese Reste zeigten in der Wuchsform dieselbe Üppigkeit und Entwicklung der Blätter, wie sie am Tatort zu sehen waren. Das ist in den stark vergrößerten Fotografien mit besonderer Deutlichkeit zu erkennen.

Die vermoderten winzigen Blattstückchen, die in die Taschen Siefert gefallen waren, stammten von Hainbuchen, Rotbuchen, Eichen und zwei verschiedenen Fichtenarten, wie sie an der Mordstelle vorhanden sind. Diese Moderrestchen mussten sehr stark vergrößert werden und man konnte dann an der Äderung und der Form des Zellengewebes die Baumarten erkennen, von denen sie herrührten.

Die Indizienkette schließt sich

»Nun war die Frage zu prüfen, ob nicht etwa auch der Ziegelhäuser Berghang, wo der Angeklagte angeblich immer gewesen sein will, eine ähnliche Flora aufweist. Ich habe also meine botanischen Studien dann auch auf der anderen Neckarseite bei Ziegelhausen vorgenommen und stellte fest, dass dort nur zwei von den sechs Moosarten des Pfalzgrafensteins vorkommen, aber nur in verkümmerten Formen! Außerdem hat der Angeklagte angegeben, dass er in der

Nacht vom 28. zum 29. Juni in einem Walde bei Wimpfen genächtigt habe. Es wurden auch dort, wo Siefert die Lagerstelle bezeichnen musste, Moose vom Boden aufgesammelt und Beobachtungen der Bäume vorgenommen, und wir entdeckten, dass dort gar kein Fichtenwald, sondern ein Kiefernwald sich befand, während man am Siefertschen Anzug Fichtennadeln gefunden hatte. (Der Sachverständige zeigt noch einmal diese Fichtennadeln, die mit Gelatine auf einen Bogen Papier geklebt sind.) Außerdem wuchs dort eine ganz andere Moosart. Von der Flora dieser Stelle war an seinem Anzug überhaupt nichts zu finden!«

Vorsitzender: Ich bitte, dem Angeklagten die Fotografien und andere Beweisstücke vorzulegen, damit er eine Erklärung abgeben kann.

Siefert wehrt sich

Der Sachverständige begibt sich dann zu Siefert und erklärt ihm die Einzelheiten seines Herbariums und der Blutuntersuchung.

Siefert: Es ist doch eigentlich sonderbar, dass die Blutspuren gerade am rechten Hosenbein und am linken Ärmel sind.

Vorsitzender, mit Betonung: Und in Ihrer linken inneren Rocktasche!

Siefert vertieft sich dann eingehend in die Bilder des Sachverständigen.

Sachverständiger Popp, fortfahrend: Die Untersuchung der Schuhe Sieferts, von denen ich schon sprach, zeigte ferner, dass im Spalt der Sohle und des Absatzes ein Stückchen Moos und ein Grasblättchen eingeklemmt waren von

Pflanzen, die mit denen des Räuberlagers übereinstimmen. Damit bin ich am Ende meiner Feststellung.

Siefert: Ich finde es sonderbar, dass man an meinen Schuhen Moos finden will, wo ich doch meist damit auf den Schutthaufen am Bahnhof herumgelaufen bin. Auf dem Überzieher pflege ich mich im Walde auszuruhen.

Vorsitzender: Sie haben also darauf im Walde geruht! Und wir hörten vom Sachverständigen von der merkwürdigen Übereinstimmung der Pflanzenreste an Ihrem Anzug mit denen der Mordstelle.

Siefert: Dürfte ich erfahren, wo der Sachverständige in Ziegelhausen die Moose gesammelt hat? Ich war meistens in der Bärenbach und bei der Gelatinefabrik. Da gibt es hauptsächlich Fichtenwald und auch schattige Stellen.

Sachverständiger Doktor Popp: der Fichtenwald ist dort sehr dicht und wirft kolossalen Schatten. Der dunkle Waldboden ist nur mit Nadeln bedeckt und es ist überhaupt kein Mooswuchs darin. Nur am Waldrand fand ich die winzigen Kümmerformen. Ich besuchte den ganzen Berghang am Tatort Links und beschritt den oberen Parallelweg zur Landstraße, ferner die Gegend der Gelatinefabrik und habe mir den ganzen Hang daraufhin angesehen, wo Fichtendeckungen waren. Auch in der Nähe der Wohnung Sieferts und weiter nach Heidelberg zu ergab sich eine andere Flora.

Siefert: Wo ich hinging in der Bärenbach, war auch Moos zu finden. Das war ein Winterhang.

Verteidiger: Haben Sie dort öfters gelagert?

Siefert: Öfters? Sogar bereits jeden Tag, wenn es mein Dienst erlaubte.

Auf eine Frage des Staatsanwaltes, ob der Angeklagte vor dem Prozess das schriftliche Gutachten des Doktor Popp zur Durchsicht bekommen hat, erwidert der Verteidiger, dass er das Gutachten erst am 31. Dezember vom Untersuchungsrichter im Duplikat bekommen und dem Angeklagten in seine Zelle gebracht habe.

»Ich habe«, fährt er fort, »als Jurist nicht die Fähigkeit, alle diese wissenschaftlichen Vorgänge nachzukontrollieren. Ich habe als Offizialanwalt nicht die Möglichkeit einer Nachprüfung des Sachverständigengutachtens und ich muss mich deshalb voll und ganz auf die Autorität des Sachverständigen verlassen.«

Sachverständiger Doktor Popp: Das sogenannte Bärenbachtal (das sich bei der Gelatinefabrik nach Norden abzweigt) habe ich nicht weiter studiert. Ich will die Möglichkeit nicht bezweifeln, dass auch dort das ein oder andere Moos noch wächst. Aber, meine Herren, es ist doch merkwürdig, dass sich an einem Platz sechs verschiedene Moosarten zusammenfinden in einer Dichte, dass sie sich in einem Mantel wieder vorfinden. Die Moose wachsen doch nicht in ihren verschiedenen Arten so dicht durcheinander, und im Räuberlager waren die Moospolster aus der Umgebung alle zusammengetragen.

Schlussfolgerungen des Gutachters

In seinen Schlussfolgerungen führt Doktor Popp dann noch aus: »Ich versichere wiederholt, dass ich mich bemüht habe, so objektiv wie möglich zu bleiben. Da meiner Wissenschaft Grenzen gesetzt sind, habe ich Spezialsachverständige hinzugezogen. Es hat hier der Spezialsachverständige der *Deutschen Werke* in Erfurt gesprochen, und ich habe die Unterstützung bedeutender Botaniker der Frankfurter Universität gehabt, um mit größter Treue und Gewissenhaftigkeit meine Feststellungen machen zu können. Der Täter hat sich längere Zeit am Tatort aufgehalten und war auch nach der Tat noch einige Zeit dort, um die Beute zu sichten, was aus dem Zwickerfutteral Busses hervorgeht, das an anderer Stelle gefunden wurde.

Der Täter muss ein kräftiger, waffenkundiger Mensch gewesen sein, denn nach dem Befund der Kleider der Leichen geht hervor, dass er die Leichen nicht geschleift, sondern vielleicht unter den Arm gepackt und nur mit den Beinen hat nachschleifen lassen.

Wenn ein Mörder die Sachen des Ermordeten verschenkt, um sich zu entlasten, ist es fraglich, ob er dann auch neutrale Sachen, wie Papiergeld und Brotmarken, einem anderen zusteckt, aus denen man doch nicht ohne Weiteres beweisen kann, dass sie von einem ganz bestimmten Opfer herstammen.

Siefert hat neben den als sicher erkannten Wertgegenständen der Ermordeten auch plötzlich viel Papiergeld und die Reisebrotmarken im Besitz gehabt! Der Fingerabdruck im Walde ist bekanntlich als zweifellos sicher von Siefert herrührend erkannt worden.«

Mehrere Täter?

Verteidiger: Es ist für eine Person außerordentlich schwer, sich in dem Gelände des Pfalzgrafensteins fortzubewegen, wie die Geschworenen selber bei der Besichtigung des Tatorts gesehen haben. Noch viel schwerer ist es, einen toten Körper dort zu bewegen. Ist es nicht ausgeschlossen, dass mehrere Personen hier in Frage kamen?

Sachverständiger Doktor Popp: Ich bin der Ansicht, dass

nur eine Person in Frage kommt. Es ist nur eine Waffe am Tatort gefunden worden. Diese Schusswaffe hat 1. zur Tötung Busses durch Schuss, 2. zur Niederschlagung Werners gedient. Wenn ein anderer Täter bei der Aktion mit zugegen gewesen wäre, so spricht die größere Wahrscheinlichkeit dafür, dass dann die Verletzungen der Toten die Einwirkung einer zweiten Waffe oder einer anderen Person gezeigt hätten. Das Lager und der Schützenstand waren nur für eine Person hergerichtet. Die Bergung der Leichen konnte sehr leicht von einer Person bewältigt werden. Außer einem größeren Felsklotz, der an dem Abhang leicht abgerollt werden konnte, lagen nur kleinere Felsstücke auf den Leichen. Auch hat der Gewehrlauf, wie schon ausgeführt, als Hebel zu Bewegung des Felsens gedient.

Siefert: Der Sachverständige gibt an, dass der Täter sich längere Zeit im Lager herumgetrieben hätte. Nun wissen Sie doch, dass ich nur einen kurzen Urlaub hatte. Selbst wenn ich den letzten Tag hier wäre, standen mir nur zwei Tage zur Verfügung, ich konnte mich doch nicht längere Zeit herumgetrieben haben, ich habe auch auf der Wanderung meine Schuhe nicht wechseln können und es konnte sich gar keine Schuhcreme auf mein Taschentuch übertragen.

Die Psyche Sieferts

Professor Doktor Gruhle, der ein Gutachten über den Geisteszustand des Angeklagten abgeben soll, bittet zunächst den Untersuchungsrichter, als Zeugen den Geschworenen ein Bild von dem Eindruck zu machen, den er über die Haltung des Angeklagten während der Untersuchung gehabt hat.

Zeuge Untersuchungsrichter Hönl: Er zeichnete sich immer durch Gleichmut aus, und zwar wie ein Mann, der sich für diese Anklage außerordentlich interessiert, sie aber mehr mit dem Interesse eines Neutralen beobachtet, der sehen will, was man wohl feststellen kann. Aber er zeigte sich nicht als ein Mann mit persönlicher Anteilnahme, wie man es bei der Beschuldigung eines derartig schweren Verbrechens hätte erwarten können.

In seinem Benehmen mir gegenüber war Siefert immer von einer merkwürdigen Liebenswürdigkeit, wie sie mir von den Untersuchungsgefangenen leider nicht immer entgegengebracht wird. Siefert war der Situation völlig gewachsen und in der Lage, auf jede Frage eine Antwort zu finden. Er verlor nur zweimal seine Fassung und zwar als man ihm zum ersten Mal das Ergebnis des Fingerabdruckes zeigte, worauf er sagte: »Und wenn die Gelehrten der ganzen Welt behaupten, dass der Fingerabdruck von mir ist, so ist das eine gemeine Lüge.« Dann war er sehr betroffen, als ihm die Lüge nachgewiesen werden konnte, als ob er nie nach der Entlassung vom Militär eine Schusswaffe gehabt hätte.

Sachverständiger Professor Gruhle: Hat der Angeklagte geweint?

Verteidiger: Nein, das hat er nie getan. Ich sehe ihn heute zum ersten Male weinen.

Briefe Sieferts an seine Verwandten werden vorgelesen

Auf Antrag des Verteidigers, einige Briefe des Angeklagten aus seiner Untersuchungshaft an seinen Bruder und an sonstige Verwandte vor Gericht zu verlesen, zieht sich der

Gerichtshof zu einer Beratung zurück. Das Gericht gibt dem Antrag statt.

In den Briefschaften Sieferts kommt immer wieder zum Ausdruck, dass er wegen der Mordsache unschuldig in Untersuchungshaft sitze. In einigen Sätzen teilt er seinen Verwandten mit, dass die Sache tiefer liege. Es wird der Tag kommen, schreibt Siefert einmal, an dem die Leute sehen werden, die mich für den Mörder halten, dass sie mir Unrecht getan haben. In einem anderen Schreiben erwähnt Siefert, dass er »niemals diesen grausamen Mord begangen« und verlangt von seinen Verwandten die Stellung eines Verteidigers. Ebenso führt er an, dass er »nur aus Gutmütigkeit« gegenüber seinem Freunde Breitenstein wegen der Meineidsache ins Zuchthaus wandern müsse. Ein andermal bittet er seine Verwandten, ihm alle Zeitungen über den Prozess aufzubewahren.

Siefert zurechnungsfähig?

Professor Doktor Hans Gruhle, Facharzt für Nerven- und Gemütskranke der Psychiatrischen Klinik in Heidelberg, erstattet sodann das Gutachten über die Zurechnungsfähigkeit des Angeklagten.

Er schildert in kurzen Zügen den Geschworenen den Lebenslauf Sieferts und stellt fest, dass bei dem Angeklagten kein Moment zu finden sei, das auf Geistesstörung schließen lasse. Er stammt aus gesunder Familie. Während des Krieges ist er einmal als Fliegerbegleitmann mit seinem Flugzeug bei Aschaffenburg abgestürzt, hat sich aber außer Hautabschürfungen nichts zugezogen.

Das Gutachten zieht den Schluss, dass Siefert körperlich wie geistig normal ist. Der Gutachter führt aus, dass der Angeklagte von einem Zeugen ganz richtig geschildert wurde, welcher sagte, der Angeklagte habe zwei Naturen.

Die Untersuchung hat ergeben, dass Siefert auch nach der Verhaftung geistig stets normal war. Eine Unterbringung in die Psychiatrische Klinik war deshalb nicht notwendig.

Siefert wurde nur sechsmal während seiner Untersuchungshaft im Gefängnis auf seinen Geistes- und Gesundheitszustand untersucht. Aufgrund der genauen Beobachtung des Angeklagten war gar nichts in der Richtung hin festzustellen, dass er etwa nicht normal sei.

Es ist deshalb bei dem Angeklagten die Anwendung des Paragrafen 51 nicht gegeben. Ebenso gibt es im Geistesleben Sieferts kein Moment, dass für mildernde Umstände spricht.

Der Vorsitzende stellt sodann fest, dass die Beweismittel erschöpft sind. Da keine Einwände von Seiten der Anklagevertretung und des Verteidigers erfolgen, werden sämtliche Sachverständige und Zeugen entlassen. Die Verhandlung wird darauf gegen 19.30 Uhr auf Montagvormittag 9 Uhr vertagt.

Schon lange vor Schluss der Nachmittagsverhandlung erwarteten Hunderte von Menschen vor dem Gerichtsgebäude die Abführung Sieferts.

Zum Alter der Daktyloskopie

schreibt uns der Vertreter der Assyriologie an unserer Universität, Professor Betzold:

Eine weitverbreitete Sitte bei den alten Babyloniern und Assyrern bestand darin, dass die Zeugen eines Kontaktes ihre Signatur statt durch ein in den weichen Ton der Schrifttafel eingedrücktes Petschaft (kleiner Siegelstempel) oder einen darüber hinweggerollten Siegelzylinder durch Nägelabdrücke abgaben, von denen heute noch viele Hunderte erhalten sind; der Schreiber der Tafel fügt in solchen Fällen meistens die Bemerkung bei: »Statt ihres Siegels haben sie ihre Nägel eingedrückt.«

Es kann sich dabei schwerlich, wie man früher angenommen hat, um Arme handeln, die sich kein Siegel leisten konnten; denn schon Vater Herodot belehrt uns »ein Siegel hat ein jeder«, sondern vielmehr um ein Mittel der Personenidentifizierung. Dies geht vor allem daraus hervor, dass gelegentlich auch die hohen Priester, die gewiss über ein Siegel verfügten, ihre schriftlichen Anfragen an den Sonnengott mit solchen Abdrücken versahen.

Da die Eindrücke in der Regel sehr tief sind, also zugleich mit dem Nagel natürlich auch ein Teil der Fingerkuppe zum Abdruck kam, und da die Babylonier, nach ihrer winzigen Schrift zu schließen, nicht nur im Besitz ausgezeichneter Augen, sondern vermutlich auch von Lupen waren, so ist äußerst wahrscheinlich, dass schon sie die Unterschiede der Fingerabdrücke von Person zu Person erkannten.

Ich darf dem wohl beifügen, dass seinerzeit (vor sieben Jahren) zu diesen Schlüssen von Herrn Geheimrat Heindl angeregt wurde, der die mit dem Nagel zum Abdruck gelangenden Papillarlinien des Fingers, Gabelungen, Inselbildungen und so weiter als zur Identifizierung genügend bezeichnete. Die betreffenden Inschriften reichen bis in die altbabylonische Zeit zurück; die Daktyloskopie kann demnach auf das ehrwürdige Alter von vier Jahrtausenden Anspruch erheben.

Anmerkungen zur Professor Bezold

Carl Bezold (* 18. Mai 1859 in Donauwörth; † 21. November 1922 in Heidelberg) war ein deutscher Altorientalist und Semitist (Wissenschaft über die semitischen Sprachen, einem Zweig der afro-asiatischen Sprachen) und Spezialist für Keilschriftforschung.

1894 folgte er dem Ruf an die Universität Heidelberg als ordentlicher Professor. Er ist bekannt durch seine Forschungen zur babylonischen und assyrischen Sprache und Literatur. Er befasste sich aber auch mit dem Syrischen, Äthiopischen und Arabischen.

1884 war er Mitbegründer, von 1886 bis 1922 alleiniger Herausgeber der *Zeitschrift für Keilschriftforschung*, aus der 1886 die *Zeitschrift für Assyriologie und verwandte Gebiete* wurde.27

SAMSTAG, 21. JANUAR 1922: RUHETAG

Stimmungsbild: Die Wunder der Gerichtschemie

Siefert war gestern ernster als sonst und mehrmals musste er sich die Tränen aus den Augen wischen. Von niederschmetternder Wirkung war das Gutachten Doktor Popps, das zugleich einen großartigen Einblick in die Werkstätte moderner Kriminalwissenschaft gewährte. Es war ein fesselndes Kolleg, diese Ausführungen über den Nachweis der Blutspuren und über den Nachweis, dass am Anzug Sieferts sich die ganze Flora des Pfalzgrafenhanges befunden hat. Hier hat die Gerichtschemie mit Spektralanalyse, mit Menschenblut-Antiserum, mit dem Mikroskop, der Mikrofotografie und anderen feinsten Hilfsmitteln der Wissenschaft gearbeitet, um die Kette der Verdachtsgründe um den Angeklagten zu schließen. So fand die Beweisaufnahme mit diesem Gutachten einen außerordentlich wirkungsvollen Abschluss. Nachdem noch der Sachverständige Professor Gruhle sein Gutachten dahin abgegeben hatte, dass Siefert geistig vollkommen normal sei, fand der gestrige fünfte Verhandlungstag sein Ende.

Am Montag erfolgen die Plädoyers, die sich voraussichtlich auf den ganzen Tag erstrecken werden. Man nimmt an, dass die Urteilsverkündung erst in der Nacht zum Dienstag erfolgen wird.

Spekulationen über die Prozesskosten

Über die Prozesskosten gehen in der Stadt allerhand Schätzungen um. Man spricht von Millionen, die der Prozess den badischen Staat kostet. Wir hören von verschiedenen besser eingeweihten Seiten, dass der Prozess bei Berücksichtigung der neuen Gebührenordnung etwa 2.– 300.000 Mark Kosten verursachen würde. Das ist bei dem ungeheuren Aufwand an Zeit und Arbeit nicht gerade viel, aber für einen Siefert gerade genug.

Das ungeheure Interesse, das der Prozess weithin erregt – auch die ausländischen Zeitungen beschäftigen sich zum Teil sehr eingehend damit – bekundet sich auch darin, dass allabendlich Hunderte von Menschen die Straßenzugänge zum Gerichtsgebäude umlagern.

MONTAG, DEN 23. JANUAR 1922:
PROZESSTAG 6, VORMITTAGSVERHANDLUNG

Die Anklagebehörde beantragt Todesstrafe

Um 9 Uhr beginnt heute Vormittag der letzte Tag der Verhandlungen.

Der Vorsitzende verliest zunächst die Anklageschrift.

Der Verteidiger stellt zu den einzelnen Anklagepunkten eine Reihe von Hilfsfragen. Im Falle Link stellt er die Frage, ob Versuch eines Totschlags vorliegt und ob mildernde Umstände vorhanden sind. Im Falle Busse und Werner, ob statt vorsätzlicher Tötung mit Überlegungen nur Totschlag und erschwert Totschlag anzunehmen ist, ob Unterschlagung vorliegt und ob mildernde Umstände vorhanden sind. Ferner stellt der Verteidiger die Hilfsfrage nach Hehlerei, ob der Angeklagte schuldig sei, die Wertgegenstände der von unbekannten Tätern ermordeten Busse und Werner in Ziegelhausen seines Vorteils wegen verheimlicht und an sich gebracht zu haben.

Plädoyer des Oberstaatsanwalts Sebold

Der Vorsitzende teilt mit, dass das Gericht einen Fragebogen mit den Fragen der Anklageschrift und den Hilfsfragen der Verteidigung entworfen habe, der nur 14 Fragen enthält. Er bringt die Frage noch einmal zur Verlesung und gibt sodann Oberstaatsanwalt Doktor Sebold zu seinem Plädoyer das Wort, der unter anderem ausführt:

»Das Verbrechen ist eines der scheußlichsten der Kriminalgeschichte und der Chronik der Stadt Heidelberg. Lähmendes Entsetzen breitete sich über die Bevölkerung, als die Tat ruchbar wurde. Eine Massenflucht aus den überfüllten Hotels war die Folge. Wusste der Täter, ob Werner schon tot war, als er ihn unter Steinen begrub? Ist nicht das Abschneiden des Fingers von der Leiche Busses eine Tat, dass sie eines französischen Senegalnegers würdig gewesen wäre?! Wäre er nicht in die Arme der Nemesis (griechische Rachegöttin, in der griechischen Mythologie die Göttin des gerechten Zorns, der ausgleichenden Gerechtigkeit, wodurch sie zur Rachegottheit wurde; Anmerkung des Verfassers) gefallen, so würde der Verbrecher vor weiteren schauerlichen Tat nicht Halt gemacht haben, hatte er sich doch bereits von der Englert (seiner Freundin) einen Hausschlüssel zu der Wohnung ihrer sehr wohlhabenden Dienstherrschaft verschafft! Der Familie Kratzmüller gebührt unser aller Dank. Es war eine mutige Tat, als sie ihn zur Anzeige brachte und – es ist traurig – welchen Anfeindungen war diese Familie in Ziegelhausen wegen ihrer Anzeige ausgesetzt. Sie wurde geradezu boykottiert.«

Der Oberstaatsanwalt weist dann die im Publikum verbreiteten irrtümlichen Meinungen zurück, als ob ein Mann, der kein Geständnis abgelegt, nicht zum Tode verurteilt werden könne. Wenn es so wäre, so wäre das ja geradezu eine Prämie auf Lüge und Heuchelei!

»Siefert hat sich erwiesen als ein Lügner großen Stils und Heuchler ersten Ranges. Bei den Mädchen hatte ›der schöne Siefert‹ immer ein leichtes Spiel. Er hat sie rasch gewonnen, und wenn er ihre Liebe genossen hatte, warf er sie wie eine ausgepresste Zitrone beiseite mit jenem infamen Lächeln, das er auch im Gerichtssaal zeigte. Geradezu erschütternd hat die Einvernahme der Zeugin Wanner gewirkt, die leider hinter verschlossenen Türen erfolgen musste. Es ist unerhört, wie er an diesem Mädchen gehandelt hat!

Ich bin seit 28 Jahren Staatsanwalt, aber ein solches Gutachten wie im Falle Siefert habe ich noch nie gehört. Kein Zweifel an der Täterschaft auf der ganzen Linie! Auch an der Alleintäterschaft ist kein Zweifel. Wenn Siefert Mithilfe gehabt hätte, wäre er nicht der ›edelmütige‹ Charakter, der sich hier auf die Anklagebank setzt, für andere die Strafe einzustecken. Ich fordere den Kopf von diesem Angeklagten! Dieser Unhold muss vom Erdboden verschwinden!! Er selber hofft, dass er nur ins Zuchthaus kommt, aber eine lange Zuchthausstrafe könnte diesen Menschen nicht bessern. Wenn es möglich wäre, dass er in Freiheit käme, dann wehe allen, die seine Rachsucht auf sich geladen haben; denn an eine Besserung glauben Sie wohl auch nicht. In politisch turbulenten Zeiten ist es auch jederzeit möglich, dass schwere Verbrecher den Pforten des Zuchthauses entrinnen können. Wenn Siefert sich befreien könnte oder befreit werden würde, könnte er sich an die Spitze einer Bande setzen. Dann aber, meine Herren würden wir einen Schinderhannes oder Hölzerlips (Erläuterungen des Verfassers folgen) pfälzischen Angedenkens wieder erleben, der das Entsetzen der Bevölkerung belächelt!!

(Bewegung im Publikum)

Anmerkungen zu Schinderhannes und Hölzerlips

Johannes Bückler (französisch Jean Buckler), genannt Schinnerhannes oder Schinderhannes (* vermutlich Herbst 1779 in Miehlen oder Weidenbach im Taunus; † 21. November 1803 in Mainz), war ein deutscher Räuber und Anführer einer Bande von insgesamt 94 Mittätern), dem über 200 Straftaten, zumeist Diebstähle, Erpressungen und Raubüberfälle, aber auch Raubmord und Mord nachgewiesen werden konnten.

Der Name Schinderhannes hat seinen Ursprung in der Tätigkeit des jungen Bückler, der bei zwei Abdeckern, die mancherorts auch Schinder genannt werden, als Lehrjunge gearbeitet und dort den Rufnamen erhalten hatte. Auch seine Vorfahren väterlicherseits waren seit Generationen Schinder gewesen.

Bückler wurde rechtskräftig zum Tode verurteilt und zusammen mit 19 seiner Bandenmitglieder in Mainz mit der Guillotine hingerichtet. Dem Spektakel wohnten etwa 30.000 Schaulustige bei. Entgegen der Legendenbildung gilt heute als gesichert, dass Schinderhannes sich weder auf den Krieg gegen Reiche, Juden und Franzosen beschränkte noch ein Wohltäter der Armen war.28

Hölzerlips (* 1770 in Rod am Berg; † 31. Juli 1812 in Heidelberg, bürgerlich Georg Philipp Lang) war ein Räuber aus dem Gebiet um Fulda.

Sein Räubername setzt sich aus Hölzer (handelt mit Holzwaren) und Lips (Kurzform von Philipp zusammen.

Der Hölzerlips gehörte dem Fahrenden Volk der Jenischen an. Nach einem Postkutschenüberfall auf der Bergstraße bei Hemsbach in der Nacht zum 1. Mai 1811, bei dem ein Schweizer Kaufmann getötet wurde, wurde Hölzerlips mit drei seiner Kumpane gefangengenommen und an verschiedenen Plätzen Heidelbergs (unter anderem im Rathauskeller, dem Brückentor und im Mannheimer Tor) eingekerkert.

Am 31. Juli 1812 wurden Hölzerlips und seine Kumpane Manne Friedrich, Veit Krämer und Kremer Mathes auf dem Marktplatz in Heidelberg öffentlich schuldig gesprochen, danach auf dem Schandkarren durch die Hauptstraße geführt und am Richtplatz vor den Toren der Stadt hingerichtet.[29]

Plädoyer des Staatsanwalts Mickel

Staatsanwalt Mickel geht sodann sehr eingehend auf die einzelnen Fragen der Anklageschrift ein und erklärt, dass im Fall *Breitenstein* vorsätzlicher Meineid vorliegt. Zwischen der Ausführung der Tat auf Link und der Tat auf Busse und Werner ist eine merkwürdige Übereinstimmung, die auf denselben Täter schließen lässt. Beide Taten erfolgten abends zur selben Stundenzeit auf einsamem Weg im Schutz des Waldrandes. Der Täter hat gehandelt wie ein richtiger Wegelagerer, ein Straßenräuber großen Stils, wie man es im Allgemeinen nur in Räubergeschichten liest, und wie in der Umgebung Heidelbergs in dieser Art noch kein Verbrecher aufgetreten ist.

Siefert hat von Jugend auf einen Hang zum Stehlen gehabt, wenn es ihm leider auch bisher gelungen war, den Maschen des Gesetzes zu entrinnen. Die Last der Schulden drängte bei Siefert zu einer Lösung. »Entweder werde ich ein reicher Mann«, sagt er, »oder ich gehe zu Grunde!« Der Überfall auf Link brachte ihm keine Beute, aber es bestärkte in ihm den Willen, auf diesem Wege fortzuschreiten, zumal er als Täter des ersten Verbrechens unentdeckt geblieben war. Den Besitz des Karabiners hat der Angeklagte so lange geleugnet, bis er nicht mehr konnte! Siefert hat dann angegeben, dass er seinen Karabiner für 800 Mark an Unbekannte mit Ladestreifen und fünf Patronen verkauft habe. Die Waffe an der Mordstelle hatte keine Mehrladeeinrichtung mehr und es wäre doch merkwürdig, dass die »Unbekannten« dann nach der Tat in Sieferts Wohnung die Mehrladeeinrichtung verstecken, die bei ihm gefunden wurde.

Link ist gerettet. Er verdankt sein Leben seiner Tatkraft, der Hilfe der Leute bei der Gelatinefabrik und der Nähe der chirurgischen Klinik. Wäre er an anderer Stelle niedergeknallt worden, so wäre er das dritte Opfer des Siefert. Link erkennt den Angeklagten als Täter wieder und ist sich voll bewusst seiner großen Verantwortung. Link machte seine Aussagen mit größter Ruhe und Sicherheit und Link hat keinen Hass auf den Mordbuben, der ihn erschießen und berauben wollte. Wer frech wurde bei der in Inaugenscheinnahme des Tatortes, war Siefert, als er zu Link sagte, er verbitte sich dessen Angaben. Auch da blieb Link völlig ruhig und sachlich. Unter zahlreichen Sträflingen im Gefangenenhof hat Link den Angeklagten sofort aus weiter Entfernung erkannt. Meine Herren! Ich überschaue von meinem Fenster aus den Gefangenenhof sehr oft. Wer den Gang des Siefert einmal gesehen hat, dem bleibt er ständig in Erinnerung.

Die Tat auf Link erfolgte genauso wie die Tat auf Busse und Werner während der Urlaubszeiten des Angeklagten. Siefert war schon lange scharf auf ein Motorrad. Und er wollte die Wertsachen des Motorradfahrers, das waren die Gedanken, die Siefert zu dem wohl überlegten Schuss veranlassten. Es liegt ein versuchter Mord und Raub vor, nicht etwa ein Totschlagsversuch; denn zu dem Schutz auf den schnellfahrenden Motorfahrer waren Ruhe, Entschlossenheit und kühle Überlegungen notwendig.

Staatsanwalt zerpflückt die Argumente von Siefert

Der Staatsanwalt wendet sich dann der schwersten Tat, dem Doppelmord am Pfalzgrafenstein, zu und zerpflückt den Alibibeweis des Angeklagten mit den darin enthaltenen Widersprüchen und Lügen. Wer sich einen Alibibeweis aufbaut, muss schon zu der »besseren« Kategorie von Verbrechern zählen.

Der Staatsanwalt hält es für festgestellt, dass der Angeklagte am Montag in Offenau war. Die Aussage des Fährmanns von Offenau war die Bresche im Alibibeweis.

So hatte Siefert selbst gesagt! Denn daraus ging hervor, dass Siefert am Peter- und Paulstage nicht in Offenau war.

Der Angeklagte sagte weiter vor Gericht, dass er erst am 30. Juni den Inhalt seines Rucksackes kennengelernt habe. Meine Herren Geschworenen, wie kommt es dann, dass der Angeklagte schon am Abend des Mordes, am 29. Juni, zur Berta Kratzmüller sagte, er wolle nun seine Schulden bezahlen! (Bewegung im Publikum) Auch hier ist der Alibibeweis misslungen. Es ist nachgewiesen, dass Siefert schon am Morgen des Mordtages auf dem Wege zum Wildschützenstand war und dass er nachmittags sich noch vorübergehend in Ziegelhausen aufgehalten hat. Ich sage nicht, dass die Englert (Freundin des Angeklagten) falsche Aussagen gemacht hat, ich sage: Sie hat sich geirrt, aber aus den anderen Aussagen geht bestimmt hervor, dass er in Ziegelhausen und nicht in Offenau am Nachmittag des Mordtages gewesen ist. Siefert sagte abends bei Kratzmüller, er habe in Olfen Grabsteine gesetzt. Ja! Er hat Grabsteine gesetzt, aber nicht in Olfen! (Bewegung im Publikum)

Die Leichen waren vollständig ausgeraubt. Bei einer solchen Tat gibt es keinen direkten Augenzeugen, das dürfen Sie der Anklage nicht übelnehmen. Der Staatsanwalt beschreibt dann die Einrichtung des Lagers, das nur für eine Person hergerichtet war.

Fortsetzung des Plädoyers der Staatsanwaltschaft

In der Fortsetzung seines Plädoyers führt Staatsanwalt Mickel das furchtbare Ergebnis der Leichenöffnung vor und weist auf den abgeschnittenen Ringfinger Busses hin.

»Wenn auch bei dem schweren Verbrechen keine direkten Zeugen anwesend sind, so gibt es zum Glück doch, wie Doktor Popp es zeichnete, stumme Zeugen wie der Fingerabdruck, die Flora des Waldlagers an Sieferts Kleidern, das Blut an Sieferts Anzug ist Menschenblut; aber es ist nicht von der Zeugin Wanner, wie in nichtöffentlicher Sitzung der Angeklagte behauptete, sondern es ist Blut von der Leiche Werners, das die Kleider überspritzt hat. Das hat das Sachverständigen-Gutachten erwiesen. Es ist somit die Kette geschlossen, dass der Angeklagte der Täter war.

Nun komme ich zu dem Fingerabdruck Sieferts, der zweifelsfrei auf der Postkarte Werners war, die bei der Leiche Werners versteckt lag. Der Angeklagte merkte sofort, dass ihm hier die Anklage mit einem schweren Geschütz droht. Deshalb machte er die unglaubliche Behauptung vor Gericht, dass ihm falsche Fingerabdrücke vorgelegt wurden. Meine Herren, das haben wir nicht nötig. Der Mord ist nur von einem Täter ausgeführt worden.«

Staatsanwalt Mickel beantragt zum Schluss, den Angeklagten wegen Meineids unter Zubilligung der Strafkammer, ferner wegen des Raubmordversuchs auf Link, des Mordes an Busse und Werner in Verbindung mit Raub schuldig zu sprechen.

Plädoyer des Verteidigers Rechtsanwalt Karg

Nach einer viertelstündigen Pause nimmt sodann der Verteidiger Rechtsanwalt Karg das Wort zu einem etwa einstündigen Plädoyer: »Wenn ich die Ausführung des Staatsanwalts über die tiefe Trauer um die Ermordeten und das Beileid für ihre Familie völlig teile, so muss ich den weiteren Ausführungen auf das Schärfste entgegentreten.

Worte wie ›Raubtier gefährlichster Art‹, ›französischer Senegalneger‹ und Worte wie ›Wir fordern von ihm den Kopf!‹ hätten nicht gebraucht werden dürfen, zumal auch dieser Mensch einer Mutter Kind ist, ein Mensch mit den Vorzügen und Nachteilen, die den Menschen eigen sind.

Weiter geht der Verteidiger gegen die angebliche Stimmungsmache vor, die in einer Reihe von Zeitungsartikeln zum Ausdruck gekommen sein soll. Man war in der Bevölkerung nicht mehr objektiv, sondern persönlich und gehässig. Auf der einen Seite war die Liebe und auf der anderen ein Hass, wie er nicht zu verstehen ist. Der Verteidiger erklärt, dass den Angeklagten eine gewisse Lügenhaftigkeit ausgezeichnet habe, dass er aber andererseits keine Vorstrafen hatte. In der Meineidsache hätte dem Angeklagten das Recht der Zeugnisverweigerung zugestanden.

Ich freue mich heute noch«, bemerkt er, »dass die Brüder Breitenstein, die Kronzeugen des Staatsanwaltes, nicht hier vereidigt worden sind, denn sie hätten wohl zweifellos einen Meineid geschworen.«

Der Verteidiger beantragt, die Frage des Meineides zu verneinen oder aber bei Bejahung mildernde Umstände.

Bitte um mildernde Umstände

Er wendet sich dann ausführlich dem Fall Link zu. Es könne möglich sein, dass Herr Link bei seinen Angaben über die Person des Täters etwas gesehen haben will, was nicht war, wobei er andererseits nicht sagen wolle, dass der Zeuge Link die Eidespflicht verletzt hat. Ein Irrtumsfehler sei bei Link aber durchaus möglich.

Der Verteidiger kommt zu einer Verneinung der Frage des Mordversuchs auf Link. Die Frage der Überlegung sei zu verneinen und höchstens ein Totschlagsversuch zu bejahen. Im letzten Falle bittet der Verteidiger, dem Angeklagten die mildernden Umstände nicht zu versagen; denn der Angeklagte, sagte er, sei ein junger Mensch. Er möge nicht so einwandfrei gewesen sein. Aber man müsse bedenken, dass eine allgemeine Senkung des Niveaus eingetreten sei.

Kapitulation vor der Wissenschaft

Im Falle des Doppelmordes beruhe das Beweismaterial nur auf menschlicher Beurteilung. »Ich kann aber«, fährt der Verteidiger fort, »eine Feststellung nicht aus der Welt schaffen, und das ist die Wissenschaft.

Vor der Wissenschaft muss ich mich und der Angeklagte beugen. Die Beurteilung der wissenschaftlichen Gutachten, meine Herren Geschworenen, ist Ihre Pflicht! Ich kann nicht sagen, ob der Angeklagte der Täter ist, ich kann aber auch nicht sagen, ob der Täter der Angeklagte ist. In diesem Sinne wird es mir so schwer gemacht, zu allen den Fragen eine positive Stellung zu nehmen. Ich habe daher eine Reihe von Hilfsfragen zu den Fragen der Anklage gestellt und muss es dem richterlichen Ermessen anheimstellen, wie Sie sich zu den Fragen verhalten wollen.«

Appell an das Gewissen der Geschworenen

»Wo man sich nur auf Mutmaßungen stützen kann, muss Ihr Gewissen besonders scharf sein, ob Sie dem Antrag auf Raubmord stattgeben wollen. Denn Raubmord fordert Mord! Auge um Auge, Blut um Blut! Ob der Angeklagte der Täter ist, das weiß nur er selbst und unser Herrgott.

Sie, die Sie die furchtbare Verantwortung tragen, von Ihrem Ja hängt der Erfolg ab, den der Oberstaatsanwalt wünscht, indem er sagte: Ich fordere von Ihnen den Kopf. Ich will unterstellen, dass der Angeklagte am Auweg gewesen ist. Busse hat seinen Schuss von vorn empfangen, muss sich also zum Täter herumgedreht haben. Es sind keine Zeugen dafür da, ob ein überlegter Mord oder ein Totschlag vorliegt.

Für die Tötung Werners kommt unter anderem der Paragraf 114 auf qualifizierten Totschlag in Frage.«

Weiter weist der Verteidiger darauf hin, dass der Angeklagte eventuell nur als Leichenfledderer in Frage kommt, dass er also die Leichen, die er im Walde fand, beraubt hat; dadurch lässt sich auch der Fingerabdruck erklären.

»Das Strafgesetzbuch kennt keine Bestimmungen über Leichenfledderei; es kennt nur den Diebstahl bei lebenden Menschen. Die Frage auf Unterschlagung, die der Verteidiger gestellt hat, klingt zwar eigentümlich und ebenso die Frage nach Hehlerei. Aber es sei möglich, dass diese Fragen hier maßgebend waren.

Ich muss auch diese Fragen dem richterlichen Ermessen der Geschworenen anheimgeben, weil ich nicht weiß, ob der Angeklagte der Täter ist. Ich kann deshalb auch nicht fragen: Bejahen Sie oder verneinen Sie diese Fragen, sondern ich muss das ganz Ihrem Ermessen überlassen, denn Sie sind hier als souveräne Richter. Etwas ist uns in Deutschland trotz allem Trümmerhaufen noch geblieben: Das ist die Souveränität der Geschworenen.«

Schlussworte des Verteidigers

Der Verteidiger weist dann weiter darauf hin, dass die Geschworenen sich nur nach dem richten sollen, was im Schwurgerichtssaal zur Sprache kam, und nicht nach dem, was draußen erzählt wird. Der Verteidiger schließt mit den Worten: »Tun Sie Ihren schweren Gang, tun Sie Ihre Pflicht als souveräne Richter und bedenken Sie, dass es sich bei Ihrem Urteil um ein Menschenleben handelt.«

Zum Schluss weist der Verteidiger auf die große Energie des Angeklagten hin, die man der Gesellschaft erhalten solle.

Es tritt sodann gegen 13.15 Uhr eine Mittagspause bis 15 Uhr nachmittags ein.

Abschließende Worte des Staatsanwalts Mickel

Nach der Pause nimmt Staatsanwalt Mickel noch einmal das Wort und knüpft an die letzten Worte des Verteidigers an, dass »die Energie dieses Menschen der Gesellschaft erhalten bleiben« solle. »Die Energie dieses Menschen«, sagt der Staatsanwalt mit erhobener Stimme, der zwei getötet hat und drei töten wollte!! Meine Herren, man kann über solche Energie verschiedener Auffassung sein! Der Verlauf des Prozesses hat uns einen tiefen Blick in die Energie dieses Angeklagten gegeben. Hat man einen sicheren Zeugen, wie im Falle Link, dann sollen die Angaben unsicher sein! Und hat man keinen direkten Zeugen, dann ist die Sache für die Anklagebehörde noch schwieriger.

Ich weiß, dass die Angaben des Zeugen Link richtig sind und kann in dieser Tat keinen Totschlagsversuch, sondern nur einen Mordversuch erblicken. Diese Tat auf Link darf nicht nur durch eine reine Gefängnisstrafe gesühnt werden. Was das Vorleben des Angeklagten betrifft – der Verteidiger hatte betont, dass Siefert keine einzige Vorstrafe habe – so sei nur auf die Urkundenfälschung hingewiesen, die der Angeklagte vor den Schranken des Gerichts selber zugegeben hat!«

Vollendeter Mord in Verbindung mit Raub

Weiter wendet sich der Staatsanwalt noch einmal den Ereignissen am Pfalzgrafenstein zu und sagt, dass in beiden Fällen vollendeter Mord in Verbindung mit Raub vorliege. Unter einem Leichenfledderer, ein Wort aus der Gaunersprache, verstehe man einen verhältnismäßig harmlosen Spitzbuben.

»Ein Leichenfledderer war der Angeklagte nicht.

Glauben Sie, meine Herren Geschworenen, dass dieser Mensch nur als harmloser Spaziergänger zwei Ermordete gefunden und sich deren Wertsachen angeeignet hat?! Ich glaube nicht, dass der Angeklagte selber an die Erzählungen glaubt, die er uns hier vorgetragen hat.«

Abschließende Worte des Oberstaatsanwalts Sebold

Oberstaatsanwalt Doktor Sebold: Das schauerliche Drama, das sich hier im Saale abgespielt hat, nähert sich seinem Ende. Es darf wohl ausgesprochen werden, dass die Justizbehörden und Sachverständigen mit größter Sorgfalt und peinlichster Gewissenhaftigkeit ihre Pflicht getan haben.

Ihre Aufgabe, meine Herren Geschworenen, ist es zu entscheiden, ob der Angeklagte verdient hat, seine Verbrechen auf dem Schafott zu sühnen! Als aufrechte und pflichtbewusste deutsche Richter werden Sie Ihren Spruch abgeben. Aber in diesem Falle hart und unzugänglich vor jeder Regung des Mitleids. Es ist nicht Ihre Aufgabe, Gnade zu üben, Sie haben nur Recht zu sprechen. Ich fordere Recht! Das Recht auf Gnade steht nur dem badischen Staatsministerium zu. Dieses wird zu entscheiden haben, ob der Angeklagte zu begnadigen ist oder nicht. Geben Sie dem Staatsministerium die Möglichkeit in die Hand zu befinden, dass der Angeklagte sein Verbrechen durch Henkershand zu sühnen hat!

Schlussworte Sieferts

Angeklagter Siefert: Ich bin leider nicht in der Lage, einen anderen Beweis zu bringen, als was ich gesagt habe. Nicht ich trage allein die Schuld, dass mein Alibibeweis in Trümmer ging; die Schuld tragen die Herren selber.

Ich habe schon 14 Tage nach meiner Verhaftung gesagt, wo ich mich während des Mordtages aufgehalten habe, und dass ich nicht der Mörder wäre. Aber erst nach sieben Wochen brachte man mich nach Offenau. Dann sollten dort die Zeugen, die mich nur einmal gesehen hatten, sagen: Jawohl, den Mann erkennen wir wieder!

Ich bin zwar nicht in der Lage, gegen den Schwur der vielen Zeugen und gegen die Wissenschaft anzukämpfen; aber ich bin nicht der Mörder. Wenn Sie es glauben, so verurteilen Sie mich, ich kann es dann nicht ändern.

Ich bin als 17-jähriger Junge ins Feld gezogen und habe meine Haut zu Markte getragen und wusste nicht warum. Ich bin auch heute bereit, wenn es sein muss, meine Haut wieder zu Markte zu tragen. Ich werde dann das dritte Opfer. Wenn ich der Mörder wäre, dann hätte ich doch so viel Ehrgefühl im Leibe, um es zu sagen. Handeln Sie, wie Ihnen beliebt.

Schlusswort des Verteidigers Rechtsanwalt Karg

Der Vorsitzende erklärt sodann, dass er nun zur Rechtsbelehrung übergehen wolle. Er bricht dann, ehe er in die Erläuterung der einzelnen Rechtsfragen eingetreten ist, ab und erteilt dem Verteidiger das Schlusswort.

Verteidiger: Ich habe in diesem Stadium, wo die Rechtsbelehrung begonnen hat, nicht mehr die Möglichkeit zu sprechen, und verzichte auf das Schlusswort.

Vorsitzender: Wenn Sie das Wort haben wollen, wird es Ihnen hiermit gegeben. In die eigentliche Rechtsbelehrung bin ich noch nicht eingetreten.

Verteidiger: Ich halte mich in diesem Zeitpunkt nicht mehr für befugt zu sprechen.

Der Vorsitzende erteilt sodann dem Angeklagten Siefert das letzte Wort.

Siefert (aufspringend): Nein, ich rede nicht; ich schließe mich voll und ganz meinem Verteidiger an.

Rechtsbelehrung und Beratung

Vorsitzender: Wir treten in die Rechtsbelehrung ein.

Der Vorsitzende gibt sodann eine ausführliche, etwa eine Stunde dauernde Rechtsbelehrung über die einzelnen Punkte der Anklage und bemerkt einleitend, dass die Geschworenen ihre Entscheidungen nur nach ihrer Überzeugung zu fällen haben, und dass sie ihre Überzeugungen nur aus dem Inhalt der Hauptverhandlung, nicht aber aus anderen Erkenntnisquellen schöpfen dürfen.

Der Vorsitzende tritt dabei einem in der Bevölkerung weit verbreiteten Irrtum entgegen, als ob ein Täter aufgrund eines Indizienbeweises nicht zum Tode verurteilt werden könnte.

Beratung der Geschworenen

Nach der Rechtsbelehrung wird der Angeklagte abgeführt, und die Geschworenen ziehen sich etwa eine Stunde zur

Beratung zurück. Während des Verlaufs der Beratung holen sie sich noch eine weitere Rechtsbelehrung über die Frage, wie sie sich bei Stimmengleichheit, also sechs zu sechs Stimmen, zu verhalten haben. (In diesem Falle gilt ein Antrag als abgelehnt, da er nur mit mehr als sieben Stimmen angenommen ist.)

Spruch der Geschworenen

Der Obmann Mailer verliest sodann unter großer Spannung den Spruch der Geschworenen.

Die Frage, ob Siefert schuldig ist, wissentlich ein falsches Zeugnis mit einem Eid bekräftigt zu haben, wird mit ja beantwortet, ebenso die Frage, ob Siefert durch Bekennung der Wahrheit eine Verfolgung hätte nach sich ziehen können. Die Fragen, ob Siefert im Falle Link vorsätzlich einen Menschen mit Überlegung töten und ihn berauben wollte, werden unter großer Bewegung des Zuschauerraumes mit nein beantwortet. Die Fragen, ob der Angeklagte die Ermordung und Beraubung von Busse und Werner begangen hat, werden bejaht. Infolgedessen fällt die Beantwortung einer Reihe von Hilfsfragen fort.

Beratung des Gerichts und Anträge

Das Gericht zieht sich sodann zur Beratung zurück, um zu prüfen, ob in dem Geschworenenspruch kein Formfehler unterlaufen sei. Es erkennt den Spruch an, den der Vorsitzende mit seiner Unterschrift bekräftigt.

Siefert wird sodann wieder in den Saal geführt, und der

Staatsanwalt erhält das Wort: Aufgrund des Geschworenenspruches beantrage ich, den Angeklagten zweimal zum Tode, ferner wegen Meineids zu einem Jahre Zuchthaus, zu dauerndem Ehrverlust und Einziehung seines Karabiners zu verurteilen.

Verteidiger: Ich habe keinen Antrag zu stellen.

Siefert: Meine Herren, Sie haben mich hier verurteilt; aber leider nicht den richtigen Mörder. So wahr ich hier vor Ihnen stehe, ich bin nicht der Mörder. Verzeih es Ihnen ein höherer Richter! (Siefert macht nach der Geschworenenbank hin eine wegwerfende Handbewegung.)

Urteilsverkündung

Das Gericht zieht sich sodann zur Beratung zurück und verkündet gegen 18.15 Uhr folgendes

Urteil:

Der Angeklagte Leonard Siefert aus Olfen wird wegen Mordes in zwei Fällen zweimal zum Tode und dauerndem Verlust der bürgerlichen Ehrenrechte, ferner wegen Verbrechens des Meineides zu einer Zuchthausstrafe von einem Jahr verurteilt. Im Falle Link erfolgt Freisprechung. Der zur Tat verwendete Karabiner wird eingezogen. Der Angeklagte hat die Kosten des Verfahrens zu tragen. Die Sonderkosten für den Fall Link fallen der Staatskasse zur Last.

Nach kurzer Begründung dieses Urteils wird dann der Angeklagte abgeführt. Auf den Straßen hatten sich in der Nähe des polizeilich abgesperrten Gerichtsgebäudes zahlreiche Leute versammelt, um das Urteil zu erwarten.

DIENSTAG, 24. JANUAR 1922

Wegen Raubmordes zweimal zum Tode verurteilt. Wegen Meineids ein Jahr Zuchthaus. – Freispruch im Fall Link.

Nach dem Prozess

Über den Schlussakt der Tragödie ist gestern Abend der Vorhang gefallen. Siefert wurde, wie zu erwarten war, zweimal zum Tode verurteilt. Der Freispruch im Fall Link mag für viele eine große Überraschung bedeuten, die sich auch in der starken Bewegung im Zuschauerraum bei Bekanntwerden des Geschworenenspruchs sichtlich äußerte.

Herr Link, der vor dem Pressetisch Platz genommen hatte, machte dabei folgende charakteristische Bemerkung: »Jetzt weiß ich bald selber nicht mehr, ob auf mich geschossen worden ist.«

Da die Geschworenen während ihrer Beratung noch einmal um eine Rechtsbelehrung gebeten hatten über die Frage, wie sie sich bei Stimmengleichheit von sechs zu sechs Stimmen zu verhalten hätten, so kann man wohl annehmen, dass vielleicht im Falle Link diese Stimmengleichheit erfolgt ist.

Populäre Zuschauer

An den Pressetischen im Heidelberger Schwurgericht saß während der Verhandlung gegen Siefert auch ein bekannter deutscher Romanschriftsteller. Während links und rechts die Bleistifte der Berichterstatter flitzten, war er nur Hörer, strich ab und zu den wohl gepflegten Sudermann-Bart (Hierbei handelt es sich um den sprichwörtlich gewordenen Vollbart des Dichters Hermann Sudermann; Anmerkung des Verfassers) und sammelte Eindrücke, die vielleicht später ihren literarischen Niederschlag finden werden. Tatsächlich bietet ja dieser Prozess eine Fundgrube für Kriminalroman-Motive.

Welch seltsame Fügung war beispielsweise dem letzten Brief der Frau Oberbürgermeister Busse beschieden! Wie eine weiße Taube flatterte dieser Gruß der Gattin nach Heidelberg, in Liebe geschrieben, aber vom unsichtbaren Geist der rächenden Gerechtigkeit diktiert. Weibliche Neugier findet den Brief bei Siefert, und in der Hand der jungen Wirtstochter wird dieser Brief eine furchtbare Anklage, werden die Worte der Liebe ein Todesurteil.

Wissenschaftliche Beweisführung

Aber da der Täter hartnäckig leugnet, obwohl er im Besitz aller Sachen der Ermordeten ist, müssen die feinsten Hilfsmittel moderner Kriminalwissenschaft aufgeboten werden, um die Kette um ihn zu schließen. Lügen haben zwar kurze Beine, aber sie haben schon manchem Verbrecher ausgereicht, um vor Galgen oder Zuchthausmauern zu entfliehen.

So hat die Chemie mit Unterstützung der Spektralanalyse und Mikrofotografie, die wissenschaftliche Botanik, die aus dem Zellenaufbau vermoderter Blattrestchen an den Kleidern des Angeklagten die Flora der Mordstelle nachwies, die Daktyloskopie und Poroskopie und vor allen Dingen der ungewöhnliche Spürsinn eines Gerichtschemikers vom Range Doktor Popps alles aufbieten müssen, um einen so hartnäckigen Lügner wie Siefert zu Fall zu bringen.

Lob für den Untersuchungsrichter

Auf eine ungewöhnliche Leistung kann mit Stolz auch der Untersuchungsrichter Hönl zurückblicken, der in monatelanger mühevoller Arbeit die Bausteine zu diesem Prozess zusammengetragen hat. An die 100 Zeugen erhoben ihre Schwurfinger, aber der Finger Sieferts, der rechte Mittelfinger, der sich blutig an der Mordstelle abgeprägt hatte, war Hauptbelastungszeuge gegen ihn. Der rechte Ringfinger des unglücklichen Oberbürgermeisters Busse aber, den der Täter abgeschnitten hatte, um sich des Trauringes zu bemächtigen, wurde zum Schwurfinger für die tierische Grausamkeit, mit der Siefert die Leichenschändung verübt hat.

In technisch kunstvoller Art war der Prozess aufgebaut und bot namentlich den Juristen viel Belehrung. Das Urteil langjähriger Gerichtsberichterstatter, deren Spezialität die Beschreibung großer Kriminalfälle ist, ging einmütig dahin, dass man selten einen Vorsitzenden mit solcher Ruhe, Sachlichkeit und großem Geschick seines Amtes walten sah, als den Vorsitzenden Landgerichtsrat Doktor Weindel. Von vornherein hatte der Verteidiger einen ungemein schwierigen Standpunkt. Nur ungern hat er sich dem Spruch, als Offizialanwalt fungieren zu müssen, unterworfen, nahm sich dann aber mit Energie der Sache an.

Geteiltes Lob für den Verteidiger Sieferts

Wenn wir gern anerkennen, dass der Verteidiger alle Möglichkeiten erschöpft hat, um dem Angeklagten tatkräftigen Rechtsbeistand zu gewähren, müssen wir andererseits den von Herrn Karg mit großer Schärfe vorgebrachten Vorwurf zurückweisen, als ob die Presse eine »Vergiftung der öffentlichen Meinung« vorbereitet habe.

Es ist die Pflicht eines guten Verteidigers, so einseitig und so parteiisch und so subjektiv wie möglich zu sein und ist das heiße Bemühen jedes ehrlichen Zeitungsmannes, so objektiv und so unparteiisch und so frei von Hass und Leidenschaft wie eben möglich zu sein bei Kriminalfällen dieser Art.

Was wir vom Verteidiger sagen, gilt in gewisser Weise auch von den Anklagevertretern. Es hat glücklicherweise in ganz Deutschland keine Zeitung gegeben, die so starke Ausdrücke gebraucht hat, wie sie gestern von Seiten der Anklagebehörde gefallen sind. Keine Zeitung hat Siefert mit einem »französischen Senegalneger«, mit einem »Raubtier gefährlichster Art« oder mit einem »Schinderhannes« verglichen. Andererseits war angesichts der furchtbaren Belastungsgründe gegen Siefert keine Zeitung in der Lage, ähnlich dem Verteidiger in Siefert nur einen »harmlosen Hehler« oder »Leichenfledderer« zu sehen.

Zeitungsschreiber pflegen solche Kriminalfälle nicht durch die vom Aktenstaub getrübte Brille paragrafenerfahrener Leute, sondern mit einem praktischen Blick zu betrachten, den sie unbedingt besitzen müssen, wenn sie ihren außerordentlich schweren Berufspflichten gerecht werden wollen. Das sei zu den Worten des Verteidigers hiermit klargestellt.

DIENSTAG, 24. JANUAR 1922:
LOKALE NACHRICHTEN

Kommentar zum »Siefertismus«

Am Samstagmittag um 13 Uhr sollten noch 20 Zuschauerkarten für die gestrige Montagssitzung ausgegeben werden.
Schon am frühen Morgen hatten die ersten Leute sich eingefunden, um »Kette zu stehen« und – wie es die Hausfrauen
in schlimmen Kriegszeiten gelernt haben – sie arbeiteten
mit Ablösung. Von 7 – 8 Uhr stand der Vater, von 8 – 9 die
Mutter, von 9 – 10 die Tochter, von 10 – 11 die Großmut-
ter und so weiter. Hunderte von Menschen bemühten sich
um das trügerische Glück, eine Zuschauerkarte zu ergat-
tern. Bereits drei Stunden vor der Verteilung der paar Karten musste das Gericht telefonisch Polizei zur Hilfe rufen,
um sich vor dem gefährlichen Andrang der vom »Siefertismus« Befallenen zu retten.

Wichtigtuer am Stammtisch

In Waldporzheim im Rheinland hatte am Samstag ein Rei-
sender aus Heidelberg folgendes Erlebnis: Am Stammtisch
unterhält man sich laut und lebhaft über den Siefert-Prozess. Ein Aufschneider teilt dabei seine angeblichen persönlichen Eindrücke mit. »Ich habe den Siefert selber gese-

hen«, erzählt er, »denn ich war bei den Verhandlungen im Mannheimer Schwurgericht von Anfang an dabei.«

Nun mischte sich der erstaunte Heidelberger ins Wort, indem er bemerkte, dass der Prozess ja gar nicht in Mannheim, sondern Heidelberg verhandelt wird. »Quatsch!«, sagt der Sprücheklopfer, »der Prozess wird in Mannheim verhandelt, ich war doch zwei Tage selber in der Verhandlung.«

Der Heidelberger holte nun seine Beweisstücke in Gestalt von Heidelberger Zeitungen aus der Tasche, in denen es jeder schwarz auf weiß lesen kann, dass der Prozess in Heidelberg verhandelt wird. »Er mag ja jetzt«, sagt etwas kleinlaut der blamierte Wichtigtuer, »in Heidelberg verhandelt werden; jedenfalls wurde er aber in den ersten Tagen in Mannheim verhandelt, und dabei bleibts!«

Kalkulationsüberlegungen

Belauschtes Stammtischgespräch in Heidelberg: »Der Prozess hätte im großen Stadthallensaal verhandelt werden müssen. Dann die Zuschauerkarten stundenweise für 20 Mark das Stück ausgegeben! Und der badische Staat hätte nicht nur die gewaltigen Prozesskosten heraus, er hätte sogar noch einen Überschuss erzielt.«

Aufdringliche Gafferin

In einer Verhandlungspause drängt sich eine korpulente Dame aus dem Zuschauerraum zur Anklagebank vor, stellt sich unmittelbar vor Siefert und starrt ihn durchs Lorg-

non (von lorgner = »anstarren«, »hingucken«, »lugen«;
Sehhilfe, die mit Hilfe eines angebrachten Griffs mit der
Hand vor die Augen gehalten wird; Anmerkung des Verfassers) in peinlichster Aufdringlichkeit an. Da schneidet
ihr Siefert plötzlich eine Fratze, sodass die lästige Person
erschrocken zurücktaumelt.

Verkauf der Zuschauerkarten auf Zeit

Unter den Zuschauern des Prozesses, die im Besitz einer
Tageskarte waren, soll es Leute gegeben haben, die ihre
Karten auf Zeit verkauften oder die ganze Verwandtschaft
damit glücklich machten, indem jeder einmal für ein halbes
Stündchen drankam. Infolgedessen entwickelten sich allerlei Missstände und Störungen; denn der Zuschauerraum
glich dem reinen Bienenhaus, in dem die Leute dauernd
herein- und herausspazierten und ständig neue Gesich-
ter auftauchten. So konnte man den öfter von Frauen und
Mädchen ausgestoßenen Seufzer hören: »Schade, dass
unsere halbe Stunde schon ´rum ist!«

Sensationsgier

Vor Jahren sah ich einmal in einer westfälischen Stadt eine
Menge von Menschen vor einem Hause, die unentwegt mit
sichtlich vom Schauer der Ehrfurcht ergriffenen Mienen
zum Dach hinaufsahen. Neugierig, wie ich bin, fragte ich
einen der andächtigen Gaffer, was denn dort los sei.

»Da ist«, wisperte er mir geheimnisvoll zu, »da ist vor
sechs Stunden ein Dachdecker vom Dach gefallen.« An

diese Geschichte musste ich denken, als ich von den Völkerwanderungen hörte, die noch wochenlang nach dem Doppelmord – und auch heute noch – zum Pfalzgrafenstein gemacht wurden, und an diese Geschichte musste ich denken, als ich jetzt allabendlich vor dem Gerichtsgebäude die Hunderten von Menschen sah, die stundenlang in Schnee und Nässe standen und stumm und stier »wie die Fische« zu den erleuchteten Fenstern des Schwurgerichtsaales emporsahen, hinter denen der berühmte Prozess verhandelt wurde.

Nacht- und Nebelaktion

Der Raubmörder Siefert ist laut *Heidelberger Tageblatt* in
der vergangenen Nacht in eine auswärtige Strafanstalt ver-
bracht wurden. – Von unterrichteter Seite werden die Kosten des Siefertprozesses auf allerhöchstens 250.000 Mark
geschätzt. Alle anderen Angaben sind übertrieben. – Die
Einlegung der Revision im Siefertprozess ist wahrscheinlich.

DONNERSTAG, 16. FEBRUAR 1922

Hat Siefert doch nicht gelogen?

Staatsministerium Verbrechen gegen Leonhard Siefert aus
Olfen wegen Raubmord – 1922
    G.L.A. 233 (Generallandesarchiv; Hier sind die Akten
des badischen Landtags und der Ministerien, die Überlieferung der großherzoglichen Hofbehörden, aber auch des
badischen Armeekorps im preußischen Heer sowie die
Überlieferung der badischen Mittel- und Unterbehörden
aus dem nordbadischen Raum aus dem 19. Und 20. Jahrhundert archiviert)
    No. 36798
    Den 16. Februar 1922
    Abschrift des Schreibens des Kreisleiters Ernst König,
Darmstadt, an die Badische Staatsanwaltschaft Heidelberg
    Mit Abschrift der Zeugenaussage des Philipp Rösch,
Olfen, vom 13. Februar 1922
    GLA 242
    No. 2216

Brief des Kreisleiters König an die Staatsanwaltschaft

Abschrift
Darmstadt, den 16. Februar 1922
Deutscher Landarbeiterverband
Kreisleiter Ernst König

Betr. Mordprozess Siefert
An die Badische Staatsanwaltschaft Heidelberg

Von Seiten des Vorsitzenden der Ortsgruppe Olfen, Philipp Rösch, werde ich beauftragt, der Staatsanwaltschaft in Sachen: »Sühne für den Bürgermeistermord in Heidelberg« beiliegende Abschrift zu unterbreiten, zwecks Weiterführung der niedergelegten Angaben, das Weitere veranlassen zu wollen.

Soweit mir unser dortiger Vorsitzende als Person bekannt ist, darf ich feststellen, dass er niemals in ein abgeschlossenes Verfahren eingreifen würde, wenn er nicht schwerwiegende Bedenken hätte, die ihm Anlass geben, mit der Durchführung die Organisation beziehungsweise deren Vertreter zu beauftragen.

Um umgehende weitere Veranlassung ersucht,

Deutscher Landarbeiterverband,

Der Kreisleiter: Gez. König

N. B. Die Adresse des Philipp Rösch ist Olfen im Odenwald

Zeugenaussage des Philipp Rösch vom 13.2.1922

Abschrift
Olfen, den 13. Februar 1922

Zu dem Mordprozess Siefert in Heidelberg hat sich jetzt ein Zeuge gemeldet, der den Vorgang im Bahnhof Eberbach, wie ihn der Angeklagte bei seiner Vernehmung angegeben, mit zugesehen hat und gibt folgendes an:

Am 29. Juni 21 wartete ich in Eberbach im Wartesaal

der 3. und 4. Klasse auf den letzten Zug nach Heidelberg, der dort um 11.30 abends ankommen sollte. Als ich einige Zeit sitze, kommt noch ein älterer Herr und eine Frau mit einem Kind dazu. Wir unterhielten uns über Verschiedenes.

Plötzlich tauchten zwei Herren im Wartesaal auf, die unser Aufsehen erregten, da sie auffallend mit Blut beschmiert waren. Der eine hatte den rechten Unterarm mit einem blutigen Taschentuch verbunden. Der ältere Herr, der bei uns saß, sagte leise zu uns, das sind zwei Wilderer die heute sicher auf Treibjagd waren.

Die beiden merkten dann, dass sie von uns scharf beobachtet wurden und gingen mit ihren Rucksäcken aus dem Bahnhof in eine unbelebte Straße, die nach dem Neckar führt. Kurz vor Eintreffen des Zuges nach Neckarelz erschienen die beiden auf dem Bahnsteig.

Wir hörten, wie der eine den anderen fragte: Wo fährst du hin? Der andere gab zur Antwort: Ich fahre nach Karlsruhe! Der erste sagte dann: So weit fahre ich nicht mit! Die beiden Herren gingen dann zum letzten Wagen.

Dort stieg ein Mann aus, der etwa ein Meter 80 groß war, schwarzes Kopfhaar und einen kleinen gestutzten schwarzen Schnurrbart hat. Er trägt seinen Rucksack in der Hand und hatte keine Kopfbedeckung auf. Ich (der Zeuge) stieg dann auf das erste Trittbrett und wurde sofort von der älteren Frau wieder herabgezogen. Sie sagte zu mir: Hier steigen wir nicht ein, denn die beiden schlechten Kerle kommen wieder nach vorne! Die beiden gingen an uns vorbei und stiegen im zweiten Wagen vorne ein. Unterdessen sind wir in einen anderen Wagen eingestiegen.

Der Herr, der ausgestiegen war, kam an unserem Wagen vorbei und hier fiel ihm seine Brieftasche zur Erde. Er hat sie aufgehoben und stieg vorn zu den beiden Herren ein. Die ältere Frau hat an jeder Haltestelle aus dem Zug geschaut, ob die beiden aussteigen.

An der Haltestelle Wieblingen sind sie dann ausgestiegen. Ich (der Zeuge) nehme an, dass die ältere Frau die beiden Herren gekannt hatte. Die Fahrt fand statt Mittwoch, den 29. Juni 1921 auf Peter und Paul.

Über das Vorstehende übernehme ich die volle Verantwortung.

Gez. Philipp Rösch. Olfen[30]

SAMSTAG, 27. MAI 1922

Gnadengesuch

Staatsministerium.
Verbrechen.
gegen Leonhard Siefert aus Olfen wegen Raubmord
1922
G.L.A. 233 (Genereallandesarchiv; Anmerkung des Verfassers)
No. 36798

Angeheftet
Verbrechen
Justizministerium (durchgestrichen: für militärische Ange-
legenheiten; Anmerkung des Verfassers)
Nr. 9689.

Karlsruhe, den 27. Mai 1922.
Gesuch des Rechtsanwalts L. Karg in Heidelberg um
Umwandlung des Todesurteils gegen den Raubmörder Sie-
fert in eine lebenslange Zuchthaustrafe.

Auf das Gnadengesuch des Obengenannten vom 23. Mai
1922 ist zu setzen:
An das Justizministerium hier
mit dem Ersuchen um Vortragserstattung zum Gesamt-
ministerium ergebenst übersandt.
II. Wiedervorlage in 3 Monaten.

Expeditur *(Übersicht über den ausgehenden Schriftver-
kehr; Anmerkung des Verfassers)*
Eing. 27. Mai 1922
Ausg. 27
Ab 27/5

...

Siefert erbittet in seinem Gesuch vom 27. Mai 1922 die
Gnade des Staatsministeriums. Er beteuert in der gleichen Weise wie im Laufe der ganzen Untersuchung seine
Unschuld, erzählt die Geschichte von den Unbekannten, behauptet, dass die Blutspuren an seiner Hose vom
Geschlechtsverkehr mit Emma Wanner, die Moosspuren
nicht vom Tatort herrührten, und spricht die Vermutung
aus, dass in der Hauptverhandlung dem Gericht andere Fingerabdrücke vorgelegen hätten als in der Voruntersuchung.

Sieferts Offizialverteidiger Rechtsanwalt Karg in Heidelberg bittet mit Gesuch vom 21. Mai 1922, die Todesstrafe gnadenweise in lebenslängliches Zuchthaus umzu-
wandeln. Er macht geltend, die Schwere der Tat sei aus der
Persönlichkeit des Verurteilten nicht hinreichend zu erklären; die Schuldenlast könne für Siefert nicht derart drückend
gewesen sein, dass er deshalb den Raubmord habe begehen
müssen; trotz aller gegen Siefert sprechenden Beweise sei
ein Zweifel an seiner Schuld deshalb möglich, weil sich an
dem Karabiner keinerlei Fingerabdrücke gefunden hätten.

Bei Beurteilung der Frage, ob das Staatsministerium von
seinem Begnadigungsrecht gegenüber dem Verurteilten
Gebrauch machen sollte, ist unseres Erachtens von fol-
genden Erwägungen auszugehen: Der Schuldspruch der
Geschworenen besteht zu Recht. Der Schuldbeweis gegen
Siefert musste bei seinem Leugnen ein Indizienbeweis blei-

ben. Dieser Indizienbeweis kann aber gar nicht lückenloser gedacht werden, als er tatsächlich – in der Hauptverhandlung völlig übereinstimmend mit den Ergebnissen der Voruntersuchung – geführt worden ist.

Der Schützenstand, die Höhle, die Mordwaffe beweisen, dass ein Täter die Tat alleine ausgeführt hat. Die Mordwaffe war Sieferts Eigentum. Siefert hat am Tatort auf einer Postkarte in der Brieftasche des ermordeten Bürgermeisters Werner blutige Fingerabdrücke hinterlassen. Seine Kleider wiesen vom Tatort Pflanzenreste und Blutspuren auf. Alle Wertsachen sowie Geld der Ermordeten wurden bei ihm vorgefunden. Seine Verteidigung, er habe Unbekannten seinen Karabiner verkauft und Unbekannte hätten ihm die Wertsachen der Ermordeten zugesteckt, ist handgreiflich unwahr und nur aus Schuldbewusstsein zu erklären.

Siefert und nur Siefert alleine ist der durch Mordwaffe und Fingerabdrücke als stumme Zeugen seiner Tat vollständig überführte Täter. Dass die Tat zu Recht als Mord behandelt worden ist, bedarf keiner weiteren Ausführung; beweisen doch Art der Vorbereitung und Behandlung der Opfer das denkbar höchste Maß von Überlegungen.

Ist Siefert aber der Täter, dann hat er für seine Tat den Tod verdient. Die Behauptung des Verteidigers, dass die Tat sich aus dem Vorleben des Verurteilten nicht erklären lasse, ist bereits widerlegt. Die Tatsache, dass sich an dem ursprünglich offensichtlich blutüberströmten, erst 13 Tage nach dem Mord aufgefundenen Karabiner für das Fingerabdruckverfahren brauchbare Fingerabdrücke nicht mehr fanden, kann keinesfalls zu Sieferts Gunsten sprechen oder einen Zweifel an seiner Schuld aufkommen lassen. In der Person des Verurteilten liegen keine Begnadigungsgründe.

Siefert, der durch seine gute Intelligenz, seine Gewandtheit im Ausdruck und sein bei aller Verschlossenheit meist aufgeräumtes Wesen sich bei seiner Umgebung in Ansehen zu setzen wusste, ist eine kalt berechnende Natur, die ihre gute Veranlagung rücksichtslos für ihre persönlichen Zwecke unter Nichtbeachtung der Rechte der Mitmenschen auszunützen pflegte.

Diese kalte Berechnung, die ihn bei Vorbereitung und Ausführung der Tat leitete, hat ihn während der Untersuchung nicht verlassen. Mit eiserner Ruhe, mit geradezu zynischem Lächeln spielte er in der Voruntersuchung wie vor dem Schwurgericht die Rolle des Unschuldigen. Auch in der Hauptverhandlung wusste er die gleichgültige Ruhe sogar in den Augenblicken zu wahren, als der abgeschnittene Ringfinger des ermordeten Oberbürgermeisters Busse und der Schädel des Bürgermeisters Werner gezeigt wurden.

Innere Erregung, die er offenbar bei Erstattung des Sachverständigengutachtens über die Fingerabdrücke empfand, wusste er ebenso niederzukämpfen wie seine Bewegung beim Verlesen eines Briefes, indem er aus der Untersuchungshaft heraus einen Freund zur Zusendung einer Säge zum Durchsägen der Gefängnisgitter gebeten hatte, weil er dem sicheren Verderben und dem sicheren Tode ausgeliefert sei, wenn ihm nicht zur Flucht verholfen werde.

Dieselbe kalte Berechnung legt Siefert auch an den Tag, wenn er in seinem Gnadengesuch das Märchen von den Unbekannten und vor seiner Reise wiederholt und nicht von der Behauptung zurückschreckt, die Fingerabdrücke müssten gefälscht sein.

Ein Mensch, der so weit von jeder Einsicht und Reue entfernt ist, verdient bei einer so schweren Straftat keine Milde. Die Tat bietet ebenso wenig wie die Person des Täters irgendwelchen Anlass, vom Gnadenrecht Gebrauch zu machen. Um seinen Hang zum Wohlleben zu frönen, hat Siefert als Wegelagerer an einem der schönsten Punkte der Umgebung von Heidelberg ein sicheres Versteck gebaut und hier gelauert, bis er die beiden gut gekleideten Bürgermeister, die Ringe und Uhrketten trugen und bei denen er größere Geldbeträge auch vermuten durfte, morden und berauben konnte. Mit furchtbarer Rohheit ist er dem Bürgermeister Werner, der flüchten wollte, als sein Begleiter von der tödlichen Kugel getroffen zu Boden sank, nachgeeilt und hat ihm mit dem Karabiner den Schädel zertrümmert und sodann dem anderen Opfer den Ringfinger abgeschnitten, um in den Besitz des Eherings zu gelangen.

Wäre dieser Wegelagerer nicht verhaftet worden, wäre wohl noch mancher harmlose Wanderer in Gefahr gewesen. In Fällen dieser Art, die in der ganzen Bevölkerung eine begreifliche Erregung hervorgerufen haben, Gnade zu üben, hieße die allgemeine Rechtssicherheit geradezu untergraben. Ebenso wie das Staatsministerium am 20. Dezember 1919 beschlossen hat, von einer Begnadigung der beiden Raubmörder Ludwig Ostertag aus Bottingen und Fritz Reuter aus Wänsingen abzusehen, ebenso sollte auch an dem ebenso gemeingefährlichen als verstockten Raubmörder Siefert die Todesstrafe vollstreckt werden.

Mit den richterlichen Mitgliedern des Schwurgerichts Heidelberg stimmen der unterzeichnete Minister und alle Mitglieder des Justizministeriums für den Vollzug der Todesstrafe. Wir stellen demgemäß den

Antrag,

einen Gnadenverweis für den am 23. Januar 1922 vom Schwurgericht Heidelberg wegen mehrfachen Raubmords zum Tode verurteilten Leonard Siefert aus Olfen abzulehnen.

Unterschriften

Ablehnung des Gnadengesuches nicht einstimmig

Die Ablehnung des Gnadengesuchs war nicht, wie hier der Eindruck erweckt wird, einstimmig.

Auf der Seite der Unterzeichner können wir lesen:

»Als grundsätzlicher Gegner der Todesstrafe im gemeinen Strafrecht stimme ich für Umwandlung der Todesstrafe in lebenslanges Zuchthaus.

Unleserliche Unterschrift 11/«

Ein anderer schreibt dagegen: »Ich mache von meinem Recht der Begnadigung keinen Gebrauch.

Unleserliche Unterschrift 12 VII.«

Und ein Dritter schließt sich seinen Vorunterzeichnern an: »Ich mache von meinem Recht für Begnadigung ... keinen Gebrauch.

Unleserliche Unterschrift 24.7.«

MAI – JULI 1922: STRAFVOLLZUGSANSTALT BRUCHSAL

Männer-Zuchthaus und Amtsgefängnis in Bruchsal[31]

Erinnerungen des Mitinhaftierten Carl Hau

»Im Mai 1922 fiel mir, als ich gegenüber einem der Spazierhöfe meinen Straßenarbeiten oblag, ein Gefangener auf, der mit gefesselten Händen und geleitet von zwei Aufsehern aus dem Hause herauskam und in den ersten der Bärenzwinger eingeschlossen wurde, worauf der eine Aufseher sich vor dem Gitter aufstellte und den Mann ständig im Auge behielt. Das war ungewöhnlich.

Denn wenn es auch in seltenen Fällen einmal vorkam, dass ein besonders Gefährlicher im Hofe gefesselt blieb, so hielt man es doch nicht für nötig, ihn während des Spaziergangs auch von außen überwachen zu lassen.

Der Gefesselte war ein großer, schlanker Mensch, Mitte der 20, kühn geschnittene Gesichtszüge, und jetzt fiel mir bei näherem Zusehen weiter auf, dass er sein Haar ungeschoren trug. Er ging mit abgemessenen Schritten hin und her, indem er aufmerksam seine Umgebung betrachtete, es war also ein Neuling.

Ich dachte mich bei dem Aufseher zu erkundigen. Aber wie ich mich ihm nähere, wird mir sichtbar, dass er selber vom Fenster des Konferenzzimmers aus unter Beobachtung steht, was seine streng dienstliche Miene erklärt, die ihn nicht zu einer Anrede ermutigt. Die Auskunft muss also woanders eingeholt werden; sie liefert folgendes Ergebnis.

Der Mann ist ein zum Tode verurteilter Doppelmörder. Er soll in einer benachbarten Universitätsstadt zwei dort zu Besuch weilende Akademiker überfallen und beraubt haben. Trotzdem die Mordwaffe bei ihm gefunden wurde, desgleichen Wertgegenstände aus dem Besitz der Ermordeten, leugnete er, die Tat begangen zu haben.

Er ist Kommunist, und da die Regierung befürchtet, seine Parteigenossen möchten ihn aus dem kleinen Amtsgefängnis zu befreien suchen, hat man ihn sicherheitshalber ins Zuchthaus übergeführt. Die öffentliche Meinung bezeichnet seine Hinrichtung als sicher, aber noch denkt niemand daran, dass dieselbe in der Strafanstalt stattfinden könnte. Denn es ist bisher Gepflogenheit gewesen, das Todesurteil in der Stadt vollstrecken zu lassen, wo die Gerichtsverhandlung stattgefunden hat.

Der Todeskandidat ist die wichtigste Persönlichkeit in der Anstalt geworden, jeder Mann interessiert sich für ihn. Nach und nach erfährt man Einzelheiten. Er ist sehr zuversichtlich und hält es für ausgeschlossen, dass er auf den Indizien-Beweis hin geköpft werden kann. Beteuert immer noch seine Unschuld und schreibt seine Verurteilung dem Verrat eines Mädchens zu, die seine Geliebte gewesen war. Benimmt sich sehr anständig und weiß sich die Sympathie der Aufseher und Beamten zu sichern. Er wird von dem evangelischen Pfarrer besucht, ist aber Freidenker und religiösem Zuspruch nicht zugänglich.

Seine Verwandten sind von seiner Schuld ebenso wenig überzeugt wie seine Parteigenossen; von diesen wird er als ein Opfer der Klassenjustiz angesehen. Ein Versuch, ihn zu befreien, scheint wirklich im Bereich der Möglichkeit zu liegen. Unter den Gefangenen hat es viele, bei denen törichte Hoffnungen wach werden, dass bei dieser Gelegenheit eine allgemeine Ausräumung der Anstalt stattfinden wird.

So vergehen der Mai und der Juni in gespannter Erwartung, da wird ruchbar: das Reichsgericht hat die Revision verworfen. Obwohl das ja eigentlich selbstverständlich war, so erhöht es doch die Spannung, und es wird im ganzen Haus mit Leidenschaft über die Frage gestritten, ob der Mann hingerichtet wird oder nicht. Dabei kann man die Wahrnehmung machen, dass fast alle Gefangenen und Aufseher im Grunde davon überzeugt sind, dass ein zum Tode Verurteilter nicht hingerichtet werden darf, wenn er nur auf Indizien hin verurteilt wurde.

Das Volk hat das Empfinden: Es ist nicht richtig, jemand aufs Schafott zu schicken, der möglicherweise sich nachher als unschuldig erweist; mag er noch so belastet erscheinen, menschliches Urteil ist wählbar; besser, dass hier und da einmal ein Schuldiger mit dem Leben davonkommen, als das ein Unschuldiger dem Henker überliefert wird, denn ein Justiz-Mord ist etwas Grässliches.

An einem der letzten Tage des Juli begegnete mir in dem

Gang, der nach den Todeszellen führt, ein seltsamer Zug. Voran schritt mit ernster Miene einer der Inspektoren, hinter ihm gefesselt der Verurteilte, den Schluss bildeten zwei Aufseher. Blitzschnell war mir der Bedeutung des Zuges klar. Bleich, aber gefasst, ging der dem Tode Geweihte an mir vorüber, und da er mich im Hofe öfters gesehen hatte, warf er mir im Vorübergehen einen letzten Blick zu, einen stummen Abschiedsgruß, der mich so sehr erschütterte, dass ich nach meiner Zelle eilte, mich einschloss, und Stunden brauchte, bis sich das Gleichgewicht wieder errungen hatte.

Hinter dem Holzschuppen richteten sie am nächsten Tage das Blutgerüst auf, an einer Stelle, die von keinem Fenster aus sichtbar war. Kein Gefangener durfte mehr aus der Zelle heraus.«[32]

SAMSTAG, DEN 29. JULI 1922:
LEONHARD SIEFERT HINGERICHTET!

Die Hinrichtung Leonhard Sieferts
Ohne Geständnis in den Tod gegangen

Das badische Staatsministerium hat am vergangenen Montag beschlossen, von seinem Recht zur Begnadigung des
wegen doppelten Raubmordes verurteilten Schmiedes
Leonhard Siefert aus Olfen (hessischer Odenwald) keinen Gebrauch zu machen. Dies wurde Siefert vom Heidelberger Staatsanwalt, der das Verfahren gegen ihn geleitet hatte, am Donnerstag im Zuchthaus zu Bruchsal, wo er
zuletzt untergebracht war, nach der vorgeschriebenen amtlichen Formel mitgeteilt. Der evangelische Anstaltsgeistli-
che überreichte daraufhin Siefert im Auftrag der obersten
evangelischen Kirchenbehörde Badens mit einer ergreifen-
den Ansprache ein Kruzifix.

Am gestrigen Freitag empfing Siefert Besuche seiner nächsten Verwandten, sowie den Besuch seines Verteidigers. Er
hat auch in den letzten Tagen sehr gut zu essen (neben guter
Verpflegung Wein und Bier) erhalten. Die letzte Nacht seines
Lebens verbrachte er mit dem Schreiben von Briefen an seine
Verwandten und Bekannten. Um 1 Uhr nachts empfing er auf
seinen Wunsch das heilige Abendmahl durch den Anstaltsgeistlichen, der mehrmals bei ihm weilte. Mit ihm unterhielt
er sich bis tief in die Nacht hinein, aber nicht über religiöse
Dinge, sondern über seine Erlebnisse als Soldat im Felde.

Die Hinrichtung Sieferts erfolgte heute früh kurz nach 4 Uhr im Zuchthaushof. Es waren die offiziellen Gerichtspersonen erschienen, nämlich der Staatsanwalt als Leiter der Urteilsvollstreckung, zwei Heidelberger Richter, ein Gerichtsschreiber, der Verteidiger, der Direktor des Zuchthauses, der Anstaltsarzt, der Geistliche und die ebenfalls vorgeschriebenen zwölf Urteilspersonen aus dem Ort der Hinrichtung. Außerdem war nur ein kleiner Kreis von Personen zugelassen worden.

Siefert wurde in einem Kraftwagen in Begleitung von Gefängnisbeamten die kurze Strecke zur Richtstätte gefahren. Er ging aufrecht und trug bereits den vorschriftsmäßigen schwarzen Richtmantel mit weitem Halsausschnitt. Siefert wurde vor den Staatsanwalt geführt, vom Geistlichen geleitet. Der Staatsanwalt verlas kurz die Urteile des Heidelberger Schwurgerichts und des Reichsgerichts sowie die Entscheidung des badischen Staatsministeriums. Dann ergriff der Staatsanwalt einen schwarzen Stab, zerbrach ihn und warf ihn dem Verurteilten vor die Füße mit den vorgeschriebenen Worten: »Euer Leben ist verwirkt, Gott sei Eurer Seele gnädig!«

Nun erbat Siefert das Wort. Er stand aufrecht und mit Haltung und sprach im Übrigen laut und in der gleichen Art, wie man ihn in der Verhandlung und an den Tatorten hören konnte. Das Kruzifix trug er in der Hand. Er beteuerte auch hier wieder seine Unschuld und erklärte, er sterbe nicht als Mörder, sondern als Mensch. Er habe noch immer die Hoffnung gehabt, die Freiheit wiederzusehen.

Siefert hielt das Kruzifix hoch, deutete mit der Hand auf die Gestalt des Gekreuzigten und rief pathetisch: »So wie dieser unschuldig am Kreuze gestorben ist, so sterbe ich als unschuldiger Mensch.«

Als Siefert immer noch weitersprechen wollte, erklärte der Staatsanwalt, er könne ihn nicht mehr sprechen lassen. Er gab dem Scharfrichter, der mit zwei Gehilfen erschienen war, das Zeichen zur Vollstreckung des Urteils.

Siefert wurde zum Fallbeil geführt. Er wollte es ablehnen, sich die Augen verbinden zu lassen, doch ging der Staatsanwalt darauf nicht ein. Während Siefert nun vor das Fallbeil geführt wurde, sprach er fast ununterbrochen weiter. Der Geistliche erteilte ihm den letzten Zuspruch, und dann fiel um 4.23 Uhr Sieferts Kopf.

Während der Urteilsvollstreckung läuteten in Bruchsal die Glocken der Kirchen. Die Verwandten Sieferts forderten die Überlassung seiner Leiche. Deshalb findet bereits heute Vormittag in aller Stille die Beerdigung in Bruchsal statt.

Weder Reue noch Geständnis bis in den Tod

Siefert ist also mit dem leugnenden Wort auf den Lippen gestorben, denn es muss dem, der die Verhandlung von Anfang bis zu Ende genau verfolgt und beigewohnt hat, als zweifellos erscheinen, dass er der Täter war. Es ist auch, abgesehen von Sieferts Erzählung, nicht der allergeringste Beweis oder auch nur ein Anzeichen dafür erbracht, dass er noch Helfer hatte. Alles, was man am Tatort fand und was den beiden ermordeten Bürgermeistern geraubt worden war, hatte sich in Sieferts Besitz befunden. Damit hat diese schauerliche Mordtat ihre Sühne gefunden.

Mit der Hinrichtung Sieferts fällt der Vorhang über ein Kriminaldrama, das im vergangenen Sommer in ganz Deutschland das größte Aufsehen erregt hatte. Seit

Menschengedenken hatte ein solcher Kriminalfall in der Geschichte des Odenwalds nicht seinesgleichen.

Damit ist der irdischen Gerechtigkeit für eine schreckensvoll unsinnige Tat Genüge getan. Unbefriedigend an dieser Tragödie, die drei Menschenleben forderte, bleibt, dass der, den redende und stumme Zeugen mit Sicherheit als den Täter erkennen ließen, aus dem Leben ging, ohne seine Verbrechen gestanden und bereut zu haben. – Wir wollen indes angesichts der blutigen Sühne, die von ihm gefordert wurde, über den nunmehr Gerichteten nicht nochmals den Stab brechen. In der Ewigkeit fand er einen Richter und Rächer, dem nichts verborgen bleibt.

Anmerkungen zum Zerbrechen des Gerichtsstabes

Der Gerichtsstab war ein Zeichen der richterlichen Gewalt und Würde in der germanischen, mittelalterlichen und frühneuzeitlichen Rechtssymbolik. Der Richter nahm zur Eröffnung des Gerichts den Stab in die Hand, und wenn er die Verhandlung beendete, legte er ihn wieder ab. Wenn über einen Angeklagten die Todesstrafe verhängt wurde, zerbrach der Richter den Gerichtsstab über dem Kopf des Verurteilten. Dazu sprach er: »Nun helfe dir Gott, ich kann dir nicht mehr helfen!« Leonhard Siefert war der letzte zum Tode Verurteilte, über den der Stab gebrochen wurde.

Anmerkungen zu Todesstrafen in der Weimarer Republik

In der Weimarer Republik, also zur Zeit der Hinrichtung Sieferts, war die Todesstrafe beinahe abgeschafft; vor 1933 wurden Urteile nur noch selten vollstreckt. Öffentliche Kritik trug dazu bei, dass Mordanklagen häufiger in Totschlaganklagen umgewandelt wurden und Generalstaatsanwälte von ihrem Begnadigungsrecht Gebrauch machten.

Die Argumente von damals waren die gleichen wie die von heute: Die Todesstrafe schreckt nicht ab, die Gesellschaft muss auch den brutalsten Tätern die Chance geben, sich zu rehabilitieren. Ganz zu schweigen davon, dass immer wieder Justizirrtümer geschehen, die nicht mehr rückgängig gemacht werden können.

Jedoch wurden politisch linksgerichtete Mörder weit öfter als rechtsgerichtete mit dem Tod bestraft. Darauf verwies seit 1920 unter anderem Emil Julius Gumbel. In diesem Zusammenhang muss angeführt werden, dass Siefert Sympathisant beziehungsweise Mitglied des *Spartakusbundes* war.

Der *Spartakusbund* war eine Vereinigung von marxistischen Sozialisten in Deutschland, die das Ziel einer internationalen Revolution des Proletariats verfolgten, um Kapitalismus, Imperialismus und Militarismus weltweit zu stürzen. Der Name des Bundes bezog sich auf Spartacus, den Anführer eines Sklavenaufstands (73 – 71 vor Christus) im antiken Römischen Reich. Dessen Name symbolisierte für die Spartakisten den andauernden Widerstand der Unterdrückten gegen ihre Ausbeuter.33

Anmerkungen zur Bruchsaler Guillotine

In Baden wurde seit 1856 die Vollstreckung der Todesstrafe mittels der von der Firma *Johann Mannhardt* in München für 1.000 Gulden hergestellten Guillotine durchgeführt. Der Standort der Guillotine war in Bruchsal, wobei die Messer stets getrennt aufbewahrt wurden. Zum Transport der Guillotine (mit der Eisenbahn) an Hinrichtungsorte in Baden wurde die Guillotine zerlegt und in Kisten verpackt. Die badische Guillotine gelangte, da seit 1937 die badischen Hinrichtungen in Stuttgart – also in Württemberg – vollzogen wurden, im Februar 1937 nach Berlin zur Strafanstalt Berlin-Plötzensee.

Anmerkungen: Wer waren die Scharfrichter?

Im Falle Siefert war (höchstwahrscheinlich, denn einem Scharfrichter war es untersagt, die Bevölkerung über seine wahre Tätigkeit aufzuklären) Karl Burkhard der Scharfrichter, der dieses Amt in Baden, Württemberg und Hessen von 1897 bis 1937 ausübte und einer alteingesessenen Scharfrichterdynastie entstammte (weniger wahrscheinlich: Scharfrichter Witter aus Mannheim, der 1924 starb).

Bei nahezu allen Urteilsvollstreckungen wurde er von seinem Bruder Wilhelm Burkhard als Gehilfe begleitet. Der zweite Assistent war Friedrich Hehr, der später selber Scharfrichter wurde und bis in die Nachkriegszeit über 700 Hinrichtungen in Hamburg, Hannover und Köln vollstreckte.[35]

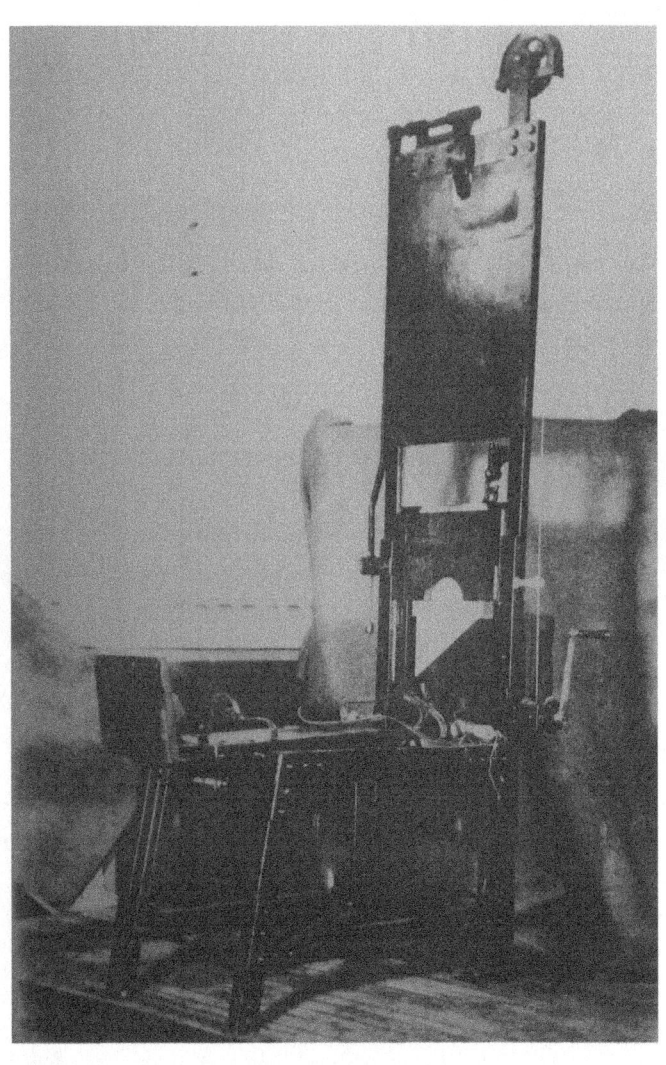

Die Bruchsaler Guillotine[34]

DONNERSTAG, 10. AUGUST 1922

Auszug aus dem Tagebuch des katholischen Anstaltspfarrers am Zuchthaus in Bruchsal für das III. Quartal 1922

Schreiben des Justizministerium Karlsruhe vom 11.10.1922
GLA No. V. 98110*(Generallandesarchiv; Anm. des Verfassers)*
»Ich habe der Hinrichtung des Leonhard Siefert beigewohnt. Dieser jugendliche Verbrecher hat seinen Grundsatz »Niemals etwas eingestehen, dann kann man nicht
verurteilt werden« bis zum Ende durchgeführt.
Es war die Hinrichtung ein unerbaulicher Abschluss
eines Verbrecherlebens. Man fühlte das Schuldbewusstsein Sieferts förmlich heraus bei der Ansprache vor dem
Fallbeil. Er machte nach unserer Ansicht kein Geständnis, weil er noch im letzten Augenblick auf Gnade hoffte.
Ferner wollte er den Richtern einen Schlag versetzen und
seine Verwandten nicht bloßstellen.
Ich machte an jenem Vormittag Zellenbesuche, um den
Eindruck der Hinrichtung bei den Gefangenen kennen
zu lernen. Meine Erfahrungen bei diesen Zellenbesuchen
gehen dahin, dass diese Hinrichtung im Zuchthaushof, die
den Gefangenen nicht verheimlicht werden konnte, einen
großen Eindruck zurückgelassen hat. Ich habe Gefangenen angetroffen, die ganz blass und bestürzt waren. Einer
sagte mir:

»Ich werde den Schlag des Fallbeils in meinem ganzen Leben nicht mehr vergessen.«

Es hat diese Hinrichtung bei vielen besser gewirkt als die Verhängung eines weiteren Jahres Strafhaft im Zuchthaus.[36]

MONTAG, 25. SEPTEMBER 1922

Auflistung der durch die Hinrichtung entstandenen Kosten

G.L.A. 234 (Generallandesarchiv; Anmerkung des Verfassers)
No. 10178

Auszug: Nr. III. 86159

Karlsruhe, den 25. September 1922
Strafsache gegen Schmied L.S. wegen Raubmordes etc.

An die Landeshauptkasse, Buchhalterei V
    Durch die Hinrichtung des Obengenannten sind folgende Kosten entstanden:
    Für den leitenden Scharfrichter Vergütung 3000 M
    Für den zweiten Scharfrichter Vergütung 2000 M
    Für den Scharfrichtergehilfen Vergütung 1500 M
    6500 M
    Wir ersuchen, diese Beträge an die Direktion des Zuchthauses Bruchsal, welche vorschüsslich Zahlung geleistet hat, zu zahlen.
    Nachricht hiervon der Direktion des Zuchthauses Bruchsal mit dem Anfügen:

Die Rechnungen über Anschaffung von Lebensmitteln folgen zur näheren Erläuterung zurück. Es ist kaum glaubhaft, dass Siefert so erhebliche Mengen Esswaren, insbesondere Kaffee und Zucker, allein verzehrt haben sollte. Wir ersuchen um Aufklärung.

Gez. Schlimm[37]

JULI 1922, STRAFVOLLZUGSANSTALT
BRUCHSAL

Erinnerungen des Mitinhaftierten Carl Hau (Fortsetzung)

»Lange lag ich an diesem Abend wach und schlief erst gegen Mitternacht ein. Da weckten mich kurz nach Tagesanbruch die schrillen Klänge des Armesünderglöckleins; es war die Glocke auf unserem Turm, eine Ersatzglocke aus der Kriegszeit mit einem stählernen Ton, der mir von jenem Morgen an verhasst war, so oft ich ihn hörte; ich fuhr aus dem Bett empor und lauschte. Nichts zu hören außer dem hastigen Schlagen der Glocke.

Mit entsetzlicher Langsamkeit schlichen die Minuten vorüber, – da – jetzt würden die Glockenschläge aufhören – es musste vorüber sein – immer noch kein Laut zu hören. Bis ein Buchfink schüchtern seine Stimme erhob, den schönen Sommermorgen zu begrüßen. Kam es mir nur so vor, oder sang der Vogel wirklich nicht so wie sonst. Dann auf dem Wege draußen ein Rollen von Wagenrädern. Ich stieg ans Fenster. Ein Sarg wurde vorübergefahren, begleitet von drei Aufsehern, die munter miteinander plauderten, wie wenn sie von einer Theateraufführung gehen. So merkwürdig kurz war der Sarg.

Dann kamen noch andere Aufseher in Gruppen vorüber, nach ihnen die Beamten mit Gehrock und Zylinder, auch einige Bürger aus der Stadt; auf der Mauer dröhnte der Marschschritt einer Schutzabteilung, die aufgeboten war, um etwaigen kommunistischen Störungsversuchen entgegenzutreten.

Als sich das Militär auf der Mauer gezeigt hatte, war es von den Gefangenen mit Schreien und Verwünschungen begrüßt worden. »Bluthunde! Mörder! Staatsbestien!« Die Hinrichtung selber verursachte eine ungeheure Aufregung.

Nach einer Viertelstunde lag der Hof wieder stet und ruhig dar, die Sonne schien, die Spatzen lärmten, als wenn nichts geschehen wäre.

Erst um 9 Uhr wurde meine Zellentür aufgeschlossen. Mein erster Gang war nach dem Holzschuppen. Nichts mehr zu sehen, alle Spuren verwischt. Der Holzmann saß auf einem Bretterstapel und wartet darauf, mir alles zu erzählen. Seine Zelle lag in Steinwurfweite vom Richtplatz. Was er gesehen und gehört hatte, ergänzten später anderer Berichte von Augenzeugen.

...

Im Laufe der Zeit wurde es sodann zur Legende im Hause, dass der Hingerichtete (Siefert; Anmerkung des Verfassers) unschuldig gestorben war. Man wob ihm eine Art Heiligenschein. Rührende Geschichten aus seinem Leben wurden herum kolportiert und von vielen geglaubt. Alle sprachen voll Bewunderung von dem männlichen Mut, mit dem er in den Tod gegangen war.

Mit Widerwillen und Verachtung äußerte man sich über die Kommunisten, die zu feige gewesen sein, für den unschuldig verurteilten Genossen etwas zu tun. Es hieß, der Bruder des Toten, der ihn am Tage vor der Hinrichtung besuchte, habe eine Andeutung fallen lassen, er brauche die Hoffnung noch nicht ganz aufzugeben, in letzter Stunde könne noch eine Wendung eintreten; und dann hätten die Feiglinge doch nichts gewagt. Fragte man, was denn hätte getan werden können angesichts der mit Militär und Maschinengewehren besetzten Mauern, so bekam man unbestimmte Antworten. Irgendetwas hätte getan werden müssen. Was, wusste niemand.

Und dann tauchte nach Jahr und Tag plötzlich das Gerücht auf, der wirkliche Täter sei nach Amerika geflüchtet und habe dort auf dem Sterbebett ein Geständnis abgelegt. Es stand in der Zeitung. Es musste wahr sein. Hatte man es nicht immer gesagt, dass der Ärmste unschuldig gestorben sei.

Wieder ein Justizmord mehr. Jetzt gehörten aber die Richter und der Staatsanwalt geköpft, besonders der Staatsanwalt, diese brutale Kanaille, der nicht einmal einen Todgeweihten seine letzten paar Worte aussprechen ließ. Wie eine Epidemie ging das Gerücht und die dadurch ausgelöste Wut durch das Haus. Und als beide endlich erloschen, weil es sich herausstellte, dass an der Geschichte kein wahres Wort sei, blieb doch etwas übrig. Der Heiligenschein war ein wenig größer geworden.

Einen Juristen, der bei der Hinrichtung zugegen war, fragte ich später einmal, ob die Worte, mit denen der Mann seine Unschuld beteuerte, den Klang der Wahrheit gehabt hätten. Nach einigem Überlegen kam die Antwort: ja, den hätten sie gehabt. »Halten Sie es für wahrscheinlich«, fuhr ich fort, »dass er in der letzten Minute vor seinem Tode über diesen Punkt die Unwahrheit sagte?« – »Warum denn nicht?« – »Was soll er dabei für ein Motiv gehabt haben?« – »Weiß ich nicht. Kann ich nicht wissen. Der Mann war schuldig. Belastendere Indizien hat es noch nie gegeben. Wenn wir auf solche Indizien ihn nicht verurteilen dürfen ...« – »Das Argument kenne ich. Lassen wir es dahingestellt. Aber was sagen Sie zu den Worten: Ich bin so wenig schuldig wie dieser Gekreuzigte?« – »Dazu ließe sich manches sagen. Unter anderem könnte man sagen, dass darin gar keine Beteuerung der Unschuld liegt.« – »Da bin ich neugierig.« – »Nun, war denn Jesus von Nazareth unschuldig? War er nicht tatsächlich ein Volksaufwiegler? Ein Hochverräter am Judentum? Ein Gotteslästerer, nach dem Gesetz des Moses selbst des Todes schuldig?« – »Ach und da glauben Sie, dieser Mann aus dem Volke, ein Schmied ist er wohl gewesen, war im Angesichte des Todes einer so subtilen Dialektik fähig? Wenn er ein Jurist gewesen wäre, dann vielleicht. Aber auf den Gedanken, dass die Worte so gemeint waren, kann nur ein Jurist kommen.«« [38]

Anmerkungen: Wer war der Mithäftling Carl Hau?

Carl Hau (ursprünglich Karl Hau, * 3. Februar 1881 in Großlittgen bei Wittlich; † 5. Februar 1926 in Tivoli) war Rechtsanwalt beim Obersten Bundesgericht Washingtons und Dozent des römischen Rechtes an der George Washington Universität. Er wurde beschuldigt, seine Schwiegermutter, die verwitwete Frau Medizinalrat Molitor, am 6. November 1906 auf der Kurpromenade in Baden-Baden erschossen zu haben.

Im Vorfeld der Tat hatte er sich eine Perücke und einen falschen Bart anfertigen lassen und einen langen schwarzen Mantel erworben.

Hau beteuerte seine Unschuld. Noch während der Untersuchungshaft in Karlsruhe teilte ihm seine Frau mit, dass sie glaube, er sei der Täter gewesen. Sie ertränkte sich kurz daraufhin in der Nähe von Zürich im Pfäffikersee.

Vorher hatte sie verfügt, dass das gemeinsame Kind einen neuen Namen erhalten und bei einer anderen Familie aufwachsen sollte.

Hau wurde in einem Indizienprozess im Juli 1907 für schuldig gesprochen und zum Tode verurteilt. Am Tage der Urteilsverkündung belagerten rund 20.000 Schaulustige das Gerichtsgebäude in Karlsruhe. Mehrfach versuchte die Menge, die Postenketten zu durchbrechen (sogenannte Hau-Krawall). Einen derartigen Auflauf von Neugierigen hatte es noch bei keinem Prozess im Deutschen Reich gegeben.

Der Großherzog von Baden begnadigte Hau am 1. Dezember 1907 und wandelte das Todesurteil in eine lebenslange Zuchthausstrafe um. Der Verurteilte bemühte sich um eine Wiederaufnahme seines Verfahrens, was jedoch scheiterte.

Zwölf Jahre der Freiheitsstrafe verbüßte Hau in Einzelhaft in Bruchsal. Während der Haftzeit übersetzte er Rudolf von Jherings Werk *Geist des römischen Rechts auf den verschiedenen Stufen seiner Entwicklung* ins Englische.

Nach 17 Jahren Haft wurde 1924 die Reststrafe zur Bewährung ausgesetzt und Hau vorzeitig aus der Haft entlassen. Aufgrund der Erfahrungen mit dem Prozess (insbesondere die Ausschreitungen von Schaulustigen) knüpfte das Gericht die Entlassung unter anderem an eine Bedingung: Hau dürfe seinen Fall nicht zum Gegenstand sensationeller Darstellungen machen.

Hau verfasste trotzdem zwei Bücher, in denen er den Prozess und die Haftzeit aus seiner Sicht schilderte. Die Bücher wurden zu Bestsellern. Die Behörden sahen diese Veröffentlichungen als Verstoß gegen die Bedingungen seiner Entlassung an.

Am 27. November 1925 erging erneut ein Haftbefehl, dem sich Hau durch die Flucht nach Italien entzog. Dort nahm er sich am 5. Februar 1926 in den Ruinen der Villa Hadriana in Tivoli das Leben.[39]

MONTAG, 21. JANUAR 1952

Todesstrafe? – Leserbrief des Doktor jur. Rudolf M.
Heilbrunn, Amsterdam, in der Frankfurter Allgemeinen Zeitung

Bei der durch ihren Aufsatz *Um Tod und Leben* angeregten Diskussion über die Wiedereinführung der Todesstrafe scheint mir ein Argument dieses Strafvollzugsmittels nicht genügend gewürdigt worden zu sein: das ihrer Irreparabilität. Der Einwurf, dass Fehlurteile selten seien, kann theoretisch das Argument nicht entkräften.

Ob solche »Justizmorde« wirklich so selten sind, wie allgemein angenommen, ist schwer zu entscheiden, da naturgemäß keine Statistik über Fehlurteile vorliegt. Doch sei an einen Fall aus der Rechtsgeschichte der Weimarer Republik erinnert, der, soviel ich weiß, nicht publiziert worden ist: die Sühnung des Heidelberger Bürgermeistermordes.

Der Tatbestand des Falles ist der folgende:

Im Sommer des Jahres 1921 wurden am Königsstuhl bei Heidelberg die Leichen zweier deutscher Bürgermeister aufgefunden, die Schussverletzungen aufwiesen. Es gelang der Heidelberger Polizei einen verdächtigen Obdachlosen im dortigen Bahnhof festzunehmen, der das Gewehr in seinem Besitz hatte, aus dem nach dem Gutachten der ballistischen Sachverständigen die mörderischen Kugeln stammten. Der bekannte Gerichtschemiker Popp stellte in einem aufsehenerregenden Gutachten fest, dass an der Hose des Angeschuldigten sich Moose befanden, die allein an jener

Gegend des Königsstuhls wuchsen, wo der Mord geschehen war. Obgleich der Angeschuldigte seine Unschuld beteuerte – das Gewehr sei ihm von einem Unbekannten im Bahnhof geschenkt worden, die Moose seien an seinem Anzug, weil er im Walde geschlafen habe – wurde er auf Grund eines klassischen Indizienbeweises zum Tode verurteilt, und das Urteil wurde vollstreckt. Einige Jahre später starb der Sohn des einen Ermordeten. Vor seinem Tod bekannte er in der Beichte, er habe seinen Vater im Streit erschossen und den Augenzeugen gleichfalls ermordet ... Es scheint mir, dass man nicht in den juristischen Begriffshimmel zu steigen braucht und all die oft erörterten Argumente über Zweck und Sinn der Strafe aus den Dschungeln der Rechtsphilosophie, Moral und Theologie wiederholen muss, dass vielmehr der Fall dieses unglücklichen namenlosen »Waldgängers« schlagender und überzeugender die Unsittlichkeit und Unzweckmäßigkeit jenes barbarischen Strafvollzugsmittels beweist als alle Gelehrten und geistvollen Erörterungen.[40]

SAMSTAG, 26. JANUAR 1952

Rhein-Neckar-Zeitung: Unhaltbare Gerüchte um
den Fall Siefert – Landesgerichtspräsident Doktor
Anschütz widerlegt unverantwortliche Behauptung

Der Präsident des Landgerichts Heidelberg, Doktor
Anschütz, bittet uns um Veröffentlichung folgender Erklärung:

Aus der *Frankfurter Allgemeinen* vom 21.1.1952 wird
von verschiedenen Zeitungen die Behauptung übernommen, es habe sich bei der Verurteilung des Angeklagten
Siefert wegen der Ermordung der Bürgermeister Busse
und Werner in Heidelberg im Jahre 1921 um einen Justizmord gehandelt, da »der Sohn des einen Ermordeten« später vor seinem Tode in der Beichte bekannt habe, er habe
seinen Vater im Streit erschossen und den Augenzeugen
gleichfalls ermordet.

Woher der Gewährsmann der *Frankfurter Allgemeinen*,
ein Doktor jur. Rudolph Heilbrunn in Amsterdam, das
»Beichtgeheimnis« hat, ist unbekannt. Auf alle Fälle ist an
dem Gerücht kein wahres Wort, denn aus den Akten ergibt
sich, dass keiner der beiden ermordeten Bürgermeister
einen Sohn hatte. Auch die weitere Schilderung des Doktor Heilbrunn über den Vorgang im Sommer 1921 stimmt
in entscheidenden Punkten nicht.

Doktor Anschütz

Kommentar der Rhein-Neckar-Zeitung

Die Redaktion der *Rhein-Neckar-Zeitung* hatte es abgelehnt, den an die *Frankfurter Allgemeine* gerichteten Leserbrief zu veröffentlichen. Es erschien uns von vornherein verdächtig, dass sich Doktor Heilbrunn auf eine im Rahmen einer Beichte abgegebene Mitteilung berief. Man muss sich darüber im Klaren sein, dass man, wenn man von einem »Justizmord« spricht, ganz bestimmten Menschen, nämlich den Richtern und Geschworenen des Prozesses, vorwirft, einen Mord begangen zu haben. Diejenigen unserer Leser, die uns gebeten haben, den Brief der *Frankfurter Allgemeinen* nachzudrucken, werden verstehen, warum wir es nicht getan haben.[41]

NACHWORT DES VERFASSERS

Lange Zeit hielt sich hartnäckig das Gerücht, dass der Sohn eines der Opfer den Mord begangen haben könnte. Doch im persönlichen Umfeld der Opfer hatten weder Polizei noch Staatsanwaltschaft recherchiert.

Auffällig ist die Vorverurteilung des Angeklagten in den Medien. Bereits bei der Verhaftung Sieferts schreiben die Zeitungen vom Mörder und nicht vom Beschuldigten. Das Urteil steht von Beginn an fest.

Aus heutiger Sicht ist es auch kaum nachvollziehbar, dass ein Sachverständiger sowohl in Vorlesungen vor Studierenden als auch gegenüber Pressevertretern bereits von seinen Ergebnissen berichtet, während die Ermittlungen noch andauern. Und auch die Staatsanwaltschaft pflegte ein geradezu freundschaftliches Verhältnis zu den Pressevertretern und gab Informationen preis, die man heutzutage alleine schon aus ermittlungstechnischen Gründen zurückhalten würde. Konnten die Geschworenen hier überhaupt noch zu einem gerechten Urteil kommen?

In den damaligen Presseberichten wurde ein wichtiger Punkt völlig ausgeblendet: Siefert war Sympathisant beziehungsweise Mitglied des kommunistisch gesinnten *Spartakusbundes*. Vor diesem Hintergrund muss das gefällte Todesurteil noch kritischer betrachtet werden. Denn linksgerichtete Mörder wurden in der Weimarer Republik weit häufiger mit dem Tod bestraft als rechtsgerichtete. Aus Angst vor Befreiungsversuchen durch Spartakisten wurde Siefert in einer Nacht- und Nebelaktion nach dem Urteil von Heidelberg nach Bruchsal transportiert. Und nicht ohne Grund sicherten starke Militärkräfte seine Hinrichtung.

In diesem Drama, das für die drei Hauptdarsteller tödlich endete, trafen zwei Klassenfeinde ganz im Sinne von Marx und Engels aufeinander. Auf der einen Seite die Bürgermeister, Angehörige der konservativen Oberschicht, Repräsentanten des Staates, Akademiker, Mitglieder einer alteingesessenen Studentenverbindung, gut situiert, wohlgenährt, Zigarren rauchend und goldene Uhrketten tragend. Und auf der anderen Seite ein lediger Bahnarbeiter, Abschluss der Volksschule, gravierende Schwächen in Rechtschreibung und Interpunktion, mit 17 Jahren in den Krieg geschickt, Sympathisant der Kommunisten, bärenstark, den Frauen mehr als zugeneigt und immer in Geldnöten.

Insgesamt bleibt das Bild von Siefert jedoch erstaunlich unscharf. Dazu trägt auch bei, dass man weder in den damaligen Zeitungen noch in den Archiven Fotografien oder Zeichnungen von Siefert findet. Der Widerspruch zwischen »öffentlichem« und »privatem« Siefert bleibt bis zur Hinrichtung unaufgelöst. Mit Ausnahme der Gebrüder Breitenstein, die aufgrund ihres eigenen Meineids im Falle des Fahrraddiebstahls nicht anders können, als Siefert anzuschwärzen, sagt niemand, der vor dem Verbrechen direkten Kontakt zum Angeklagten hatte, etwas Negatives über ihn. Weder seine Kriegskameraden, Arbeitgeber und Kollegen noch seine Vermieterin, deren Kinder sowie seine diversen Liebschaften, die allen Grund dazu gehabt hätten, ihm böse zu sein! Er war offensichtlich beliebt, attraktiv, ein guter Arbeiter sowie Kamerad und alles andere als dumm. Über seine kleinen Gaunereien im Vorfeld der Verbrechen muss man geradezu schmunzeln, eigentlich sind es Lappalien.

Presse und Staatsanwaltschaft hingegen charakterisieren Siefert als kaltherzig, gerissen, hinterhältig, schauspielernd und berechnend. Sie versuchen, das Bild einer blutrünstigen Bestie zu entwerfen. Der Staatsanwalt ist sich in seinem Schlussplädoyer nicht einmal zu schade dafür, rassistische Hasstiraden (»Tat, die eines französischen Senegalnegers würdig gewesen wäre«) anzustimmen und groteske historische Vergleiche anzustellen (»Wenn Siefert sich befreien könnte oder befreit werden würde, könnte er sich an die Spitze einer Bande setzen. Dann aber, meine Herren würden wir einen Schinderhannes oder Hölzerlips pfälzischen Angedenkens wieder erleben, der das Entsetzen der Bevölkerung belächelt!!«). Dabei sind die Missetaten (etwa das unerlaubte Öffnen von Getreidesäcken im Stile von *Max und Moritz*), die aus seiner Kindheit geschildert werden und als Belege seiner frühzeitigen kriminellen Energie dienen sollen, nichts anderes als Lausbubenstreiche, die geradezu lächerlich wirken.

War Siefert nun der Täter oder wurde er als Unschuldiger hingerichtet? Die Frage muss unbeantwortet bleiben. Doch noch immer beschäftigen sich Juristen damit, ob im Fall Siefert nicht ein Fehlurteil vorliegen könnte. Aus heutiger Sicht wäre die Umwandlung der Todesstrafe in eine Zuchthausstrafe die wohl beste Lösung gewesen!

Sämtliche Akten des Prozesses sind vollständig vorhanden und heute frei zugänglich. Sie werden im Generallandesarchiv in Karlsruhe aufbewahrt. Die Ausgaben der regionalen Tageszeitungen aus der damaligen Zeit finden sich im Stadtarchiv Heidelberg.

Wieder einmal wandere ich zum Pfalzgrafenstein, dem Ort des geschilderten Verbrechens. In den damaligen Zeitungen wurde eine beeindruckende Dramaturgie zwischen den unheimlichen Wäldern, den nur schwer zugänglichen gebirgigen Landschaften und unbelichteten Landstraßen sowie den sicheren und hellen Städten und Dörfern entwickelt. Das Unheimliche ist heute kaum mehr spürbar. Auf dem Weg zum Tatort begegne ich Mountainbikern, Joggern und Spaziergängern, die ihre Hunde ausführen. Die Vorstellung, dass in dieser stark frequentierten Umgebung bei Tageslicht einmal ein Doppelmord verübt wurde, fällt schwer.

Gegen 18 Uhr, dem Zeitpunkt des damaligen Verbrechens, erreiche ich die Mordsteine der Bürgermeister. Ich entziffere die Inschriften, die schon etwas mit Moos überwuchert sind:

»Hier fiel durch Mörderhand am 29. Juni 1921 der Oberbürgermeister Wilhelm Busse aus Herford«. –

Mörderstein Busse am Pfalzgrafenstein[42]

»Dem gleichen Anschlag fiel zum Opfer der Bürgermeister Leopold Werner aus Herford. Verbindung im MR. Wratislawia Breslau.«

Mörderstein Werner am Pfalzgrafenstein[43]

298

Ich schaue ins Tal hinab und erkenne auf der anderen Seite des Neckars die Straße, auf der damals Ingenieur Link auf seinem Motorrad hinterrücks angeschossen wurde. Jetzt, im beruflichen Abendverkehr, dröhnt das Geräusch der zahlreichen Autos nach oben und übertönt das Rauschen des naheliegenden Stauwehrs.

Hinter dem Wehr zeichnet sich der Schornstein der ehemaligen Gelatinefabrik ab, zu der sich der verletzte Link damals gerade noch retten konnte. In der Ferne erkennt man die Silhouette von Ziegelhausen, wo Siefert bei der Witwe Kratzmüller wohnte. Und dort, in Ziegelhausen, liegt der Schauplatz eines ebenso brutalen Verbrechens, das sich rund 80 Jahre nach den Bürgermeistermorden ereignen sollte: Der Dreifachmord in einer Arztpraxis, verübt am Tag vor Heiligabend im Jahr 2002. Doch hierzu an anderer Stelle mehr!

ANHANG: DAS JAHR 1921 IN DEUTSCHLAND
UND HEIDELBERG

Das Ende des Ersten Weltkrieges lag zum Zeitpunkt des Verbrechens drei Jahre zurück. Die wirtschaftliche Lage in Deutschland blieb weiterhin angespannt. Die Alliierten bestanden mit allem Nachdruck auf den Reparationszahlungen. Um die Gelder zur Wiedergutmachung aufbringen zu können, bediente sich die Reichsregierung immer häufiger der Notenpresse. Dies führte zu einer immensen Inflation.

Überraschenderweise hatte die Wirtschaftsentwicklung im Deutschen Reich trotz der Niederlage im Weltkrieg nicht zu langfristigen negativen Folgen auf dem Arbeitsmarkt geführt. Nach volkswirtschaftlichen Kriterien lässt sich für das Jahr 1921 sogar Vollbeschäftigung feststellen. Weitaus schwerwiegender stellte sich die Lohnsituation dar. Die ohnehin geringe Kaufkraft der Löhne wurde durch die rapide zunehmende Geldentwertung noch gemindert.

Niedrige Löhne und Inflation machten sich im Leben des Einzelnen deutlich bemerkbar. Verschiedene Nahrungsmittel waren immer noch knapp und wurden durch die Inflation zusehends teurer. Wegen der extremen Wohnungsnot mussten mehrere Millionen Menschen ihr Dasein in notdürftigen Unterkünften fristen.

Hunger, beengte Wohnverhältnisse und unzureichende medizinische Versorgung waren drei Jahre nach Kriegsende trotz guter Beschäftigungslage und steigender Produktion nichts Ungewöhnliches. In einigen Städten kam es sogar zu Plünderungen von Lebensmittelgeschäften.

Mit den außenpolitischen Problemen einher ging eine zusehends kritischer werdende innenpolitische Entwicklung. Neben der ständig wachsenden wirtschaftlichen Not in großen Teilen der Bevölkerung waren es vor allem die erstarkenden antidemokratischen Kräfte von rechts und links, welche die junge Weimarer Republik bedrohten.

Die moralische Gesinnung lässt sich folgendermaßen umschreiben: Aufgrund des Ersten Weltkrieges hatten viele Kriegsteilnehmer den Respekt vor dem Menschenleben und die Achtung vor den Gesetzen verloren. Durch ihren Kriegsdienst waren insbesondere viele junge Menschen zu Gewalt sowie Unrecht und weniger zu Ordnung sowie Moral erzogen worden. Außerdem hatten viele das Gefühl, von der Staatsmacht um ihre Jugend betrogen worden zu sein. Als Konsequenz verspürten sie eine unbändige Lust, endlich zu leben. Nicht selten ging damit der Wunsch einher, sich endlich das zu nehmen, was einem zusteht, und sei es mit Gewalt.

Was passierte in diesem Jahr in Heidelberg? Hierzu ein Auszug aus der Stadtchronik:

- 14. Januar 1921: In einer öffentlichen Versammlung spricht der wegen antisemitischer Äußerungen (»Auswüchse der Judenherrschaft«) aus dem Lehramt entfernte Privatdozent der Philosophie Doktor Arnold Ruge in der Stadthalle über seinen Konflikt mit der Universität, über die Münchener Vorfälle im *Hofbräuhaus* und (erstmals in Heidelberg) über Adolf Hitler.
- 17. Januar 1921: Eröffnung des Schwurgerichts Heidelberg
- 11. Februar 1921: Der *Schutz- und Trutzbund* unter Führung des Privatdozenten der Philosophie Doktor

Arnold Ruge veranstaltet in Heidelberg einen *Deutsch-völkischen Pressetag*, bei dem zum ersten Mal in Heidelberg Hakenkreuzfahnen auftauchen.

- Sommer 1921: Niedrigststand des Neckars wegen extremer Hitze
- August 1921: erste große Schlossbeleuchtung nach dem Kriege anlässlich des 50-jährigen Stiftungsfestes der Burschenschaft *Leonensia*
- 31. August 1921: Bei einer Demonstration werden in der Weststadt sämtliche Straßenschilder mit den Straßennamenbezeichnungen Kaiserstraße, Kronprinzenstraße, Wilhelmstraße und Wilhelmsplatz zertrümmert und entfernt.
- 21. September 1921: Detonation im Stickstoffwerk der *BASF* in Oppau (schwerstes Industrie-Unglück der deutschen Geschichte, 561 Tote; die Explosion ist noch in Frankfurt zu hören. Oppau wird fast völlig dem Erdboden gleich gemacht)
- Weitere Ereignisse dieses Jahres sind:
- Gründung des *Vereins gesetzestreuer Juden* in Heidelberg durch Schaul Deutsch (Prokurist) und Simon Hochherr (Fabrikant, 1882 – 1944)
- Gründung der Ortsgruppe Heidelberg der NSDAP in der *Brauerei Denner*
- Die Judengasse in Rohrbach wird in Blumenstraße umbenannt (1927 in Weingasse)44

QUELLENVERZEICHNIS

Angermeyer, M. C./Steinberg, H.: (Hrsg.): 200 Jahre Psychiatrie an der Universität Leipzig: Personen und Konzepte, Heidelberg 2005, S. 158 – 159.

Anhäuser, U.: Schinderhannes und seine Bande, Alf/Mosel 2003.

Baratta, A. (Hrsg.): Gustav Radbruch, Gesamtausgabe, Band 13: Politische Schriften aus der Weimarer Zeit II: Justiz-, Bildungs- und Religionspolitik, Heidelberg 1993.

Bautz, F. W.: Bezold, Karl, in: Biographisch-Bibliographisches Kirchenlexikon (BBKL). Band 1, 2., unveränderte Aufl., Hamm 1990, Sp. 574.

Bayerlein, P.: Schinderhannes-Chronik. Von Miehlen bis Mainz, Mainz-Kostheim 2003.

Blazek, M.: Scharfrichter in Preußen und im Deutschen Reich 1866 – 1945, »Friedrich Hehr«, Stuttgart 2010, S. 79 – 102.

Boehnke, H./Sarkowicz, H.: Die deutschen Räuberbanden, drei Bde., Erlangen 1991.

Burschenschaft Vandalia zu Heidelberg: Die Mitglieder der Vandalia zu Heidelberg nach dem Stande vom 29. September 1935, Berlin 1936.

Deutsches Historisches Museum: Plakat der KPD (Spartakusbund) 1919, Berlin; Inv. Nr.: P 63/498

Eberhard, E. H.: Handbuch des studentischen Verbindungswesens. Leipzig, 1924/25, S. 66.

Hahn, N./Wohlfahrt, M.: Internationale Akademie für kriminalistische Wissenschaften, Wien 1932.

Hau, C.: Das Todesurteil: Die Geschichte meines Prozesses, Berlin 1925.

Hau, C.: Lebenslänglich: Erlebtes u. Erlittenes, Berlin 1925.

Heidelberger Neueste Nachrichten – Heidelberger Anzeiger, Donnerstag, 19. Januar 1922, Nr. 16, S. 2: Der Mordprozeß Siefert. Besuch der Tatorte.- Gutachten über die Fingerabdrücke.

Heidelberger Neueste Nachrichten – Heidelberger Anzeiger, Freitag, 8. Juli 1921, Nr. 156, S. 3: Raubmord an den Bürgermeistern. Verhaftung eines Täters.

Heidelberger Neueste Nachrichten – Heidelberger Anzeiger, Samstag, 29. Juli 1922, Nr. 174, S. 8: Die Hinrichtung Leonhard Sieferts. Ohne Geständnis in den Tod gegangen.

Heidelberger Tageblatt – General-Anzeiger, Dienstag, 12. Juli 1921, Nr. 159, S. 3: Die Herforder Tragödie.

Heidelberger Tageblatt – General-Anzeiger, Dienstag, 17. Januar 1922, Nr. 14, S. 4/5: Der Mordprozeß gegen Siefert.

Heidelberger Tageblatt – Generalanzeiger, Dienstag, 19. Juli 1921, Nr. 165, S. 4: Der Mord und die Wahrträumerin.

Heidelberger Tageblatt – General-Anzeiger, Dienstag, 24. Januar 1922, Nr. 20, S. 4: Das Urteil im Siefert-Prozess. Wegen Raubmordes zweimal zum Tode verurteilt. Wegen Meineids 1 Jahr Zuchthaus. – Freispruch im Fall Link. Nach dem Prozeß.

Heidelberger Tageblatt – General-Anzeiger, Dienstag, 24. Januar 1922, Nr. 20, S. 4: »Siefertismus«.

Heidelberger Tageblatt – General-Anzeiger, Donnerstag, 19. Januar 1922, Nr. 16, S. 4/5: Der Mordprozeß gegen Siefert.

Heidelberger Tageblatt – General-Anzeiger, Donnerstag, 7. Juli 1921, Nr. 158, S. 3: Lokale Nachrichten. Polizeistreife ins Gebirge. Mehrere hundert Polizeibeamte suchen nach den verschollenen Bürgermeistern.

Heidelberger Tageblatt – General-Anzeiger, Freitag, 20. Januar 1922, Nr. 17, S. 4/5: Der Mordprozeß gegen Siefert.

Heidelberger Tageblatt – General-Anzeiger, Mittwoch, 13. Juli 1921, Nr. 160, S. 4: Die Herforder Tragödie.

Heidelberger Tageblatt – General-Anzeiger, Mittwoch, 18. Januar 1922, Nr. 15, S. 4/5: Der Mordprozeß gegen Siefert.

Heidelberger Tageblatt – General-Anzeiger, Mittwoch, 20. Juli 1921, Nr. 166, S. 4: Lokale Nachrichten.

Heidelberger Tageblatt – General-Anzeiger, Montag, 16. Januar 1922, Nr. 13, S. 4; Der Mordprozeß gegen Siefert.

Heidelberger Tageblatt – General-Anzeiger, Montag, 18. Juli 1921, Nr. 164, S. 4: Die Herforder Tragödie.

Heidelberger Tageblatt – General-Anzeiger, Montag, 23. Januar 1922, Nr. 19, S. 4: Der Mordprozeß gegen Siefert. Die Anklagebehörde beantragt Todesstrafe.

Heidelberger Tageblatt – General-Anzeiger, Montag, 23. Januar 1922, Nr. 19, S. 4: Der Mordprozeß gegen Siefert. Die Anklagebehörde beantragt Todesstrafe.

Heidelberger Tageblatt – General-Anzeiger, Samstag, 16. Juli 1921, Nr. 163, S. 3/4: Neues zum Mord am Pfalzgrafenstein.

Heidelberger Tageblatt – General-Anzeiger, Samstag, 21. Januar 1922, Nr. 18, S. 4/5: Der Mordprozeß gegen Siefert.

Heidelberger Tageblatt – General-Anzeiger, Samstag, 23. Juli 1921, Nr. 169, S. 4: Siefert entlarvt.

Heidelberger Tageblatt – General-Anzeiger, Samstag, 29. Juli 1922 – Nr. 174, S. 4: Lokale Nachrichten. Die Hinrichtung Sieferts.

Heilbrunn, Doktor jur. R. M.: Leserbrief »Todesstrafe?«, Amsterdam, in: Frankfurter Allgemeine Zeitung vom 21. Januar 1952, zitiert nach: Schnepf, Th.: Heidelberger Mordsteine, 2. Aufl., Hamm am Rhein 2007, S. 50 – 51.

Hillenbrand, K.: Berufswunsch Henker: Warum Männer im Nationalsozialismus Scharfrichter werden wollten, Frankfurt am Rhein/New York 2013.

http://dl.ub.uni-freiburg.de/diglit/schauinsland1992/0057/ocr?sid=c7c124c092e3383d0480df597fef534

https://www.bio.uni-frankfurt.de/43630952/geschichte

http://www.der-historische-fall.de/9.html

http://www.doris-baumert.de/Dokumente/Kleppelsdorf_Schloss_
Tragoedie_1921.htm

http://www.justiz.sachsen.de/download/Schnepf.pdf

http://www.neckar-chronik.de/Nachrichten/Scharfrichter-ein-un-
ehrlicher-Beruf-in-der-fruehen-Neuzeit-196348.html

http://www.s197410804.online.de/Zeiten/1900.htm

http://www.spiegel.de/einestages/todesstrafe-in-deutsch-
land-a-948697.html

https://chroniknet.de/extra/zeitgeschichte/1921-niedriger-lebens-
standard-trotz-geringer-arbeitslosigkeit/

https://chroniknet.de/extra/zeitgeschichte/1921-rasende-inflation-
und-wohnungsnot-in-deutschland/

https://de.wikipedia.org/wiki/Rudolf_Mosse

https://de.wikipedia.org/wiki/Todesstrafe#Weimarer_Republik

https://de.wikipedia.org/wiki/Ullstein_Verlag

https://de.wikipedia.org/wiki/Zentrale_Hinrich-
tungsst%C3%A4tte

https://erich-schairer.de/justizopfer-max-hoelz/

https://katalog.ub.uni-heidelberg.de/cgibin/titel.cgi?kat
key=900028880

https://maulbeerblatt.com/zeitreisen/blutiger-valentinstag/

https://www.deutsche-revolution.de/neutrales-komitee-fuer-max-
hoelz

https://www.psychologie.uni-heidelberg.de/willkomm/cfg/inst-
ber-2b.html

https://www.rnz.de/nachrichten/heidelberg_artikel,-Heidelberg-
Gefaengnis-Fauler-Pelz-Die-Raeumung-verzoegert-sich-um-ein-
Jahr-_arid,16568.html

https://www.spiegel.de/wirtschaft/ausgestorbene-berufe-vom-
scharfrichter-zum-henker-a-842701.html

Justizministerium: Auflistung der durch die Hinrichtung entstandenen Kosten, Generallandesarchiv 234, No. 10178, Auszug: Nr. 86159, zitiert nach: Schnepf, Th.: Heidelberger Mordsteine, 2. Aufl., Hamm am Rhein 2007, S. 263.

Justizministerium: Auszug aus dem Tagebuch des katholischen Anstaltspfarrers am Zuchthaus in Bruchsal für das III. Quartal 1922; 10. August 1922. Auszug aus dem Tagebuch des katholischen Anstaltsgeistlichen, Generallandesarchiv No. V. 98110, Karlsruhe 11.10.1922; zitiert nach: Schnepf, Th.: Heidelberger Mordsteine, 2. Aufl., Hamm am Rhein 2007, S. 217 – 218.

Koenemann, F. F.: Die Bürgermeistermordsteine, in: Wanderungen durch Heidelberger Wälder, Heidelberg 1990.

Kolle, K.: Hans W. Gruhle (1880 – 1958), in: Kolle, K. (Hrsg.): Große Nervenärzte. Band 3, Stuttgart 1963, S. 69 – 76.

Mannheimer Generalanzeiger, Mittwoch, 27. Juli 1921: Neues im Fall Siefert, zitiert nach: Schnepf, Th.: Heidelberger Mordsteine, 2. Aufl., Hamm am Rhein 2007, S. 60.

Meyer, E.: Schreiben des Anstaltsleiters an Staatsanwalt Doktor Mickel und entsprechende Anlagen zum Ausbruchsversuch des Untersuchungshäftlings L. Siefert, zitiert nach: Schnepf, Th.: Heidelberger Mordsteine, 2. Aufl., Hamm am Rhein 2007, S. 71 – 74.

Pfälzer Bote für Stadt und Land, Donnerstag, 14. Juli 1921, S. 2: Aus Stadt und Umgebung. Trauerfeier für die Opfer des Mords.

Pfälzer Bote für Stadt und Land, Freitag, 8. Juli 1921, S. 8: Aus Stadt und Umgebung.

Pfälzer Bote für Stadt und Land, Mittwoch, 13. Juli 1921, S. 4: Aus Stadt und Umgebung.

Pfälzer Bote für Stadt und Land, Mittwoch, 25. Januar 1922, S. 4: Stadt und Umgegend.

Pfälzer Bote für Stadt und Land, Montag, 11. Juli 1921, S. 4: Aus Stadt und Umgebung.

Pfälzer Bote für Stadt und Land, Samstag, 29. Juli 1922, Nr. 172, S. 5: Leonhard Siefert hingerichtet!

Pfälzer Bote für Stadt und Land, Samstag, 9. Juli 1921, S. 4: Aus Stadt und Umgebung.

Pfister, L.: Nachtrag zu der aktenmäßigen Geschichte der Räuberbanden an beiden Ufern des Mains, im Spessart und im Odenwalde. Enthaltend vorzüglich auch die Geschichte der weiteren Verhaftung, Verurtheilung und Hinrichtung der Mörder des Handelsmanns Jacob Rieder von Winterthur, Heidelberg 1812.

Popp, G: Die Beobachtung und Deutung von Blutspuren bei Kriminalforschungen, in: Zeitschrift für öffentliche Chemie, 1904, Nr. 10, S. 355 – 363.

Preuss, D./Dietrich, P.: Hölzerlips. Vom poetischen Leben des Odenwälder Räuberhauptmanns, Ravensburg 1986.

Rhein-Neckar-Zeitung, Samstag, 26. Januar 1952: Unhaltbare Gerüchte um den Fall Siefert. Landesgerichtspräsident Doktor Anschütz widerlegt unverantwortliche Behauptung, zitiert nach: Schnepf, Th.: Heidelberger Mordsteine, 2. Aufl., Hamm am Rhein 2007, S. 170 – 171.

Rink, H.: Die Mensur, ein wesentliches Merkmal des Verbandes, in: Baum, R.-J. (Hrsg.): »Wir wollen Männer, wir wollen Taten!« Deutsche Corpsstudenten 1848 bis heute, Berlin 1998, S. 383 – 384.

Schellinger, U.: »Kriminaltelepathen« und »okkulte Detektive«. Integrationsversuche paranormaler Fähigkeiten in die Polizeiarbeit im deutschsprachigen Raum 1920 bis 1960, in: Lux, A./Paletschek, S. (Hrsg.): Okkultismus im Gehäuse. Institutionalisierung der Parapsychologie im 20. Jahrhundert im internationalen Vergleich (Okkulte Moderne 3), Berlin/Boston 2016, S. 307 – 340.

Schnepf, Th.: Heidelberger Mordsteine, 2. Aufl., Hamm am Rhein 2007.

Siebenpfeiffer, H.: Böse Lust. Gewaltverbrechen in Diskursen der Weimarer Republik, Wien 2005, S. 31.

Sieber, F. J.: Georg Popp zum 70. Geburtstag, zugleich ein Beitrag zur Entwicklung der gerichtlichen Chemie und naturwissenschaftlichen Kriminalistik, Stuttgart 1971.

Staats-Ministerium: Verbrechen gegen Leonhard Siefert aus Olfen wegen Raubmord, 1922, Generallandesarchiv Karlsruhe 233, No. 36798: Abschrift des Schreibens des Kreisleiters Ernst König, Darmstadt, an die Badische Staatsanwaltschaft Heidelberg mit Abschrift der Zeugenaussage des Philipp Rösch, Olfen, vom 13. Februar 1922, GLA 242, No. 2216, zitiert nach Schnepf, Th.: Heidelberger Mordsteine, 2. Aufl., Hamm am Rhein 2007, S. 33 – 35.

Staats-Ministerium: Verbrechen gegen Leonhard Siefert aus Olfen wegen Raubmord 1922, Generallandesarchiv Karlsruhe 233, No. 36798, Justiz Ministerium Nr. 9689, Gesuch des Rechtsanwalts L. Karg in Heidelberg um Umwandlung des Todesurteils gegen den Raubmörder Siefert (Name handschriftlich unterstrichen; Anmerkung des Verfassers) in eine lebenslange Zuchthaustrafe, 27. Mai 1922, Karlsruhe 1922.

Thorwald, J.: Die Stunde der Detektive. Werden und Welten der Kriminalistik, Zürich/München 1966, S. 32, 33, 51, 52, 438, 439.

Vieser, M./Schaut, I.: Von Kaffeeriechern, Abtrittanbietern und Fischbeinreissern, München 2020.

Volkszeitung, Dienstag, 12. Juli 1921, S. 5: Die Auffindung der Leichen der ermordeten Bürgermeister.

Volkszeitung, Montag, 11. Juli.1921, S. 3: Noch keine Aufklärung des Mordes an den beiden Bürgermeistern.

Volkszeitung, Samstag, 9. Juli 1921, S. 2: Zu der Mordtat an den beiden Bürgermeistern.

Waltenbacher, Th.: Zentrale Hinrichtungsstätten. Der Vollzug der Todesstrafe in Deutschland von 1937 – 1945. Scharfrichter im Dritten Reich, Berlin 2008.

ENDNOTES

1 Bildnachweis: eigene Aufnahme (Copyright: Willy Schneider)

2 Bildnachweis: eigene Aufnahme (Copyright: Willy Schneider)

3 Bildnachweis: eigene Aufnahme (Copyright: Willy Schneider)

4 Bildnachweis: eigene Aufnahme (Copyright: Willy Schneider)

5 Rink, H.: Die Mensur, ein wesentliches Merkmal des Verbandes, in: Baum, R.-J. (Hrsg.): »Wir wollen Männer, wir wollen Taten!« Deutsche Corpsstudenten 1848 bis heute, Berlin 1998, S. 383 – 384.

6 Die Zeitungsartikel, auf denen die weiteren Ausführungen wesentlich basieren, finden sich im Quellenverzeichnis.

7 Bildnachweis: eigene Aufnahme (Copyright: Willy Schneider)

8 Buchwald, H.: https://www.rnz.de/nachrichten/heidelberg_artikel,-Heidelberg-Gefaengnis-Fauler-Pelz-Die-Raeumung-verzoegert-sich-um-ein-Jahr-_arid,16568.html

9 Bildnachweis: eigene Aufnahme (Copyright: Willy Schneider)

10 https://erich-schairer.de/justizopfer-max-hoelz/; https://www.deutsche-revolution.de/neutrales-komitee-fuer-max-hoelz

11 Bildnachweis: eigene Aufnahme (Copyright: Willy Schneider)

12 Bildnachweis: eigene Aufnahme (Copyright: Willy Schneider)

13 Bildnachweis: eigene Aufnahme (Copyright: Willy Schneider)

14 Bildnachweis: eigene Aufnahme (Copyright: Willy Schneider)

15 Popp, G.: Die Beobachtung und Deutung von Blutspuren bei Kriminalforschungen, in: Zeitschrift für öffentliche Chemie, 1904, Nr. 10, S. 355 – 363; Sieber, F. J.: Georg Popp zum 70. Geburtstag, zugleich ein Beitrag zur Entwicklung der gerichtlichen Chemie und naturwissenschaftlichen Kriminalistik, Stuttgart 1971.

16 Bildnachweis: eigene Aufnahme (Copyright: Willy Schneider)

17 Schellinger, U.: »Kriminaltelepathen« und »okkulte Detektive«. Integrationsversuche paranormaler Fähigkeiten in die Polizeiarbeit

im deutschsprachigen Raum 1920 bis 1960, in: Lux, A./Paletschek, S. (Hrsg.): Okkultismus im Gehäuse. Institutionalisierung der Parapsychologie im 20. Jahrhundert im internationalen Vergleich (Okkulte Moderne 3), Berlin/Boston 2016, S. 307 –340.

18 Zitiert nach Schnepf, Th.: Heidelberger Mordsteine, 2. Aufl., Hamm am Rhein 2007, S. 60.

19 Zitiert nach Schnepf, Th.: Heidelberger Mordsteine, 2. Aufl., Hamm am Rhein 2007, S. 71 – 74.

20 Ullstein-Blätter: https://de.wikipedia.org/wiki/Ullstein_Verlag; Mosse-Zeitungen: https://de.wikipedia.org/wiki/Rudolf_Mosse

21 http://www.doris-baumert.de/Dokumente/Kleppelsdorf_ Schloss_ Tragoedie_1921.htm; http://www.doris-baumert.de/ Dokumente/Kleppelsdorf_ Schloss_Tragoedie_1921.htm; https:// maulbeerblatt.com/zeitreisen/ blutiger-valentinstag/

22 Bildnachweis: eigene Aufnahme (Copyright: Willy Schneider)

23 Kolle, K.: Hans W. Gruhle (1880 – 1958), in: Kolle, K. (Hrsg.): Große Nervenärzte. Band 3, Stuttgart 1963, S. 69 – 76.

24 Bildnachweis: eigene Aufnahme (Copyright: Willy Schneider)

25 https://www.sueddeutsche.de/muenchen/wolfratshausen/robert-heindl-kriminalist-mit-falschem-titel-1.3913964

26 https://katalog.ub.uni-heidelberg.de/cgibin/titel.cgi?katkey= 900028880; https://www.bio.uni-frankfurt.de/43630952/geschichte; Angermeyer, M. C./Steinberg, H.: (Hrsg.): 200 Jahre Psychiatrie an der Universität Leipzig: Personen und Konzepte, Heidelberg 2005, S. 158 – 159.

27 Bautz, F. W.: Bezold, Karl, in: Biographisch-Bibliographisches Kirchenlexikon (BBKL). Band 1, 2., unveränderte Aufl., Hamm 1990, Sp. 574.

28 Anhäuser, U.: Schinderhannes und seine Bande, Alf/Mosel 2003; Bayerlein, P.: Schinderhannes-Chronik. Von Miehlen bis Mainz, Mainz-Kostheim 2003.

29 Preuss, D./Dietrich, P.: Hölzerlips. Vom poetischen Leben des

Odenwälder Räuberhauptmanns, Ravensburg 1986; Ludwig, P.: Nachtrag zu der aktenmäßigen Geschichte der Räuberbanden an beiden Ufern des Mains, im Spessart und im Odenwalde. Enthaltend vorzüglich auch die Geschichte der weitern Verhaftung, Verurtheilung und Hinrichtung der Mörder des Handelsmanns Jacob Rieder von Winterthur, Heidelberg 1812; Boehnke, H./Sarkowicz, H.: Die deutschen Räuberbanden, 3 Bde., Erlangen 1991.

30 Schreiben des Kreisleiters Ernst König vom 16.2.1922 an die Badische Staatsanwaltschaft Heidelberg mit Abschrift der Zeugenaussage Philipp Rösch vom 13.2.1922, Generallandesarchiv in Karlsruhe, Abt. 242, Nr. 2216, in: Schnepf, Th.: Heidelberger Mordsteine, 2. Aufl., Hamm am Rhein 2007, S. 33 – 35.

31 Bildnachweis: eigene Aufnahme (Copyright: Willy Schneider)

32 Hau, C.: Lebenslänglich, Berlin 1925, S. 160 – 165.

33 http://www.der-historische-fall.de/9.html; Siebenpfeiffer, H.: Böse Lust. Gewaltverbrechen in Diskursen der Weimarer Republik, Wien 2005, S. 31; Baratta, A. (Hrsg.): Gustav Radbruch, Gesamtausgabe, Band 13: Politische Schriften aus der Weimarer Zeit II: Justiz-, Bildungs- und Religionspolitik, Heidelberg 1993; https://de.wikipedia.org/wiki/ Todesstrafe#Weimarer_Republik; http://www.spiegel.de/einestages/ todesstrafe-in-deutschland-a-948697.html

34 Bildnachweis: eigene Aufnahme (Copyright: Willy Schneider) im Städtischen Museum im Barockschloss Bruchsal

35 http://dl.ub.uni-freiburg.de/diglit/schauinsland1992/0057/ ocr?sid= c7c124c092e 3383d0480df597fef534b; Waltenbacher, Th.: Zentrale Hinrichtungsstätten. Der Vollzug der Todesstrafe in Deutschland von 1937 – 1945. Scharfrichter im Dritten Reich, Berlin 2008; Blazek, M.: Scharfrichter in Preußen und im Deutschen Reich 1866 – 1945, »Friedrich Hehr«, Stuttgart 2010, S. 79 – 102; Hillenbrand, K.: Berufswunsch Henker: Warum Männer im Nationalsozialismus Scharfrichter werden wollten, Frankfurt am Rhein/New York 2013.

36 Zitiert nach Schnepf, Th.: Heidelberger Mordsteine, 2. Aufl., Hamm am Rhein 2007, S. 217 – 218.

37 Zitiert nach Schnepf, Th.: Heidelberger Mordsteine, 2. Aufl., Hamm am Rhein 2007, S. 263.

38 Hau, C.: Lebenslänglich, Berlin 1925, S. 160 – 165.

39 https://www.carlhau.com/; Hau, C.: Das Todesurteil: Die Geschichte meines Prozesses, Berlin 1925; Hau, C.: Lebenslänglich: Erlebtes u. Erlittenes, Berlin 1925; Gerichtsverhandlung gegen Rechtsanwalt Hau, in: Karlsruher Zeitung vom 23. Juli 1907; Der Straßentumult vom 22./23. Juli vor dem Karlsruher Schöffengericht, in: Badische Presse vom 25. und 26. September 1907; Die Vorgänge auf der Straße. in: Badische Presse, Mittagsausgabe vom 23. Juli 1907; Die innere Politik der Woche [Kommentar zum Karlsruher Mordprozess Hau], in: Neue Preußische Zeitung, Morgen-Ausgabe Nr. 349 vom 28. Juli 1907; http://www.pkgodzik.de/ fileadmin/user_upload/Hau-Krawall/1907-07-23_Gerichtsverhandlung_gegen_Rechtsanwalt_Hau.pdf; http://www.pkgodzik.de/fileadmin/user_upload/Hau-Krawall/1907-09-26_Der_Strassentumult_vor_dem_Schoeffengericht.jpg; http://www.pkgodzik.de/fileadmin/user_upload/Hau-Krawall/1907-07-23_Die_Vorgaenge_auf_der_Strasse.pdf; http://www.pkgodzik.de/fileadmin/ user_upload/Hau-Krawall/1907-07-28_Die_innere_Politik_der_Woche.jpg

40 Quelle: Leserbrief des Doktor jur. Rudolf M. Heilbrunn, Amsterdam, in: Frankfurter Allgemeine Zeitung vom 21. Januar 1952, zitiert nach Schnepf, Th.: Heidelberger Mordsteine, 2. Aufl., Hamm am Rhein 2007, S. 50 – 51.

41 Zitiert nach Schnepf, Th.: Heidelberger Mordsteine, 2. Aufl., Hamm am Rhein 2007, S. 170 – 171.

42 Bildnachweis: eigene Aufnahme (Copyright: Willy Schneider)

43 Bildnachweis: eigene Aufnahme (Copyright: Willy Schneider)

44 https://chroniknet.de/extra/zeitgeschichte/1921-rasende-inflation-und-wohnungsnot-in-deutschland/https://chroniknet.de/

extra/zeitgeschichte/1921-niedriger-lebensstandard-trotz-geringer-arbeitslosigkeit/;

http://www.s197410804.online.de/Zeiten/1900.htm

DIE NEUEN Lieblings-plätze

ISBN 978-3-8392-0154-1 — AM INN

ISBN 978-3-8392-2730-5 — AUGSBURG UND BAYERISCH-SCHWABEN

ISBN 978-3-8392-0155-8 — FÜNFSEENLAND

ISBN 978-3-8392-0158-9 — HARZ

ISBN 978-3-8392-0160-2 — NORDSEEKÜSTE NIEDERSACHSEN mit Hund

ISBN 978-3-8392-0159-6 — LÜNEBURGER HEIDE

ISBN 978-3-8392-0161-9 — NIEDERRHEIN

ISBN 978-3-8392-0163-3 — OSTSEE MECKLENBURG-VORPOMMERN

ISBN 978-3-8392-0164-0 — OSTSEE SCHLESWIG-HOLSTEIN

ISBN 978-3-8392-2626-1 — SACHSEN

ISBN 978-3-8392-0156-5 — BODENSEE Für Senioren

ISBN 978-3-8392-0157-2 — NORDSEE SCHLESWIG-HOLSTEIN Für Senioren

ISBN 978-3-8392-0166-4 — SÜDLICHE WEINSTRASSE UND PFÄLZERWALD

ISBN 978-3-8392-0166-4 — SÜDTIROL

ISBN 978-3-8392-2838-8 — USEDOM

ISBN 978-3-8392-0168-8 — WIESBADEN RHEIN-TAUNUS RHEINGAU

GMEINER KULTUR

WWW.GMEINER-VERLAG.DE
Mensch, Kultur, Region